语言学的诗与趣：
语义漫谈

高 原 / 编著

外语教学与研究出版社
FOREIGN LANGUAGE TEACHING AND RESEARCH PRESS
北京 BEIJING

图书在版编目（CIP）数据

语言学的诗与趣：语义漫谈／高原编著. -- 北京：外语教学与研究出版社，
2019.1（2024.7 重印）
ISBN 978-7-5213-0667-5

I. ①语… II. ①高… III. ①语义－研究 IV. ①H030

中国版本图书馆 CIP 数据核字（2019）第 027272 号

出 版 人　王　芳
责任编辑　毕　争
责任校对　解碧琰
装帧设计　涂　俐
出版发行　外语教学与研究出版社
社　　址　北京市西三环北路 19 号（100089）
网　　址　https://www.fltrp.com
印　　刷　河北虎彩印刷有限公司
开　　本　650×980　1/16
印　　张　20
版　　次　2019 年 2 月第 1 版　2024 年 7 月第 5 次印刷
书　　号　ISBN 978-7-5213-0667-5
定　　价　75.90 元

如有图书采购需求，图书内容或印刷装订等问题，侵权、盗版书籍等线索，请拨打以下电话或关注官方服务号：
客服电话：400 898 7008
官方服务号：微信搜索并关注公众号"外研社官方服务号"
外研社购书网址：https://fltrp.tmall.com

物料号：306670001

前言

　　画家高更（Gauguin）有幅著名的油画作品《我们从哪里来？我们是谁？我们到哪里去？》。

　　我们从哪里来？这是一个根本的哲学问题。它原本抽象无比，却在高更的画笔下变得如此具体生动。

　　这个严肃的哲学问题反映着人类对终极的孜孜求索，在日常生活中，这种求索演化出各种形式。小孩子问：妈妈，我从哪里来？单身者问：哦，爱情从哪里来？思想家问：谁能告诉我，意义从哪里来？

　　而一个语言学家也许会问：语言的意义从哪里来？

　　当然，"语言的意义从何而来"远没有"意义从何而来"复杂，在"意义"前面加上"语言的"三个字，大大缩小了"意义"的范围，显得不再那么庞杂繁复和晦涩难明。

　　然而，"语言的意义从何而来"仍然不是一个单项选择题，因为语言不是一个简单的存在。语言拥有多个维度，时时刻刻与众多因素产生关联，并由此生出复杂的意义。

　　本书中我们将从四个维度讨论语义：一、语言与外部世界，即客观实在投射在语言上的意义；二、语言系统本身，即语言系统内部的关系所影响着的语言的意义；三、语言的使用者，即人与人之间关系所造成的动态变化的语义；四、人类的认知特点，即由人类自身的认知方式所体现出的语言的意义。

　　本书将仿效高更笔法，化抽象为具象，通过具体有趣的例子说明深奥难懂的语义问题。

目录

第一部分

"标签"的意义

> 语言与世界之间有着天经地义的关系，世界是客观事物的世界，同时也是贴着标签的客观事物的世界，语言就是我们手中的标签。当孩子指着某个东西，问妈妈这是什么的时候，意义在妈妈的回答中，也在回答所指示的世界中。

作为符号的语言

著名的符号学大师艾柯（Eco）说：Man is a semiotic animal: this is a matter of fact.（Eco 1986：215）

人的确是符号的动物，我们无时无刻不生活在符号当中。

有些时候，我们甚至无法分清我们认识的世界究竟是真实的客观世界，还是仅仅由符号构建的世界。

张爱玲曾说过一段话：像我们这样生长在都市文化中的人，总是先看见海的图画，后看见海；先读到爱情小说，后知道爱；我们对于生活的体验往往是第二轮的。

无论是画着大海的图片还是小说中的文字都是符号，符号给了我们有关现实的摹本，我们通过符号来认识世界，同时也通过符号去表现世界。

有这样一则故事。有一次，胡适看完京剧后评论说："京剧太落伍，用一个鞭子就算是马，用两把旗子就算是车，应该用真车真马才对。"这时，黄侃挺身问道："适之，适之，那要唱武松打虎怎么办？"

京剧舞台上的"鞭子"和"旗子"不是真的鞭子或旗子，它们只是符号而已。但是，确实多亏了这些符号，欣赏艺术才不会变得那么危险，否则弄一头真老虎到舞台上，那又怎么使得。

有些符号与它体现的事物之间具有很高的相似性。我们来看一幅著名的画：

1929年，比利时超现实主义画家马格利特（Magritte）画了一幅名为《形象的叛逆》的画。画面中央是一个巨大的烟斗，画面下方则写了

一行法文:"这不是一支烟斗"。这真是一幅令人困惑的作品,有些让人摸不着头脑。不过如果细细一想,或许画家是要提醒我们:这是一幅描绘烟斗的画(艺术作品),是一个烟斗的形象(艺术)符号,但它不是烟斗本身(亦即不是作为实物的烟斗)。既然图画只是符号,从这种角度解读,它就的确不是一支烟斗(周宪 2002:123)。而这类符号被称为图像符号(icon)。

还有一类符号与客观世界有着说明关系。《禅说》中六祖慧能对无尽藏尼说:"手指可以指出明月的所在,但手指却不是明月,看月也不必一定透过手指。"此时,手指是一个指示符号(index),紧紧盯住手指永远想象不到月亮的模样,手指是为了说明明月的位置。同样道理,路牌说明着方向,而皱眉说明不开心。这些事物或行为是说明其他事物或行为的符号。

以上的两类符号虽然不一定与客观世界存在着绝对必然的联系,但它们与客观世界之间有着某种因果关系。皱眉是因为不开心,烟斗的形象也正是由于烟斗的实在。

相反,语言符号往往缺乏与客观世界的因果关系。比如在古代封建社会里,平民百姓没有上过学、没有功名的,是既没有学名,也没有官名的。那么怎么称呼呢?用行辈或者父母年龄合算一个数字作为一个符号。如夫年二十四,妇年二十二,合为四十六,生子即名四六。夫年二十三,妇年二十二,合为四十五,生子或为五九,五九四十五也(吴晗 1960:70)。甚至到了清朝末年以至民国初年,绍兴地方还残留着这样的传统,如鲁迅作品《风波》中的六一公公、九斤老太等。

名字仅仅是一个纯粹的符号,与名字的主人没有什么因果关系,并不能反映名字主人的任何特点。

不同类型的符号是对客观世界的不同程度的抽象,语言符号的抽象程度最高,并不直接地反映世界。

如果你以前的同学请你到他的学校玩儿,假设你不知道那所学校的具体地址,你会希望他发给你一张标有他们学校位置的百度地图的图片呢,还是有关学校位置的一段具体的文字描述呢?百度地图和文字描述都是对客观现实的抽象,但显然二者抽象的程度不同,文字要比地图的抽象程度更高。所以我想,大多数人会更欢迎一张地图的图片,而不是一大段文字吧。

语言的迷信

　　符号本身没有力量改变现实。可是，人们常常分不清语言和实物的界限，以为说出来的或写出来的东西，就是它所代表的实物。这样一来，语言符号就有了神秘的色彩，仿佛可以直接影响现实。

　　避讳现象非常明显地体现了这种语言的迷信。

　　李贺是唐代一位杰出的诗人，很有才华，二十一岁就被推选去考进士。他的父亲名晋肃，晋肃的"晋"与进士的"进"同音同义，妒忌他的人扬言李贺考进士犯了他父亲的名讳，因而不宜参加考试。为此，韩愈特地写文章《讳辩》替李贺辩护。但后来李贺仍未能破除社会的偏见，被迫放弃了进士考试。这里，名字似乎已不仅仅是个符号，居然反客为主，改变了人的命运。

　　孔子曰：名不正则言不顺，言不顺则事不成。普通百姓对"名正言顺"的追求恰恰反映出语言的迷信，仿佛称呼本身即地位尊卑。

　　在称呼上，清代社会一般称妻为"奶奶""太太"，而称妾为"新娘""姨娘"。《儒林外史》第二回里说："说是嫁给别人做妾，就到头发白了，还要唤做'新娘'"。第二十六回里提到，胡家女儿被卖到来家做妾，可却"不安本分"，要别人叫她"太太"，结果被大老婆一顿嘴巴子给赶了出去。现如今，称呼还是那个称呼，可新婚女子绝不会因为被称作"新娘"而大动肝火。可见，称呼本质上只是个符号，没有决定尊卑的能力。

　　很多文学作品还会时常渲染语言的灵物崇拜。如《封神演义》中的法术"呼名姓而魂飞越"：

　　　　飞虎曰："张桂芳乃左道旁门术士，俱有幻术伤人。"子牙曰："有何幻术？"飞虎曰："此术异常。但凡与人交兵会战，必先通名报姓。如末将叫黄某，正战之间，他就叫'黄飞虎不下马更待何时！'某将自然下马。故有此术，实难对战。"

　　《西游记》中也有类似的说法，如第三十五回"外道施威欺正性　心猿获宝伏邪魔"中，"银角大王"被行者骗进葫芦里，被行者贴上"太上老君急急如律令奉敕"的帖子，不一会就被化成了脓水。

一幅字贴在降妖伏魔的过程中起到了重要作用，由此看得出语言文字被赋予了多么大的力量。

约定俗成

辜鸿铭少时在英国读书，曾依中国礼节在房间里备下酒馔，遥祭祖先。房东太太问他："你的祖先何时能来享用你的祭品呢？"他答道："就在您的祖先嗅到您所献鲜花的时候。"

妄自评论别人祭祖的方式显然十分无味，因为这是各个民族约定俗成的产物，绝无优劣之分。

不同民族的约定俗成可能大相径庭，甚至完全超乎彼此的想象。倘若你看见谁向人吐唾沫，你一定以为他讨厌那个人。可是在非洲查加兰的黑人那里，你却完全猜错了。在他们那儿，吐唾沫是紧要关头的一种祝福，新生的孩子、生病的人，全要人来吐唾沫。换句话说，用吐唾沫来表示厌恶，并不是人类的"天性"，这种象征主义无非是习惯罢了（罗伯特·路威 2005：1）。祝福的方式具有任意性，它是由社会约定俗成的结果，不是绝对和必然的。

可是，社会事实（social fact）一旦被约定俗成，便会对个人产生约束力（刘润清 1995：76）。假如你是非洲查加兰人，那么不管乐不乐意，大概总避免不了别人向你吐唾沫。

语言也是如此。比如"荨麻疹"中"荨"字标准规范的读法是 qián，可要是听一听周围人的发音就会发现，人们都把"荨"读成"寻"，很少有人念 qián，这样一来，要是你坚持念成"qián 麻疹"的话，恐怕有人不一定听得懂你在说什么，因为你违背了约定俗成的读法。也许顺应民意才是聪明的选择，而且需要顺应的不仅仅是"民"意，还要考虑到"电脑"意，我电脑的汉字系统里既有"qián 麻疹"，又有"xún 麻疹"。

因为语言是约定俗成的产物，所以尽管语言是任意的，个人仍没有权利随意使用或改变语言。比如当大多数人把发源于西方的 BLOG 写作"博客"时，只有郑渊洁写成"勃客"，他在《作家文摘》（2005 年 5 月

19 日 6 版）上说，取名前他特地查了汉语词典，发现还没有收录"博客"一词。"既然没有规定，我想写哪个就写哪个。我就用生机勃勃的勃。"可是，郑先生的"勃客"至今没能广为流传。作家当然有权利创造新的词语，但前提是他所创造的为更多人所接受，这个词才能够不胫而走，最终成为约定俗成（陈原 2005：133）。

拟声词

　　"拟声词"的"拟"字是摹拟的意思，摹拟的对象是客观世界里的声音，如"哗哗"表示水流声，pitter-patter 表示水滴声等。

　　拟声词是对客观声音的反映（蓝纯 2007：64）。这样一来，拟声词现象就成为语言任意性的有力挑战，因为任意性否认语言与客观存在之间的直接关系，而拟声词恰恰强调对外界声音的客观呈现。

　　我们不妨看英国诗人托马斯·纳什（Thomas Nashe）的诗歌《春》中的一段：

> Spring, the sweet Spring, is the year's pleasant king;
> Then blooms each thing, then maids dance in a ring,
> 　Cold doth not sting, the pretty birds do sing,
> 　　Cuckoo, jug-jug, pu-we, to-witta-woo!
> 　春，甜美的春，四季中的欢乐之王，
> 　花儿竞相绽放，少女们围成一圈，翩然起舞，
> 　　晓寒轻拂，美丽的鸟儿婉转啼唱，
> 　　　咕咕，啾 - 啾，扑 - 喂，嘟 - 喂嗒 - 呜！

　　这是一首充满了声音的诗歌，我们还可以从声音中分辨出有哪些美丽的鸟儿，如 cuckoo 正是布谷鸟（cuckoo）的声音。

　　可是如果我们对比一下英汉两种语言，就会发现它们对拟声词的处理并不一样，英语中的 cuckoo, jug-jug, pu-we, to-witta-woo 到汉语就表达为"咕咕，啾 - 啾，扑 - 喂，嘟 - 喂嗒 - 呜"，显然两者是有区别的。

如果拟声词直接源自声音，那么世界上各种语言中同一概念的拟声词应该具有相同的发音（裴文 2003：13）。而事实上，声音的表达在各个语言中却是千差万别的。英语中的感叹词 ouch，汉语中却说成"哎呦"；风声在英语中是 whoosh，在汉语里却表示为"呼呼"；英语中的犬吠是 bark，而在汉语中是"汪汪"。

可见，虽然拟声词反映客观声音，但是拟声词与客观声音之间没有一一对应的必然联系，拟声词现象并没有真正违背语言的任意性原则。

音译外来词

月光是隔了树照过来的，高处丛生的灌木，落下参差的斑驳的黑影，峭楞楞如鬼一般；弯弯的杨柳的稀疏的倩影，却又像是画在荷叶上。塘中的月色并不均匀；但光与影有着和谐的旋律，如梵婀玲上奏着的名曲。

这段文字出自《荷塘月色》，朱自清先生的美文是散文中的极品，就连其间表示"小提琴"的"梵婀玲"似乎都带上了轻逸的韵律。

近代以来中国不断受到外来文化冲击，语言中出现了大量的音译词。梁启超先生就曾把英文中的 inspiration 翻译成"烟士披里纯"，《饮冰室文集》中的这个译词显得格外超尘不群。再比如 democracy 被直接译为"德谟克拉西"，用了几年才转译为"民主"；laser 最初译作"莱塞"，后来才译为"激光"；intelligent 开始被照搬为"印贴利根追亚"；某君甚至把 Massachusetts 翻译成"麻杀朱色紫"。

这些直接进口的外来词如此与众不同，是因为我们实在看不出它们与其指代的概念或事物之间的任何联系。"烟士披里纯"根本就与"灵感"相去甚远。语言这时仅仅是某种方便表达的符号，同事物之间没有什么必然联系。

有些时候，我们有必要采用直接音译的方法。比如 Canada 源自美洲原住民的 Kanata，意为"村庄"，但现代加拿大并不是村庄，因此 Canada 作为国名只能音译；又如"耶路撒冷"是希伯来语 Irshalom 的音译，"耶路"的意思是"城市"，"撒冷"的意思是"和平"，如果译为"和平城市"，将不再是专有名词，也失去了区分性（杨锡彭 2007：78）。

当然，音译外来词在语言使用中可能会呈现某种特别的味道。徐志摩先生的诗歌《沙扬娜拉》就直接使用了日语中"再见"的音译。

> 最是那一低头的温柔，
> 像一朵水莲花不胜凉风的娇羞，
> 道一声珍重，道一声珍重，
> 那一声珍重里有蜜甜的忧愁——
> 沙扬娜拉！

如果我们用"再见"替换掉"沙扬娜拉"，恐怕诗歌的韵味反倒要稍逊一筹。

讹传

每逢羊年春节，人们都想借着"羊"这个谐音，沾上点儿羊年的喜气儿，甚至很多春联的横幅上都写着"三羊开泰"，连人们之间相互发送的祝福信息上也这样写。可是，这满眼的"三羊开泰"只是讹传，原本正确的写法应该是"三阳开泰"（郭灿金、张召鹏 2007：93）。

"三阳开泰"这个词来源于《周易》六十四卦之中的一卦——泰卦。《汉语成语词典》解释："《易经》以十一月为复卦，一阳生于下；十二月为临卦，二阳生于下；正月为泰卦，三阳生于下。""三阳"意为春天开始，表示冬去春来，阴消阳长，万物复苏。而"开泰"呢，则表示吉祥亨通。"三阳开泰"是有好运即将降临之意。

语言的讹传现象说明，语符与其表达的意义之间没有内在的、本质的、必然的联系，否则语音或词形就不会轻易地发生变化。换言之，讹传现象反映了语言的任意性。

讹传现象在日常生活中十分常见（郭建 2007：172）。

爱好武侠小说的朋友们肯定常看到"朝廷鹰爪"之类的说法，这种表达看似形象，却也是由讹传而来的。明清法律中专有"应捕人追捕罪人"条，所谓"应捕人"就是"本应有逮捕罪人之责的人"，捕快是最主要的"应捕人"，所以又称呼为"应捕"，后讹为"阴捕""鹰捕"，甚至演化出"鹰爪"等等名称。

而爱好戏曲的朋友们一定很熟悉苏三起解的故事。京剧、秦腔、河北梆子、晋剧等都有全本《玉堂春》，或者折子戏《女起解》《三堂会审》等。其实，所有的这些戏曲故事都出自明代小说《警世通言》第二十四卷"玉堂春落难逢夫"，小说中的负心汉原本叫王景隆，可在戏曲里往往被讹成王金龙。

很多时候，讹传不会带来词语意义上的变化。比如，尽管我们用"三羊开泰"代替"三阳开泰"，但表示的还是原来的意思，仍用以称颂岁首或寓意吉祥，作为人们互相祝福的吉利话。

不仅生活中会以讹传讹，学术领域也会如此。比如《史记》中记载葡萄由大宛（今乌兹别克斯坦的费尔干纳盆地）引进而来，葡萄应是大宛语 budaw 的音译，而学界一度认为该词可追溯至希腊语 βδrpvs（一嘟噜 [葡萄]）的音译，其实只是西方汉学家言必称希腊的主观臆断，并不可靠（孙机 2014：21）。这与 mandarin 来自"满大人"的讹传类似。

语言与文字

在很多人眼中，语言只是件稀松平常的事儿，不过是说话而已，甚至有人嘲笑语言的研究不过尔尔。虽然心下气愤，却不得不承认这里头闪烁的大众智慧。

自从有了人类就有了语言，世界上还没有发现任何一个民族没有语言。至于文字，那就不同了（吕叔湘 2006：7）。

很多语言没有文字。据 1980 年版的《中国大百科全书》所记，中国各民族有语言 60 余种，文字却只有 40 种。世界范围来讲，没有文字的语言比有文字的语言还要多。还有些民族的文字不一定是本民族文字，比如十四世纪之前，朝鲜一直没有自己的文字，沿用汉字达一千年之久，尽管朝鲜的确有自己的语言。

　　任何语言均先于文字出现。拿历史上统治中国的两个少数民族为例：成吉思汗建国时，蒙古无文字，以畏兀字母书写蒙古语，称蒙古畏兀字，忽必烈中统元年，又令国师八思巴创制新字，后称八思巴文。女真族最初也没有本族文字，先是使用契丹字，后又参照汉字和契丹字等创制女真文。

　　语言和文字可能不相一致。比如北京人根本听不懂广东人讲话，两种语言的差别不比英语和德语小，可两地的文字系统却相同。再如曾流传于湖南及广西部分地区的女书，是世界上发现的唯一一种女性文字。虽然它不同于当地其他的文字系统，但吟诵的方式没什么不同。多个语言 / 方言可能对应一个文字系统，而一种语言可能对应多个文字系统。

　　文字比语言更保守。与文字相比，语言更容易发生变化，以法语单词"国王"（roi）和"法律"（loi）为例（Saussure 2001: 27）：

Period	Pronounced	Written
11th century	rei, lei	rei, lei
13th century	roi, loi	roi, loi
14th century	roè, loè	roi, loi
19th century	rwa, lwa	roi, loi

我们不能因为文字没有发生变化就认为语言没有变化。

口口相传

　　《禅说》中写道：不立文字，见性成佛。意思是说，很多道理只可意会不可言传，人们也不能仅仅依靠文字来传授经典、传播教义。

　　现如今，文字是我们传承文化、交流思想的主要手段。难以想象，人类如果失去文字，世界将会怎样。不过，我们的祖先并没有如此强烈地受到文字的约束。

　　自基督教的发展初期，歌唱在教会仪式中就开始占有重要的地位。司祭与从旁协助的助祭及副助祭负责仪式的执行，由一人或是数人组成的唱诗班被称作领唱人，再由在教会里聚集的会众附和。会众们在唱诗班的歌声与司祭及助祭的话语间，以歌声应答。后来，原本担任圣歌演唱的会众逐渐被接受专门训练的歌手们所取代，圣歌也慢慢地从单纯变为复杂（森本真由美 2006：30）。

当时的圣歌教育全凭口授传播代代相承，必须仰赖口头复诵和记忆力，因为那时根本就没有所谓的乐谱，乐谱直到公元 11 世纪才由生于意大利中部的奎多·阿雷佐（Guido d'Aiesso）发明出来。

很多民族的长篇史诗也是口口相传的结晶，如《荷马史诗》《贝奥武夫》等。现存最长的英雄史诗是藏族人民集体创作的《格萨尔王传》，它结构宏伟、气势磅礴，共 100 多万诗行，2000 多万字。

《格萨尔王传》大约产生在公元前二三百年至公元六世纪之间，在近千年的漫长时期，民间艺人仅靠口口相传，丰富着史诗的情节和语言，在不断演进中融汇了不同时代藏民族生活的方方面面。《格萨尔王传》具有很高的学术价值、美学价值和欣赏价值，是研究古代藏族社会的一部百科全书。

更为难得的是，《格萨尔王传》是世界上唯一的活史诗，至今仍有上百位民间艺人在中国的西藏、内蒙古、青海等地区传唱着英雄格萨尔王的丰功伟绩。

写到这里不禁汗颜，自己平时连背诵一篇文章都是难上加难的事儿；也不由得庆幸，还好我们有文字。记得小时候老师经常说，不识字就是文盲。眼下看来，这句话还真有可商榷的余地，那些传唱《格萨尔王传》的民间歌者，就算大字不识一个，他们的文化水平也绝不是"文盲"二字可以概括的。有句阿拉伯谚语说得好：在非洲，死去一个老者等于烧毁了一座图书馆。

符号的符号

亚里士多德说：口语是内心经验的符号，文字是口语的符号。

从这个意义上讲，文字是符号的符号。

这就不难解释为何文字似乎更难亲近，正如英国女作家伍尔夫（Woolf）所说：

倘若有人要求我们把沉思的东西表述出来的话，我们就会发现，哪怕是随便谈谈，可谈的东西也少得可怜！思想就像幽灵，刚在床边显现，没等我们看清它的样子，它就飘出窗口，消失得无影无踪了……我们的笔更是一种硬梆梆的工具，用它来表述，不仅表述的东西很有限，还要顺从它的许多旧习惯，遵守各种各样的所谓"规则"。此外，笔还喜欢摆架子：明明是普通人，一拿起笔就好像不可一世了；我们平时说话总是随随便便、想想说说、断断续续的，可是用笔来写，就马上变得一本正经、有条有理、冠冕堂皇了。

（2006：92）

思想、语言、文字的关系就好像是摄影大师布勒松（Bresson）的照片：

我们在看他们，而他们在看巴黎。

这不由得让我想起卞之琳先生一首耐人寻味的短诗：

断章

你站在桥上看风景，
看风景人在楼上看你。
明月装饰了你的窗子，
你装饰了别人的梦。

如果说思想是风景，语言和文字就是桥上和楼上的人。透过语言和文字，我们就像桥上和楼上的人那样看得到风景，只不过桥上的人更靠近风景，看得更加真切，而楼上的人离得远，看不那么清楚，而且还时不时要跟随桥上人的目光去欣赏风景。

逻各斯中心主义

诺贝尔文学奖得主奥尔罕·帕慕克（Orhan Pamuk）在小说《我的名字叫红》（*My Name is Red*）中写道：一封信不只是靠字来说出想要说的话。所以聪明人会说："看一看这封信都说些什么！"愚笨的人则说："看一看都写了些什么！"

这段话反映了西方的逻各斯中心主义传统，逻各斯（logos）的基本含义是"言说"（赵敦华 2001：117）。所以哲学家德里达（Derrida）说，逻各斯中心主义的一个别称，就是"语音中心主义"，或者说，它与压制文字高抬言语的语音中心主义是形影不离的一对伙伴（陆扬 2008：5）。

物质的能指（即语音）和精神的所指（即思想）似乎天衣无缝地合二为一，当我们开口之际，倾听和理解根本无分先后，言语同思想一样转瞬即逝，它们完全是一回事。这便是逻各斯中心主义中言语"听自己说话"的本质特征。

反观文字，却似乎令人沮丧。作为符号的符号，文字寄生于言语，是言语的附件。总之，逻各斯中心主义的时代是一个排斥文字的时代，文字被降格为媒介的媒介，永远游荡在意义的外围。

逻各斯中心主义在西方由来已久，我们在柏拉图的哲学中就可看得清楚。柏拉图在《斐德若篇》中记载了一段插曲：苏格拉底正在同斐德若讨论修辞学问题，突然话锋一转，讲起了他道听途说的一个传闻：

> 据说埃及有个古老的神，名叫图提。像大多数民族的创造神一样，这位图提发明了数字、集合、天文、地理等许多东西。当然最重要的，是他发明了文字。有一天图提来见埃及国王，一一献上他的发明。轮到文字，图提还特别关照说，他的这件发明非

同小可，可以帮助埃及人受到良好教育，促进记忆，因为它是医治教育和记忆的一剂良药！没想到埃及国王思度再三，照单收下所有发明，偏偏谢绝了文字。拒绝的理由还挺有哲学意味："你所拿给你的学生的东西只是真实世界的形似，而不是真实世界的本身。因为借助文字的帮助，他们无须教练就可吞下许多知识，好像无所不知，而实际上一无所知。"

这个故事表现了柏拉图思想的重要部分，即直观思想本身，告诫人们不要被不可靠的文字所惑。

孪生地球

特别喜欢《西游记》中真假行者的故事，书中第五十八回有一段：

> 你看那两个行者，且行且斗，直嚷到南海，径至落伽山，打打骂骂，喊声不绝。早惊动护法诸天，即报入潮音洞里道："菩萨，果然两个孙悟空打将来也。"那菩萨与木叉行者、善财童子、龙女降莲台出门喝道："那孽畜那里走！"这两个递相揪住道："菩萨，这厮果然像弟子模样。才自水帘洞打起，战斗多时，不分胜负。沙悟净肉眼愚蒙，不能分识，有力难助，是弟子教他回西路去回复师父，我与这厮打到宝山，借菩萨慧眼，与弟子认个真假，辨明邪正。"道罢，那行者也如此说一遍。众诸天与菩萨都看良久，莫想能认。菩萨道："且放了手，两边站下，等我再看。"果然撒手，两边站定。这边说："我是真的！"那边说："他是假的！"

看来，菩萨对孙悟空的认识无法决定孙悟空的意义。

类似的情形也发生在哲学家普特南（Putnam）所提出的孪生地球思想实验中。普特南设想了一个与地球十分相近的行星，称之为孪生地球（twin earth），那里的一切与地球相仿，也有着和你我一模一样的存在。

孪生地球上面有一种液体，那里的人们称其为水，它的表面性状和地球上的水完全一样，没有丝毫差别，甚至喝到嘴里也感受不到区别，但其物质结构却是另外一种，不是地球人熟悉的 H_2O，我们且当作是 XYZ。

如果你有幸亲身来到孪生地球，恐怕会很自然地像孪生地球人一样把 XYZ 叫成 "水" 的，因为以我们的认识，XYZ 与 H_2O 别无二致，就像菩萨看到真假悟空。

于是问题来了，地球人称 H_2O 为水，而孪生地球人称 XYZ 为水，那么，孪生地球上所说的水和我们所说的水的指称是否相同呢？

普特南的回答很干脆：不相同。因为二者的物质结构有差异。名称实际指称什么与我们认为它指称什么是不一样的。

由此，普特南断言，意义可以独立于人对意义的意识，并大胆提出一句口号：Meanings are not in the head.

因此，普特南获得外在主义者的称号，和内在主义者形成对立。前者反对主观认识决定指称，后者认为意义的主要方面由心理要素决定。

名称

《百年孤独》中马孔多的居民因突然降临的健忘症而备受折磨：

> 还是奥雷里亚诺想出了办法，在接下来的几个月中都助人们抵御失忆。这发现本出于偶然。他属于第一批病人，已是老练的失眠者，并借此掌握了高超的金银器工艺。一天他在寻找用来捶打金属箔片的小铁砧时，却想不起它的名称。父亲告诉他："砧子。"奥雷里亚诺把名称写在纸上，用树胶贴在小铁砧底部：砧子。这样，他相信今后就不会再忘记。当时他还没想到这便是失忆开始的症状，因为那东西的名称本不好记。没过几天，他发现自己对实验室里几乎所有器物都叫不出名来。于是他依次注明，这样只需看一下标签就可以辨认。当父亲不安地告诉他自己童年最深刻的记忆都已消失时，奥雷里亚诺向他传授了这一方法。

何塞·阿尔卡蒂奥·布恩迪亚先在家中实行，而后推广到全镇。他用小刷子蘸上墨水给每样东西注明名称：桌子、椅子、钟、门、墙、床、平锅。他又到畜栏为动物和植物标上名称：奶牛、山羊、猪、母鸡、木薯、海芋、香蕉。随着对失忆各种可能症状的研究不断深入，他意识到终会有那么一天，人们即使能通过标签认出每样事物，仍会记不起它的功用。于是他又逐一详加解释。奶牛颈后所挂的名牌便是一个极好的例子，体现出马孔多居民与失忆做斗争的决心：这是奶牛，每天早晨都应挤奶，可得牛奶。牛奶应煮沸后和咖啡混合，可得牛奶咖啡。就这样，人们继续在捉摸不定的现实中生活，只是一旦标签文字的意义也被遗忘，这般靠词语暂时维系的现实终将一去不返。

那么，名称到底意味着什么？当马孔多居民忘记名称的时候，他们发现他们对世界的认知也在迅速消退。文字告诉作为社会主体的我们，我们认为的世界是什么样子（阿尔维托·曼古埃尔 2007：3）。或者说，名称中包含着我们对世界的经验。当名称消失了，似乎经验也会随之消失，如马尔克斯（Marquez）所说：依靠词语维系的现实终将一去不返。

《创世纪》中，上帝创造出地上的走兽和空中的飞鸟，并把它们带到亚当面前看亚当如何称呼它们；亚当对它们的称呼"就变成了它们的名字"。亚当看到的、感受到的、幻想到的或恐惧的一切都通过名字对他呈现出来。通过名字，语言企图包装经验。如阿尔维托·曼古埃尔（Alberto Manguel）所说（2007：7）：亚当和夏娃脱离无知状态后被迫穿上衣服并不是偶然的，如此，他们可以通过外在的包装认识自己是谁。同理，事物之名赋予经验以外形。

语言构建现实

诗人乔伊斯·基尔默（Joyce Kilmer）有一首诗：

Trees

I think that I shall never see

A poem lovely as a tree.

A tree whose hungry mouth is prest

Against the earth's sweet flowing breast;

A tree that looks at God all day,

And lifts her leafy arms to pray;

A tree that may in summer wear

A nest of robins in her hair.

Upon whose bosom snow has lain;

Who intimately lives with rain.

Poems are made by fools like me,

But only God can make a tree.

在诗歌的结尾处，诗人写道："诗，源自我辈愚人之手，而树，却是上帝所能造就。"诗人仿佛在说，上帝创造了现实，而人类只能创造语言。

实际上，在一定程度上，语言也可以创建现实。《韩非子·内储说上》中有一则"三人成虎"的故事，大意如下：

> 魏国被赵国打败了，因此魏国的太子和大臣庞恭将要被送到赵国的首都邯郸，充当人质。临走时，庞恭对魏王说："要是有人跑来向您报告，说大街上跑出来一只老虎，大王相信吗？"魏王摇头说："我不相信，大街上哪里来的老虎？""要是接着有第二个人跑来报告，说大街上发现了老虎，您相信不相信？"魏王迟疑了一下，仍然摇头说不信。庞恭再问："如果马上又有第三个人跑来报告说大街上有只老虎，您信不信呢？"魏王点头说："我相信了。三个人都这么说，一定不会有假。"庞恭起身说道："谁都知道，大街上是不可能有老虎的，可是当三个人都说有，大王就认为有。现在邯郸离魏国比从这儿到大街远得多，在大王面前说我坏话的又何止三人，请大王明断是非。"

故事中的"老虎"压根儿不存在，是生生用语言创造的现实。语言并不只是被动地反映世界，语言甚至可以构建现实。

意义与指称

1892 年，德国哲学家弗雷格（Frege）发表了一篇哲学史上的重要论文："Über Sinn und Bedeutung"，题目翻译成英文就是"On Sense and Reference"，中文一般译作《意义与指称》，很多人也将 sense 翻译为"含义"。

文中弗雷格提到一个经典例子：The morning star is the evening star.

实际上，the morning star 和 the evening star 是同一颗星，只不过一个出现在清晨，叫"启明星"；而另一个出现在夜晚，叫"长庚星"。如果我们将这个例子改为下边两句，可能就不太妥当了：

The morning star is the morning star.

The evening star is the evening star.

显然，这只是在说废话而已。从这里我们可以看出，尽管 the morning star 和 the evening star 的指称相同，但是它们的含义并不相同。

弗雷格提出的另一个广为引用的例子和三角形三条中线的交点有关：

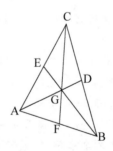

三角形的三条中线分别是线段 AD、BE 和 CF，而三条中线两两之间的交点都为 G，也就是说，线段 AD 与线段 BE 的交点 = 线段 BE 与线段 CF 的交点 = 线段 AD 与线段 CF 的交点，三个交点的指称对象一致。因此，三种表达"线段 AD 与线段 BE 的交点""线段 BE 与线段 CF 的交点"以及"线段 AD 与线段 CF 的交点"的指称相同；但显然，它们的意义并不相同。

　　弗雷格曾举过不少例子来比喻含义与指称的关系，人们常常讨论的是一个用望远镜看月亮的比喻：月亮本身相应于指称，而通过望远镜所显示的图像相应于含义。我们借助望远镜观察月亮，同样，在语言使用中，我们经由语言的含义而达成语言所指称的客观事物。月亮只有一个，可用以观察月亮的望远镜却可以是不同型号不同尺寸的，或者说，同一指称对象可以由不同的语言符号来表示。

含义

　　弗雷格对指称和含义的区分被视为意义理论发展的里程碑，对语言哲学后来的研究产生了深远的影响。他解决了哲学上的一个困惑，那就是为什么尽管 a 和 b 都跟 a 相同，而 a=a 与 a=b 却仍存在差别。萨蒙（Salmon）将这一困惑称为 "弗雷格之谜"（Frege's puzzle），以此向弗雷格致敬。

　　事物拥有不同的称谓是语言的常态，我们往往需要使用不同的称谓去抵达同一客观事物，但很多时候不同指称词之间却不可以随意互换。给学生批作文总会碰到些稀奇古怪的说法。记得有位同学写过一句话：Failure is the mom of success. 虽然 mom 和 mother 的指称对象是相同的，但将 Failure is the mother of success 写成 Failure is the mom of success 真的令人啼笑皆非。可见，指称相同并不代表意义相同，含义起到相当重要的作用。

　　实际上，在弗雷格的框架中，含义与指称之间存在着一种不对称的关系，即只能是含义决定指称，而指称不能决定含义。因此可以有指称相同而含义不同的名字，不能有含义相同而指称不同的名字。

　　弗雷格特别强调语词的含义。就拿那个 "望远镜和月亮" 的比喻来说，在弗雷格看来，含义是我们达成指称的必要途径，与一个含义相对应的只有一个指称，但反过来一个对象却可以通过好几种含义得到识别。

　　只不过，有些时候含义所达成的途径是曲折的。让我们看这样一个例子（刘凤 2013：115）：

槐树是中国北方人非常熟悉的一种树，它是中国特产。可是这个典型的中国树种，学名竟然叫做 sophora japonica，翻译过来就是"日本槐"。日本的槐树是由中国引种的，把槐树叫做"日本槐"实在不可接受。原来这是根据一位叫克莱因霍夫的德国医生采集的一张槐树标本来给槐树命名的。克莱因霍夫曾经为荷兰东印度公司在亚洲工作了 20 年，期间他到过日本，并在日本采集到槐树的标本，于是这个永恒的误会便出现了。

尽管"日本槐"的含义如此复杂，但指称却是十分明了的。

同名异物

物理学家费曼（Feynman）曾经这样谈及他的父亲（2018：4）：

> 他指着那只鸟对我说："你知道这是什么鸟吗？这是 brown throated thrush，在葡萄牙语里，它叫……，在意大利语里，它叫……"他还会说，"在汉语里就叫……，用日语叫是……"等等。"你看，"他说，"你知道这鸟的名字，就算你会用世界上所有的语言去称呼它，你其实对这鸟还是一无所知。你所知道的，仅仅是不同地方的人怎么称呼这种鸟而已。现在，我们来好好看看这只鸟。"通过这些事，父亲教导我要去"观察"事物。

的确，单单了解指称并不代表认识了事物，认识一个事物绝不仅仅是知晓它的名字而已。更何况有些时候，名字恰恰是最有迷惑性的。不同事物被赋予同样的命名，足以混淆人们的视听。

语言中有很多同名异物的现象。

比如（刘夙 2013：14）：

> 佛教圣树菩提树是热带树种，在中国见于广东、广西、

云南、海南一带。在靠北的长江流域，寺庙用无患子树代替菩提树，却也叫做"菩提树"。到了更北方的黄河流域，菩提树由银杏充当。而青海一带的高寒地区，菩提又摇身变为暴马丁香。

再比如（刘夙 2013：15）：

英国、西非、美国和新西兰的蓝铃花（bluebell）分别指代不同的植物，当这些地方的人们唱起苏格兰儿歌《苏格兰的蓝铃花》时，他们想到的蓝铃花却是形象各异的。

使用与提及

村上春树有个短篇小说叫《烧仓房》，里面有段文字挺有趣的：

就讲一下"剥橘皮"好了。

最初认识她时，她告诉我她是在学哑剧。

我"哦"了一声，没怎么吃惊。最近的女孩都在搞什么名堂，而且看上去她也不像是一心一意磨炼自己才能的那种类型。

随后她开始"剥橘皮"。如字面所示，"剥橘皮"就是剥橘子的皮。她左边有个小山般满满装着橘子的玻璃盆，右边有个装橘皮的盆——这是假设，其实什么也没有。她拿起一个想象中的橘子，慢慢剥皮，一瓣一瓣放入口中把渣吐出。吃罢一个，把渣归拢到一起用橘皮包好放入右边的盆。如此反复不止。用语言说来，自然算不了什么事。然而实际在眼前看十分二十分钟——我和她在酒吧高台前闲聊的时间里她一直边说边几乎下意识地如此"剥橘皮"——我渐渐觉得现实感被从自己周围吮吸掉。这实在是一种莫名其妙的心情……

"你好像蛮有才能嘛。"我说。

"哎呦，这还不简单，哪里谈得上才能！总之不是以为这里有橘子，而只要忘掉这里没橘子就行了嘛，非常简单。"

"简直是说禅。"

我因此中意了她。

其实，很多哲学的混淆来自语言的混淆。观察以下两个句子，刚才是否注意到它们的区别呢？

随后她开始"剥橘皮"。

如字面所示，"剥橘皮"就是剥橘子的皮。

虽然两句话中都出现了"剥橘皮"，但它在两个句子中的身份是不一样的。前一个句子中"剥橘皮"这个词谈论的是整个剥橘皮的事件，尽管只是哑剧表演，但是毕竟词语"剥橘皮"同客观现实发生着某种关系；后一个句子中的"剥橘皮"仅仅涉及"剥橘皮"这个词语本身，未与客观实在产生联系。

可见，同一个词语作用不同。哲学家区分使用（use）与提及（mention），前一个句子使用了"剥橘皮"，而后一个橘子提及了"剥橘皮"。

外延

词语可以指称某一具体的事物，词语也常指称某类事物的集合：

请立刻闭上一只眼

虽然台北已经有

很多很多车

很多很多人

很多很多动物

但我仍然忍不住创造了

一辆小小的车

> 一个小小的人
> 一只小小的动物
> 悄悄的
> 我把小小的他们
> 放入了
> 大大的台北

这首诗出自诗人罗青。其中，"一辆小小的车""一个小小的人"以及"一只小小的动物"对诗人来说有着特定的指称对象；而"很多很多车""很多很多人"和"很多很多动物"指称的是事物的集合。

事物的集合即外延，外延是对客观世界的事物或现象的抽象概括。文学大师博尔赫斯（Borges）曾经说：所有的书都是一本书。我们暂且不考虑这句话背后深刻的哲理，可以肯定的是"书"具有外延意义，由无数的同类抽象而成，它只表示"书"这一类事物，而不专指某一本具体的书。

《韩非子·外储说左上》中有这样一个故事：

河南郑县有个人在大路上捡到一个车轭，感到十分新奇，就拉着过路人问："这是什么东西？"别人告诉他："这叫车轭。"走了一会儿，他又在路上捡到一个车轭，他琢磨了好一阵，又拦住路人问："这是什么东西？"别人告诉他："这叫车轭。"这人忽然勃然大怒，愤愤嚷道："刚才是车轭，现在又是车轭，你们都以为我好欺骗吗？"说了还不解气，又扑上去与人厮打起来。

看来，这位仁兄把"车轭"看作是一个特定的物件，没想它可指代一类事物。

外延的大小

外延有大小之分。比如"马"和"白马"的外延在由大变小。

公孙龙是赵国平原君门下客卿，是战国末期名家的主要代表人物之一，他最有名的诡辩命题是"白马非马"论。据说，有一次他骑马过关，关吏说："马不准过。"公孙龙答："我骑的是白马，白马非马。"关吏被他弄糊涂了，于是连人带马一起放过关。公孙龙甚至还狡辩说："买马当然买什么马都可以，不拘黄马、黑马。买白马，那就不同了，非买白马不可，可见白马非马。"

实际上，"马"的外延包括一切马，不管其颜色如何。"白马"的外延的确小于"马"的外延，我们可以说"白马"不等于"马"，却不能说"白马"不属于"马"。

很多时候，我们都在努力地厘清概念的外延。比如学术研究中的下定义。我们来看元素（element）一词的定义，元素一词来源自拉丁语elementum，意为"最基本的形式"（海利·伯奇 2017：7）。在很长一段历史时期，"元素"被定义为火、气、水、土。显然这个概念的外延是有问题的。随着人类对自然探索的加深，人们对元素的理解也在一步步变得清晰。元素已经被重新定义为"一类具有相同核电荷数的原子的总称"（埃里克·塞利 2017：IV）。可见，明确外延的过程就是我们认识加深的过程。难怪答辩的时候，老师们总要问：你对这个概念的定义是什么？你对这个概念的工作定义是什么？

我们来看年轻姑娘佩特丽丝对"男人"的定义。莎士比亚喜剧《无事生非》中，佩特丽丝说过这样的俏皮话：有胡子的男人已不是青春年华，而没有胡子的男人又缺乏男子汉的气概，因此，我一辈子不嫁人。

显然，佩特丽丝在故意混淆概念的外延，以达到特别的效果。似乎根据她的说法，男人不是已经老去就是没有气概。其实，"有胡子的男人"和"失去青春年华的男人"两个概念虽然外延有所交叉，但前者不等于后者，后者也不包含前者；同样道理，"没有胡子的男人"和"缺乏男子气概的男人"两者外延既不重合，也不具包含关系。总之，姑娘关于婚姻的"誓言"根本就不可靠。

当然，根据下定义人的不同目的，定义也许不仅仅牵涉概念外延，还会涉及概念的内涵。比如以下对"碳"的定义（约翰·布朗 2016：31）：

> 碳是生命的元素，是 DNA 的骨干力量，使我们的身体
> 得以构成、修改和补充，并与其他元素结合创造出复杂的
> 世界。以矿物燃料形式存在的煤、石油和天然气，带领全

球走上经济增长道路的同时，也引发了人类无尽的贪欲和
对环境巨大的破坏。

这个定义的后半部分与外延无关，表述了碳元素的属性和价值，属
碳的内涵。

空名

刘易斯·卡罗尔（Lewis Carroll）的小说《爱丽丝镜中奇遇记》（*Through the Looking Glass and What Alice Found There*）中有段很有意思的对白：

"Who did you pass on the road?" the King went on, holding out his hand to the Messenger for some hay.

"Nobody," said the Messenger.

"Quite right," said the King: "this young lady saw him too. So of course Nobody walks slower than you."

"I do my best," the Messenger said in a sullen tone. "I'm sure nobody walks faster than I do!"

"He can't do that," said the King, "or else he'd have been here first."

（2017：115）

对话的喜剧效果在于，nobody 是"没人"的意思，可国王却偏偏以为 nobody 是个实实在在的人的名字，所以他才会使用代词 he 加以回指。nobody 没有指称对象，这就好比打靶，子弹射出去应该打中靶标，可是压根儿连靶标都没有，又该如何是好呢？

在传统的观念下，名字的语言学功能就是指称世界中的对象，如果一个名字缺乏实际世界中的对象作为其所指，这就出现了所谓的"空名"现象。空名是直接指称论所面临的严重尴尬，即并非所有的词语都有指称对象。

　　如果认定一个名称的意义就是它的指称，那么还会面临另一种尴尬。哲学家维特根斯坦（Wittgenstein）曾经说：

　　　　当 N 先生死了，某人会说，这个名字的承担者死了，而不是那个指称死了。那么说将是无意义的，因为如果那个名字不再有指称，说"N 先生死了"也就不会有意义。

（2001：17）

　　按照直接指称论，除非指称物是永恒存在的，否则一旦指称物消失，该名称的意义也就随之消失。我们只好说，这个名称或这个词原本是有意义的，但是现在它没有意义了。在名称的指称物为人时，到了某个时刻之后，我们将不得不说，"原来意义还在世，不过现在它去世了"。谁会因为爱因斯坦离开了人世就认为"爱因斯坦"没有意义呢？

柏拉图胡须

　　哲学家塞恩斯伯里（Sainsbury）在其《没有指称物的指称》一书中，开篇的第一句话就说：指称性用来指称某物，或至少被"设想"为指称某物。

　　天文学上有颗祝融星，源自罗马神话的锻炼之神，也叫火神星，是一个假设在太阳与水星之间运行的行星。按照传统力学的方法计算，水星在受到太阳和其他大行星的引力作用下，其近日点每世纪会东移 574 角秒，但实际观测的数字是 531 角秒，比预期差 43 角秒，于是人们便假设水星轨道以内尚有一颗大行星未被发现。祝融星这一设想最初由法国数学家勒维耶（Le Verrier）提出，他曾经通过计算天王星受到的外来重力而成功发现海王星，于是试图通过同样的方法去寻找祝融星 [1]。后来，这个十九世纪的假设被爱因斯坦的广义相对论推翻。

　　无论是在正确的理论解释提出之前，还是在正确的理论解释提出之

1　转自 https://baike.baidu.com/item/%E7%A5%9D%E8%9E%8D%E6%98%9F/8817901?
　　fr=aladdin

后，实际世界中都没有任何对象满足"祝融星"的指称。"祝融星"在现实中没有指称，如果有，也只存在于我们的"设想"之中。

如今谈起祝融星，我想大家都会毫不犹豫地说：祝融星不存在。这句话没什么特别，然而，看似简单的一个句子在哲学家眼中竟成为又一个难题。奥地利哲学家迈农（Meinong）提出了这样一个悖论：当人们说"金山不存在"时，他们使用的"金山"一词已经肯定了与之对应的东西的存在，否则人们根本不会提到"金山"，但原句却是"金山不存在"，那么，金山究竟存不存在呢？

否定存在陈述的问题在于：一方面，否定存在语句是有意义的，实际上，"金山不存在"不仅有意义，而且为真；另一方面，简单主谓语句"金山不存在"是谓语"不存在"对主语所代表的"对象"即金山的描述。"金山不存在"说明根本不存在谓语所描述的东西，而这句话有意义又要求谓语对主语所代表的那个"对象"有所描述。

否定的存在命题一直令人困惑，是哲学史上的千古难题，柏拉图在《智者篇》中已经有所讨论，所以哲学家蒯因（Quine）称之为"柏拉图胡须"，意在形容其坚硬无比，难于处理。

存在先于指称？

歌手陈奕迅有一首歌叫《存在》，里面的两句歌词是：

> 我只想快离开，
> 想证明我存在。

按照逻辑的分析方法，歌词似乎有些问题，因为"我"明明已经存在，为什么还要证明我的存在？

人们或许会说，没有我，"我"指什么？有了我，还要证明干什么？这确实看起来不言自明，甚至在哲学上被称作"存在公理"（叶闯 2010：165），即任何被指称者必然存在。

哲学家塞尔（Searle）曾经提出一个非常明确的观点：One cannot refer

to a thing if there is no such a thing to be referred to.（1969：77）由此可见，存在是指称的必要条件。换句话说，存在先于指称。

这里所说的"存在"，既可指现实世界的实际存在，也可指虚构世界的虚拟存在。就后者而言，一个表达可否完成指称依赖于相应的"故事"中是否虚构了相应的对象。

塞尔举过一个很有意思的例子：福尔摩斯虚构地存在，或者在虚构世界中存在；而福尔摩斯的夫人从未存在，既非实际地存在，也非虚构地存在，因为书中的福尔摩斯根本没有结婚。

不过有趣的是，自从有了"福尔摩斯夫人"的提法，福尔摩斯迷们就开始热衷于寻找她究竟是谁。福尔摩斯其实不喜欢女人，认为女人都是头脑简单的动物。但是在《波希米亚丑闻》一案中，他被一个叫艾琳·阿德勒的女人耍了，他觉得十分敬佩这位女士，也从此改变了对女性的看法，并将这位夫人的相片放进抽屉，时时观瞻。于是，有些可爱的福尔摩斯迷认为，艾琳应该就是福尔摩斯夫人，因为她似乎是福尔摩斯唯一心仪的对象。

如此说来，"福尔摩斯夫人"具有构建对象的能力。虽然原本"福尔摩斯夫人"并不存在，但人们却经由"福尔摩斯夫人"生生构造出一个可能的对象。那么，究竟是存在先于指称，还是指称先于存在呢？

金山不存在

记得有句很好玩的歌词：我存在在你不存在的存在。

迈农提出金山悖论，同时也给出了解决方案。他认为，要克服这个悖论，出路在于承认通常所谓不存在的实体在某种意义上存在，例如在一个抽象世界里存在。也就是说，金山存在在我们不存在的存在。

罗素不同意迈农的看法，他认为与其在不同的世界里来回跳跃，还不如用逻辑的方法解决问题。在了解罗素的方案之前，不妨先来看一段作家张炜的文字，摘自文章《世界与你的角落》：

三十年前有这样一个小村，它让人记忆深刻：小村的很多孩子都有古怪有趣的名字。比如说有一家生了一个女孩，伸手揪一揪皮肤很紧，就取名为"紧皮儿"；还有一家生了个男孩，脸膛窄窄的，笑起来嘎嘎响，家里人就给它取了个名字叫"嘎嘎"；另有一家的孩子眼很大，而且眼角吊着，就被唤做"老虎眼"。小村西北角的一对夫妇比较矮，他们希望自己的孩子能高一些，就给他取名"爱长"。

小村的孩子都拥有很特别的名字，它们不是任意的符号，而在描述某种属性。拿"紧皮儿"为例，这名字明明说的是这个女孩皮肤紧，我们把它表示为：

紧皮儿：村里有个女孩，她皮肤很紧。

或者我们可以进一步改写为：

紧皮儿 = 村里有个 x，x 是女孩，x 皮肤很紧。

如果采用同样的思路描述金山，便可得到：

金山 = 有这样一个 x，这个 x 是金子做的，x 又是山。

由此，"金山不存在"即可表述为：

金山不存在 = 没有一个 x，这个 x 既是金子做的，又是山。

表面上看，"金山"是主语，"不存在"是谓语，我们仿佛先是提到一个客体，然后对它进行描述。但罗素认为，句子的实际结构是：对于 x 来说，没有这样一个值；在这个值上，x 既是金子做的，又是一座山。于是，"金山"不仅被分解成"金子做的"和"是山"，而且"金子做的"和"是山"都从主语的位置变到了谓词的位置；"金山"摇身变作不饱和的谓词，不再是主语所对应的对象。所以罗素相信，我们有理由不必再考虑那些我们不存在的存在里的存在了。

法国国王

> 当今法国国王是个秃子。
> 当今法国国王不是秃子。

不要小看"法国国王是个秃子"，它可是哲学中的经典命题。你也许已经看出问题的所在：目前法国实行共和制，没有一个对象对应"当今法国国王"。

根据逻辑上的排中律，两个相反的命题必有一真。比如以下两命题一真一假：

> 当今法国总统是个秃子。
> 当今法国总统不是秃子。

以此类推，"当今法国国王是个秃子"与"当今法国国王不是秃子"两个命题之一也应为真，可是由于根本就不存在"当今法国国王"，因此两个相反的命题同时为假。这是否说明排中律失效了呢？

罗素否认排中律失效，他把"当今法国国王是个秃子"看作几个命题的合成（Lycan 2002：18）：

> There is at least one person who is presently King of France.
> There is at most one person who is presently King of France.
> Whoever is presently King of France is bald.

也就是：
> 当今法国国王是个秃子 ＝ 存在一个人，这个人是当今法国国王，此人是秃子。

对于合成命题而言，若其中某一命题为假，则整个命题为假。"当今法国国王是秃子"是假命题，其所以为假，是因为"存在一个人"这个子命题为假，而不是因为"此人是秃子"为假。

罗素认为，"法国国王是个秃子"的否命题否定的也不是"此人是秃子"，即：There is exactly one person who is now King of France, and it is not the case that that person is bald. 而是否定 "存在一个人"，即：It is not the case that there is exactly one person who is now King of France, and that person is bald.

这句话显然为真。也就是说，"当今法国国王是个秃子"的否命题为真，而"当今法国国王是个秃子"为假。因此，排中律仍然成立。

我知道，我知道

姜文导演有一部电影《太阳照常升起》，里面有个角色总是喜欢重复"我知道，我知道……"这句台词很有意思，没人知道戏中的人物究竟知道什么，不清楚"我知道……"后面的宾语从句是什么，可是"我知道，我知道……"总是平白地冒将出来，让人捉摸不清。

我们来看一个哲学上有关"我知道……"的例子：

> 我知道《瓦弗利》的作者是司各特。

根据逻辑上的同一律：如果 A=B，则 A 和 B 总可以相互替代而不改变命题的真假。既然司各特是《瓦弗利》一书的作者，那么我们可以用"司各特"替代《瓦弗利》的作者"，从而得出：

> 我知道司各特是司各特。

但这显然有些问题：我想知道司各特是不是《瓦弗利》一书的作者，却不会说我想知道司各特是不是司各特。

对于这个问题，罗素的解决办法如下：

> 我知道《瓦弗利》的作者是司各特 =
> 我知道：
> 至少有一个对象写了《瓦弗利》；
> 至多有一个对象写了《瓦弗利》；
> 谁写了《瓦弗利》谁就是司各特。

或者我们比较形式化地表现为：

> 有且仅有一个 x，这个 x 写了《瓦弗利》；并且
> 这个 x 是司各特。

改写之前，在"我知道《瓦弗利》的作者是司各特"中，"《瓦弗利》的作者"处于宾语从句中主语的位置；而改写之后，转化为"x 写了《瓦弗利》"以及"x 是司各特"，其中"写了《瓦弗利》"和"是司各特"一样都是谓语。

如此说来，"我知道《瓦弗利》的作者是司各特"实际上说的是：我知道存在一个 x，这个 x 同时满足两个谓语，即该 x 既写作了《瓦弗利》又是司各特。语言就像解决数学问题那样，需要确定 x 的值。

摹状词

有一则笑话：一个精神病人多年来总是说他胃里有个啤酒瓶。医生向他百般解释这是一种幻觉，可他总是不听。这回，他因为患盲肠炎要到医院开刀，于是外科医生和精神科医生商议趁这个机会消除他这个古怪的幻想。手术进行得很顺利，当病人慢慢苏醒过来，医生高举一个啤酒瓶说："我们总算把它拿出来了。""你们拿错了！"病人尖声叫道，"我肚子里的啤酒瓶不是这个品牌。"

对于病人来说，"胃里的啤酒瓶"指示确定的对象 the beer bottle；可在医生看来，病人幻想的啤酒瓶可以是任意品牌的，指示对象不明确，只不过是 a beer bottle。前一种情形被罗素称为限定摹状词（definite description），而后一种情形叫作非限定摹状词（indefinite description）。

所谓的摹状词就是 description，并非只有一个单词，多半是短语，有人也把它译作描述语。摹状词是罗素的一个重要的研究课题，在其 1905 年发表的著名论文《论指称》（"On Denoting"）中，罗素提出摹状词理论，试图解决我们之前讨论的三个哲学疑难："金山不存在""法国国王是个秃子"和"我知道《瓦弗利》的作者是司各特"。

有趣的是，虽然罗素在《论指称》一文中提出了摹状词理论，但是他的讨论却在一定程度上避免了摹状词的直接指称功能。在罗素看来，摹状词不直接指示某一个体，"金山""法国国王"和《瓦弗利》的作者"只不过是一组谓词，或者说是一组属性，不具有独立的意义，因而是不完全、不饱和的符号。

从语言指称的角度看，"方的圆"纯属无稽之谈，因为它根本无法完成指称。然而，罗素却把它分解成"x 是方的，而且 x 是圆的"。换句话说，罗素突出的是摹状词的描述功能，强调摹状词是通过描述对象特征而进行指称的。

罗素的分析方法显然有别于我们的日常语言直觉，他的摹状词理论为日常语言的逻辑分析提供了一个样板，而且成功地说明了这样一个道理：一个命题的逻辑结构不同于它表面的语法结构（赵敦华 2001：79）。

专名与摹状词

记得有次看孟京辉的话剧《琥珀》，戏刚开演，就听得台上大呼"高原"。当时着实吓了一跳，他们竟然在喊我的名字？！半分钟后，我才反应过来，原来戏里面男主角刘烨扮演的角色名叫高辕。

设想出于某种不可能的原因，我也刚巧站在台上，出现在那个《琥珀》的世界里，恐怕很可能会控制不住应声作答的，因为那可是我的名字哦！无论何时，无论何地，只要有人叫"高原"，我大概都会以为那是在叫我，尽管有时候这纯属自作多情。

这不由得令我想起克里普克（Kripke）提出的两个概念：固定的指示记号（rigid designator）和非固定的指示记号（non-rigid designator）。如果某个指示记号在一切可能的世界中都指示同一个对象，我们就称之为固定的指示记号；反之，我们就称之为非固定的或者偶然的指示记号。

拿"刘烨"这个名字为例，台下它指的是刘烨这个人，而台上除了演员刘烨也没有其他人叫这个名字。因此，"刘烨"是一个固定的指示记号，在不同的可能世界中指称同一对象。而"刘烨的爱人"则不同，在台下它指的是刘烨的法国妻子，而台上它对应的却是一位名叫小优的中国女孩。

克里普克认为应该严格区分专名和摹状词。在他看来，专名是固定的指示记号，而摹状词是非固定的指示记号。例如，玄奘这个人物既出现于现实世界中，也出现于史书中，还出现于小说《西游记》中，专名"玄奘"在所有这些世界中都指示玄奘，因此这个专名是个固定的指示记号；而摹状词"唐僧的大徒弟"却是一个非固定的指示记号，它在《西游记》中指示孙悟空，而在现实世界中，它应该另有其人。

克里普克强调专名的纯粹指称作用，认为专名与摹状词不同，不具有任何描述性意义，否认专名具有内涵。这一观点同罗素的摹状词理论迥然相背，罗素认为，专名也具有内涵，自然语言中的一切名称实际上都是摹状词，专名也不例外，属于缩略的摹状词。例如，"亚里士多德"这个人名的指称对象是依据"古希腊的著名哲学家""柏拉图的学生""亚历山大大帝的老师"等摹状词加以确定的。因此，"亚里士多德"是这一系列摹状词的缩写（涂纪亮 2007：254）。

归属性与指称性

我曾经读过一个非常特别的对话（Lycan 2002：27）：

"… Another point about her is that she isn't my wife."

"True. Very few people are Kitty."

"It isn't Kitty she isn't, you bloody fool. What she isn't is my wife.
Not the same thing at all …"

这段对话初看起来着实让人费解。实际上，my wife 和 Kitty 是一个人，但是说话人一再坚持 She isn't my wife，却不同意 She isn't Kitty 的说法。仔细体会这个对话，我们感受得出 my wife 偏重的是一种属性，而Kitty 则仅具有指称的功能。

哲学家唐纳伦（Donnellan）区分了摹状词的两种用法：归属性用法（attributive use）和指称性用法（referential use）。

有关这一区分的经典例子是 Smith's murderer is insane. 这个句子。我们试着把这个句子置于两个不同的情形当中：

情形之一是，当一个喜欢史密斯的人听说史密斯被人以非常残忍的手段杀害了，他可能会悲愤地说："杀害史密斯的凶手真是丧心病狂。"这种情况下，"杀害史密斯的凶手"属于归属性的摹状词。即使说话人根本不知道那个凶手是谁，也没有任何假想的对象，也在以描述性的手段指向可以满足那些描述特征的个体。

情形之二是，我们可以设想一个人被指控为杀害史密斯的凶手，他正在法庭上接受审讯。当此人在法庭上表现出暴虐的行为特征时，法庭上的某个人可能会说："杀害史密斯的凶手真是丧心病狂。"此种情形下，"杀害史密斯的凶手"无疑指称法庭上受审的那个人，即便最终发现那个人事实上根本不是杀害史密斯的凶手。这一情形体现的是摹状词的指称性用法。

总之，同一个摹状词可以有两种不同的用法。我们既可以用摹状词来描述，也可以用摹状词来指称，究竟是哪一种用法，完全由具体的语境来决定。

历史因果链条

法国作家马塞尔·普鲁斯特（Marcel Proust）说：我们把不可知给了名字。每一个名字都蕴藏着广阔而丰富的经历，就像《一千零一夜》中四十大盗的宝库之门，一旦走入名字所代表的经历之门，所有的一切都将近在眼前（余华 2004：105）。

哲学家克里普克不同意这种观点，他提出了著名的"历史因果论"，认为专名纯粹用于指称，没有内涵；专名只是指称某一对象的指示记号，不必去打开四十大盗的宝库之门，也没必要让它去承载广阔和丰富的深层意义。

专名源自命名行为，即依靠该专名的历史起源和传承链条，人们只要站在此链条上与前人保持一致，就能用该名称来指称某一对象（王寅 2014：716）。

一个孩子出生了，名称和对象的关系由命名仪式确立起来：父母把他命名为"史密斯"，在场的人都说"史密斯好可爱"，之后更多的人也用"史密斯"来称呼他，如此建立起"传递的链条"，"史密斯"沿着链条一环一环地传递下去。"史密斯"这个名字之所以被应用到史密斯头上，并不是因为它有着怎样广阔和丰富的内涵，而仅仅由于史密斯出生时被父母取了这样一个名字。

下面这幅布面蛋彩图[1]名为《中国人李家祖先图》。也许是因为中国传统肖像画二维的绘画风格，我们无法联想出这些人物的立体特征。他们连同他们写在牌位上的名字一同静静地坐在画上，展现出历史因果链条的强大力量。

显然，画家力图表现的不是时间的片段，而是历史的延展。在历史的长河里，个人的喜怒哀乐终将褪去光彩，留下的只是牌位上那些令人敬仰却不具内涵的名字。

1　翻拍自克里斯滕·利平科特等所著的《时间的故事》（2010）一书第 383 页。

上帝是数学家

英国诗人威廉·布莱克（William Blake）也是位有名的版画家，下面这幅画就是他的作品。画中的上帝手持圆规，似乎要丈量这个世界。

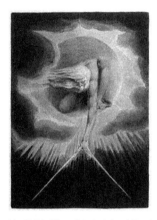

可知的世界，从宏观到微观，每个层面都有规律可循，并且往往可以用数学公式来表示。数学在我们认识宇宙的过程中起着必不可少的作用，宇宙本身蕴含着合理性。因此有人说：上帝是个数学家。

古希腊哲学家和数学家毕达哥拉斯最先提出，物质宇宙的一切构造都可以用数学来表示。自古以降，数学便与哲学共生共存，诸多伟大的哲学家同时也是伟大的数学家。唯心主义大师笛卡尔创立了整个的解析几何学；德国哲学家莱布尼兹发明了微积分；柏拉图更是在柏拉图学园赫然写下：不懂数学者不得入内。

莱布尼兹曾经提倡一种"通用语言"："我将做出一种通用代数，在其中一切推理的正确性将化归于计算。它同时又将是通用语言，但却和目前现有的一切语言完全不同，其中的字母和字将由推理来确定。"（见莫绍揆 1981：9）他甚至预言，当这样的一种通用语言完善之后，人们之间面对争议时就可以心平气和地说：让我们坐下来计算吧。

二十世纪早期，哲学的重点开始转向语言，哲学家们运用数理逻辑分析日常语言，开辟了全新的哲学方向。弗雷格和罗素等分析哲学家认为，日常语言具有模糊、多歧义、不确定等特征，应该设计一套严格而精确的人工符号系统，分析和表达语言的逻辑形式，排除日常语言中修辞之类的内容，只专注于概念与概念之间的逻辑关系，从而弥补日常语言的缺陷。

语义成分分析法

我有一个小外甥，性格活泼可爱，是全家人的宝贝。不过这个小家伙喜欢乱拆东西，不管什么物件，凡经他的小手，总要变得七零八落。手表呀，闹钟呀，分得开却装不上，这可真是个让全家人头疼的爱好。

不过，据说这个爱好是值得鼓励的。近代科学史上的伟大人物牛顿也善于此道。那是在 1665 年，牛顿让一束太阳光通过三棱镜，结果阳光被分解成了赤、橙、黄、绿、青、蓝、紫七种颜色。这可是一个意义重大的拆分，它证明了普通的光是由七色光组成的；牛顿还运用一个凸透镜把七色光合成了白光，进一步证实了这一点。这一发现使牛顿成功地创立了科学的光学，并取得丰硕成果。

可见，通过探究事物的成分从而认识事物是我们了解世界的重要手段。记得中学的化学老师告诉我们，世界上所有的物质都由分子组成，而分子由更微小的原子构成，每粒原子有一个被电子包围的原子核。带负电荷的电子沿轨道环绕原子核运行，就像行星环绕太阳运行一样，而微小的原子核内含不带电荷的中子及带正电荷的质子。例如，碳 -12 的原子核内有 6 颗质子和 6 颗中子，而铀 -238 的原子核内有 92 颗质子和 146 颗中子。

实际上，这种分析方法并不是自然科学的专利，在语言学研究中也比较常见，语义学上我们称之为语义成分分析法，比如：

man [HUMAN] [MALE] [ADULT]
woman [HUMAN] [-MALE] [ADULT]
boy [HUMAN] [MALE] [-ADULT]
girl [HUMAN] [-MALE] [-ADULT]

语义成分可以十分经济地反映词语的意义和关系，如下表（王寅

2001：113）只需 4 个语义成分就可以描述所有的家庭成员以及他们之间的关系。

	父亲	祖父	外祖父	母亲	祖母	外祖母	儿子	女儿	孙子	外孙	外甥	叔叔	姨母
MALE	+	+	+	−	−	−	+	−	+	+	+	+	−
ADULT	+	+	+	+	+	+							
DIRECT	+	+	−	+	+	−	+	+	+	−	−	+	−
GENERATION	+	++	++	+	++	++	−	−	−−	−−		+	+

成分的哲学思考

哲学有两个核心问题（布莱恩·麦基 2009：7）：存在的本质是什么？我们如何认识世界？

早在前苏格拉底时期，西方最早的哲学家们就"世界是什么"这个问题提出了众多不同的思考，其中不乏荒诞不经之论，可是很多理论的深远影响不容忽视。

那时的哲学家常常为"世界是由什么构成的"这一问题困扰。

古希腊哲学家泰勒斯（Thales）认为，世界本质上是由某种单一的元素构成。在他看来，这个单一的元素是水，万事万物都是水的不同形态。

哲学家和民主领袖恩培多克勒（Empedodes）则强调，事物由四季常在的四种元素组成，即土、水、气、火。四大元素说而后又为亚里士多德所继承，其影响力甚至延续到文艺复兴时期。

前苏格拉底时期的哲学家中还有一派"原子论者"，主要代表人物是留基波（Leucippus）和德谟克利特（Democritus）。其基本思想是：任何事物都由原子组成，原子是人眼看不到或无法进一步分割的存在；所有存在皆为原子和虚空，不同的物体只是原子在虚空中的不同结合方式而已。

这些大胆的思想多少有些轻率含糊，但是在其后来者世代相承的认识进程中，早期哲学家的认识方向无疑为人类的众多发现奠定了基础。

"原子"一词在希腊语中是"无法分割"的意思。很多科学家致力于寻找无法进一步分割的存在，语言学家也不例外。他们研究语义的基本单位，即语义的成分（component），又叫作原始单位（primitive），有人称之为义素（sememe），与化学中的"元素"一词形成类推。

西方的这种哲学思维同中国古代哲学相互对照。老子云："道生一，一生二，二生三，三生万物。"《广雅》曰："生，出也。"中国人关注的是宇宙的整体，视天地自然为大全，万物各张其性，组成庞大的生命体系。总之，我们看重"合"，而非"分"。中国人的综合型思维和西方的分析型思维彼此对立，又各有特点。

成分

《爱丽丝梦游仙境》中有一段小女孩爱丽丝和鸽子的对话：

鸽子说："光孵蛋就够麻烦啦，还得提防蛇，从白天防到晚上！唉！都三个星期没合过眼了！"

爱丽丝说："可是我不是蛇，我跟你说！我是……我是……"

鸽子说："好！那你是什么？看得出你在编谎话！"

"我……我是个小女孩。"爱丽丝有点犹豫，因为她这一天里变了那么多次。

鸽子用非常藐视的口吻说："说的倒真像！我这辈子看见过许多小女孩，从来没有一个像你脖子这么长的！不对，不对！你是蛇，赖也没有用。我知道你还想告诉我，你一只蛋都没吃过！"

"我当然吃过蛋。"爱丽丝说，她是一个非常诚实的孩子，"你知道，小女孩也和蛇一样吃很多蛋。"

鸽子说："我不信，要是她们吃蛋，我只能说她们也是蛇。"

很明显，鸽子运用了一个错误的三段论：

> 所有蛇都吃蛋。
>
> 爱丽丝吃蛋。
>
> 所以，爱丽丝是蛇。

逻辑错误的原因在于"蛇都吃蛋"不等于"吃蛋的都是蛇"。

或许，我们应该换位思考，借用"鸽子"的逻辑，因为可能在那只鸽子的世界里吃蛋的只有蛇：

> 世界上只有蛇吃蛋。
>
> 爱丽丝吃蛋。
>
> 所以，爱丽丝是蛇。

如此一来，我们就可以理解鸽子的逻辑了吧。

毫无疑问，在鸽子的概念中，[吃蛋]是一个决定性的成分，这与语义成分分析法的根本立场相冲突。因为在语义成分分析法当中，一个词项的每一个成分的地位并无差别。比如对于"蛇"这个词来说，[爬行]和[吃蛋]同样重要。可是在鸽子看来，[吃蛋]无疑更为重要，而人类也许并不太在意蛇[吃蛋]这件事，这显然是语义成分分析法的缺陷之一。

二元论

小孩子看电影时，总喜欢问大人：他是好人吗？仿佛这世上除了好人就是坏人，除了坏人就是好人。倘若真是如此，我们的世界恐怕要清静许多。

不过，非黑即白的思维方式是我们认识世界的重要方法，哲学上称之为二元论。早在公元前六世纪，古希腊哲学家巴门尼德（Parmenides）就提出过这个问题。在他看来，宇宙被分割成一个个对立的二元：明与暗，厚与薄，热与冷，在与非在。他把对立的两极分别视为正极和负极（米兰·昆德拉 2003：5）。

语义成分分析法体现了二元论的分析方法：

man [HUMAN] [MALE] [ADULT]
woman [HUMAN] [-MALE] [ADULT]

两组成分之间的唯一差异在于 [MALE] 和 [-MALE]，它们一正一负，刚好相反。换言之，凭借 [MALE] 这个成分，我们可以把世界上的人群分为两类："是男"或者"非男"。

当然，这样的划分是一种理想化的处理方式，正如村上春树在小说《海边的卡夫卡》中所写：

> "按柏拉图《盛宴》中阿里斯托芬的说法，远古神话世界里有三种人。"大岛说，"这个知道？"
>
> "不知道。"
>
> "古时候，世界不是由男和女、而是由男男和男女和女女构成的。就是说，一个人用的是今天两个人的材料。大家对此心满意足，相安无事地生活。岂料，神用利刀将所有人一劈两半，劈得利利索索。结果，世上只有男和女，为了寻找本应有的另一半，人们开始左顾右盼，惶惶不可终日。"
>
> "神为什么做那样的事情呢？"
>
> "把人一劈两半？这——，为什么我也不知道。神干的事情基本上都让人琢磨不透。动不动就发脾气，又有时过于——怎么说呢——理想主义的倾向。"

理想归理想，终不能等同于现实。比如"跳蚤"这类生命形式压根儿没有性别之分，那么，它是 [MALE] 还是 [-MALE] 呢？现实往往由不得我们一劈两半，所谓的"彼"和"此"也不大容易分得清清楚楚。

元语言

小说《爱丽丝镜中奇遇记》中有这样一段对话（Carroll 2017：100）：

Humpty Dumpty: "There's glory for you!"

"I don't know what you mean by 'glory'," Alice said.

Humpty Dumpty smiled contemptuously. "Of course you don't – till I tell you. I meant 'there's a nice knock-down argument for you!'"

"But 'glory' doesn't mean 'a nice knock-down argument'," Alice objected.

"When I use a word," Humpty Dumpty said, in rather a scornful tone, "it means just what I choose it to mean – neither more nor less."

透过这段文字，隐约可见语言研究的一种尴尬：我们总是用语言来说明语言，似乎除此之外别无他法；换句话说，语言学的研究对象是语言，而研究工具也是语言。

其他学科则不必面临这样的尴尬。比如在化学研究中，H_2 代表氢气，O_2 代表氧气，而 H_2O 代表水。也就是说，氢气、氧气和水是研究对象，而 H_2、O_2 和 H_2O 是表达工具，两者完全不是一回事儿。研究人员也没有必要一只手拿着氢气，一只手拿着氧气，然后说 "它们在一起就变成水"，因为通过化学方程式就可以表示得清清楚楚：$2H_2 + O_2 \leftrightarrow 2H_2O$。

用语言来说明语言的弊端在于容易陷入循环。这就好比《老鼠嫁女》的故事：

从前，一只老鼠生下漂亮的女儿，总想嫁个有本领的人物。它找到太阳，发现太阳害怕乌云；找到乌云，发现乌云害怕风；找到风，发现风害怕墙；找到墙才发现，墙居然害怕老鼠。这时，它忽然想起祖宗的古训：老鼠生来就怕猫。于是老鼠决定把女儿嫁给猫，至于结果，便可想而知了。

可怜的老鼠，在苦苦寻找中竟转了一圈儿找回到自己，而且还顺着这个思路把女儿嫁给了天敌。用语言本身解释语言也会陷入这样的循环，B 解释 A，C 解释 B，D 解释 C……以此类推，也许最终不得不用 A 来解释 X。这让我想起电视剧《士兵突击》中的一句经典台词：好好活着就是做有意义的事儿，做有意义的事儿就是好好活着。

使用语义成分分析法可以避免这种尴尬，因为其中的各个成分不是我们使用的自然语言，而是用来说明自然语言的另一种语言形式，我们称之为元语言（metalanguage）。

雪是白的为真

公元前 6 世纪，克里特哲学家埃庇米尼得斯（Epimenides）说了一句很有名的话：所有克里特岛人都说谎。

他究竟是说了真话还是假话呢？如果他说的是真话，由于他也是克里特岛人，他也说谎，因此他说的是假话；如果他说的是假话，则有的克里特岛人不说谎，他也可能是这些不说谎的克里特岛人之一，因此他说的可能是真话。这被叫作"说谎者悖论"（陈波 2002：4）。

说谎者悖论引起了非常多的关注：据说斯多葛学派的克里西普（Chrisipus）写了六部关于悖论的书；科斯的斐勒塔更是潜心研究这个悖论，结果竟因此累出了病。为提醒后人不要重蹈覆辙，他的墓碑上这样写道（陈波 2002：5）：

> 科斯的斐勒塔是我，
> 　使我致死的是说谎者，
> 无数个不眠之夜造成了这个结果。

公元前 4 世纪，麦加拉派的欧布里德斯把说谎者悖论改述为：我正在说的这句话是假话。

二十世纪的波兰逻辑学家塔斯基（Tarski）敏锐地指出，"这句话"和一个人对这句话的评价"我正在说的这句话是假话"不在一个层次上，我们之所以产生二者没有区分的感觉是因为语言的自反性（reflexivity）（Lyons 2000：7），即我们不得不用语言来描述语言。为了解决这一问题，塔斯基将对象语言和元语言进行了区分。

塔斯基有句名言："Snow is white" is true if and only if snow is white.

"雪是白的"是对象语言，而"'雪是白的'是真的"则是对"雪是白的"这句话的一个元语言判断。对象语言和元语言完全可以是不同的语言，这恰恰说明了区分对象语言和元语言的必要性："雪是白的"为真当且仅当雪是白的。

当且仅当雪是白的

　　我曾经读过一则笑话：

　　　　有一次所有在天堂的科学家准备玩一次躲猫猫的游戏。很不幸轮到爱因斯坦找人，他打算数到 100 然后开始找。

　　　　除了牛顿，所有人都藏了起来。牛顿只是在爱因斯坦面前的地上画了一个边长为 1 米的正方形，然后站在中间。

　　　　爱因斯坦数到 97、98、99、100，然后睁开了眼睛，看见牛顿站在面前，就叫道："牛顿出局，牛顿出局。"

　　　　牛顿说："我没有出局，因为我不是牛顿。"

　　　　这时候所有的科学家都出来了，然后大家都证明他真的不是牛顿。

　　　　为什么呢？

　　　　牛顿说："我站在 1 米边长的正方形中间，这就是说我是牛顿每平方米，所以我不是牛顿，我是帕斯卡。"

　　　　　　　　　　　　　　　　　　　　　　　（陆广地 2011：7）

我们完全可以以这个笑话的角度看看下面的句子：
"雪是白的"为真当且仅当雪是白的。

> 雪是白的

两个"雪是白的"表面相同，实际并不相同。

第一个"雪是白的"仿佛被放到方框里，是独立于客观世界的、我们需要判断真假的对象，就好像站在1平方米上的"牛顿"并不是牛顿本身。

而第二个"雪是白的"则相当于牛顿本身。

帕斯卡≠牛顿。同理，第一个"雪是白的"≠第二个"雪是白的"。

"雪是白的"为真当且仅当雪是白的。这句话很像废话，不过深究下去我们可以发现，看似完全相同的表达实则处于语言的不同层面，而非简单地重复。

话语的抽象

话语、句子和命题对应的英文分别是 utterance、sentence 和 proposition。

话语是自然发生的言语表达，包括说话时伴随的重音、停顿等。比如作家韩寒在《长安乱》中的一段话：

> 师父写下：时，空，皆无法改变，而时空却可以改变。这很难理解。我的早期理解是一个逗号可以改变一切，师父说：不，你仔细看。
>
> 我说，上句和下句就有一个逗号之差别。
>
> 师父说，你只看到表面，你仔细看，差别不止一个逗号。
>
> ……
>
> 我跪在地上请求师父参破。
>
> 师父说，看，其实是两个逗号。

这是一段近乎搞笑的文字，不过却也可以说明，用来表示话语停顿的逗号的确能够给话语带来差别。

句子是话语的进一步抽象，比如：

> **他**明天看电影。
>
> 他**明天**看电影。
>
> 他明天**看电影**。

当我们分别着重强调"他""明天"或"看电影"时，会得到三个不同的话语。然而在句子层面，三个话语都基于一个句子——"他明天看电影"。

同样道理，命题是句子的抽象：

John loves Mary.

Mary is loved by John.

It is John that loves Mary.

It is Mary that John loves.

The one who is loved by John is Mary.

The one who loves Mary is John.

John does love Mary.

显然，以上七个句子各不相同。然而，它们都陈述了同一个命题，那就是 "JOHN LOVES MARY" 这个事实，我们可以用 p 或者 Love（john, mary）来表示。

可见，话语、句子和命题三个概念一个比一个更为抽象。

话语、句子和命题

对于话语来说，最重要的是它是否可以被接受（acceptability）。

因为爱着你的爱

因为梦着你的梦

所以悲伤着你的悲伤

幸福着你的幸福

因为路过你的路

因为苦过你的苦

所以快乐着你的快乐

追逐着你的追逐

这段歌词曾引起语言学家的争论，因为其中的多数句子不合乎汉语语法。但是由于它的接受程度较为广泛，已经成为合理的话语。

对于句子来说，最重要的是它是否合乎语法（grammaticality）。

从上面的歌词可以看出，合理的话语不一定是合法的句子。同样，合法的句子也不一定是合理的话语。

Colorless green ideas sleep furiously.

这是著名语言学家乔姆斯基（Chomsky）创造的句子，尽管它在语法上无懈可击，但在日常生活中，人们并不会这样说话。

对于命题来说，最重要的是它是真还是假。

命题只考虑语言所呈现的情况是否符合现实，而不在乎语言的表现形式。我们看下面这则小故事：

> 古时候有个书生，说话、写文章爱咬文嚼字，以此夸耀自己的高深学问。一天晚上，他被蝎子蜇了，便摇头晃脑地喊着："贤妻，速燃银灯，尔夫为毒虫所袭！"连说几遍，他的妻子怎么也听不明白。书生痛得实在难忍了，一急之下，顺口叫道："老婆子，快点灯，蝎子蜇着我啦！"

实际上，书生前后说的两句话反映了同一个命题，可这位仁兄太过痴迷于语言的表现形式，结果吃了些苦头。

可能世界

大家可能看过《盗梦空间》这部电影，主人公们穿梭于各层梦境构建的世界，游离在现实与虚幻、虚幻与虚幻之间。

记得《余墨偶谈》中有这样一个故事：

> 咸家公子生性痴笨，一天早上忽然问婢女："昨天夜里你梦见我没有？"婢女莫名其妙，回答："没有。"公子破口大骂："我明明在梦中看见你，你为何要抵赖？"还跑到老夫人那里告状："这痴婢正该打，我明明梦见她，她却说没梦到我，存心欺主，这还了得！"

我们不妨再来看《列子·周穆王》中的一个著名的梦《蕉鹿听讼》：

> 春秋时，有个樵夫砍柴。忽然看到一头马鹿，迎面劈去，把它砍死。他恐怕被别人瞧见，就把马鹿拖进壕沟里，用柴草遮盖起来。
>
> 谁知樵夫竟忘了藏鹿的地点，找了半天没找到，以为是一场梦，逢人就说那个奇怪的梦。有个闲汉上山寻找，果然找到那头死鹿。他把马鹿背到家，告诉老婆："有个樵夫说梦里砍死一头鹿，忘记了收藏的地方，现在被我寻到了。哈！他真是做了个好梦呀！"
>
> "别高兴，"他老婆撇撇嘴说，"恐怕是你在做梦，梦见什么樵夫得到一头鹿吧？难道真的有那个樵夫吗？你真的得到了鹿，就是你真的在做梦。"
>
> 闲汉说："反正我真的拿到了鹿，管他是谁在做梦。"
>
> 且说樵夫回到家里，真的做了一个梦，梦见了马鹿，还梦见鹿已被闲汉取走。找到闲汉家，果然见马鹿挂在堂屋。两人争闹起来，撕扭着去衙门评理。
>
> 法官对樵夫说："你真的得鹿，又妄说是梦；做梦看见鹿被拿走，又认为是事实。"法官又对闲汉说："你真的找到了鹿，你老婆又说你是在做梦。好吧，你们都在做梦，根本没有人真的得到过鹿，现在既有这头马鹿，那就一家分一半吧。"
>
> 郑国的国君听说这件案子，嘻嘻笑着说："这法官判案，也是在做梦呀。"

故事中，从得鹿的樵夫、闲汉和闲汉的老婆，一直到法官，乃至国君，个个都把现实当成梦境，把梦境认作现实。而梦境为真的，现实不一定为真；现实为真的，梦境也不一定为真。于是，整个故事荒唐怪异，凌乱不堪。

造梦大师曹雪芹在《红楼梦》里写下这样一副对联：假作真时真亦假，无为有处有还无。

在逻辑上，包括现实世界在内的各种世界被称为可能世界（possible worlds）。

两种真理

德国哲学家莱布尼兹指出有两种真理：推理的真理和事实的真理。

如果有人对我们说："我的隔壁邻居是一个白发男子和他的胖老婆。"这既可能完全是真的，也可能完全是假的，唯一确切的验证方法就是去仔细检查一下隔壁邻居男子是否白发，而不是红发、金发或没有头发等其他情形；他是否有一个胖老婆，而不是瘦老婆或者压根没有妻子；此外，还需要验证隔壁住着的是否只有这两个人而不是还有其他什么人。

如果有人对我们说："我的隔壁住着一个单身汉和他的胖老婆。"我们立即就可以知道这个说法是错误的，根本不需要进一步验证，因为"单身汉"指未结婚的男人，因此隔壁邻居不可能既是单身汉又有妻子，这个说法自相矛盾，因而也就不可能是真的。

莱布尼兹认为，所有真理都属于这两种逻辑类型：要么通过检验事实来确认一个陈述的真假；要么不需要检验事实，而是从陈述本身的使用过程来判别其真假。前者被称作"综合判断（synthetic truth）"，后者被称作"分析判断（analytic truth）"。

这种划分有着深远影响。否定一个真实的分析判断会导致自相矛盾，所以分析判断的负命题不可能为真；而否定一个真实的综合判断不会导致自相矛盾，只会带来另一个综合判断，因此综合判断的负命题可能为真，也可能为假。比方说，"单身汉没有老婆"是一个分析判断，否定这个判断得到"单身汉有老婆"，而"单身汉有老婆"在任何一个可能世界都不可能为真；可是对综合判断而言则不同，"成龙不是单身汉"在现实世界为真，否定此命题得到"成龙是单身汉"，虽然该命题在现实世界为假，可是在电影世界里却可能为真。

由此出发，莱布尼兹把"可能世界"的概念引入到现代哲学当中。当然，17世纪欧洲神学的影响仍无处不在。在莱布尼兹看来，现实世界也是可能世界的一种，是上帝作为完美的存在所创造出的最好的可能世界。这种说法后来遭到伏尔泰的嘲笑，伏尔泰特意写了本小说叫《天真汉》，主人公面对种种不幸时，只会说"这是所有可能世界中最好的一个世界"。显然，伏尔泰忽略了可能世界对数理逻辑的严肃意义（布莱恩·麦基 2009：98）。

缸中之脑

　　哲学家普特南在《理性、真理与历史》(*Reason, Truth, and History*)一书中阐述了有关"缸中之脑"的假想[1]：

　　　　一个人被邪恶科学家施行了手术，他的脑被从身体上切了下来，放进一个盛有维持脑存活营养液的缸中。脑的神经末梢被连接在一台计算机上，这台计算机按照程序向脑输送信息，以使他保持一切完全正常的幻觉。对于他来说，似乎人、物体、天空还都存在，自身的运动、身体感觉都可以输入。这个脑还可以被输入或截取记忆。他甚至可以被输入代码，"感觉"到他自己正在这里阅读一段有趣而荒唐的文字：一个人被邪恶科学家施行了手术，他的脑被从身体上切了下来，放进一个盛有维持脑存活营养液的缸中。脑的神经末梢被连接在一台计算机上，这台计算机按照程序向脑输送信息，以使他保持一切完全正常的幻觉……

　　类似的哲学思考也曾被呈现在荧幕上。科幻电影《黑客帝国》中的尼奥是一个"被养在营养液中的"真实的人，他的意识被电脑系统"矩阵"控制。他的一切记忆都是外部电极刺激大脑皮质形成的，并不是真实经历。

　　值得庆幸的是，我们不是尼奥，否则恐怕永远跳不出自己心灵的牢笼。我们立足于真实的世界之中，我们对外部世界的认识发自本能且坚定有力，当然不可能是"缸中之脑"。

　　有关"缸中之脑"的最基本问题是：你如何担保自己不是处于这种困境之中？看起来你似乎只知道自己的感觉印象和经验，除此之外一无所知：或许有一个外在世界，或许没有；如果有一个外在世界的话，它和你所看到的世界或许完全不同，或许大体类似。但是无论怎样，你都对此一无所知。这种观点被称为对外在世界的怀疑论（skepticism）。

　　怀疑论者认为，除了自身在心灵之内所作的观察之外，没有人能够确定什么，我们无法确定外部世界是否存在。或者说，客观实在无法被证实，存在不等于被观察。

1　转自 http://baike.baidu.com/view/1068696.htm。

与之相反的观点则认为，存在的东西就是能够被观察到的东西，这一立场被称为实证论。根据这种看法，一个你永远不可能从中醒来的梦压根就不是梦，它就是实在，就是你生活于其中的真实世界。

实证论

英文中"理论"（theory）一词是从古希腊文"观看"（theoria）演化而来的，而"理念"（eidos）一词细究起来可以追溯到印欧语系"看"（vid）的词根（刘慧儒 2004：68）。由此可见，思想与观察关系密切。

我们对世界的认知离不开我们对世界的观察。正如英国自然科学史家丹皮尔（Dampier）所写的一首诗的标题那样——《自然如不能被目证那就不能被征服》。整个现代科学也以观察作为自身发展的基础，英国哲学家罗素认为，科学是依靠观测和基于观测的推理，它首先试图发现关于世界的各种特殊规律，进而寻找把这些事实相互联系起来的规律，这种规律（在幸运的情况下）使人们能够预言将来发生的事情（2000：91）。

由此，实证主义者宣称自己是"科学的哲学家"，认为科学是对"实证的事实"即经验事实的描写与记录，不反映事物的本质与客观规律；超乎感觉经验之外的事物的本质，是不可能被认识的，也没必要去认识它（万中航等 2003：190）。人作为自然界的臣相和解释者，他所能做、所懂得的如他在事实中或思想中对自然进程所观察到的那样多，也仅仅那样多。除此之外，他既无所知，亦不能有所作为（弗朗西斯·培根 1984：1）。

缺乏观察的判断是不可靠的。《东坡集·日喻》中有这样一则故事：

> 从前有个人，生来瞎了双眼，从没有看见过太阳。他很想知道太阳的模样，便去问明眼人。别人拿来一只铜盆，告诉他："太阳的形状像脸盆，是圆的。"瞎子接过铜盆，贴在耳边敲了敲，发出当当的声音，他若有所悟地点点头。
>
> 过了几天，瞎子在街上听见当当的钟声，高兴地说："我知

道，这就是太阳！"旁人听了对他说："不对。太阳是会发出亮光的，就像点燃的蜡烛一样。"同时又拿出一根蜡烛给他摸了一摸。瞎子便牢牢地记在心里。有一天，他摸到一根竹箫，便对别人说："这肯定是太阳！"

这个故事让我想起文艺复兴巨匠达·芬奇曾说过的一句话：经验绝不出错，可能的错误不是经验造成的，而只因你的判断。

因此，实证论认为：一个命题只有当能被经验证实为真或假时，才具有意义；一个句子的意义就是它所提供的可观察得到的、能够被证实的句子的真实情况。

经验的局限

康德认为，只有身体器官能把握的东西才能呈现为我们的经验，否则就永远不可能成为我们的经验，因为我们无法把握它们。

约翰·埃弗里特·米莱斯（John Everest Millais）有一幅画作《盲女》：

盲女可以欣赏音乐的优美，触摸女儿的小手，闻到女儿头发的味道，却永远不能"感受"身后天空的彩虹。

即便我们较盲女多出一双眼睛，也不能说明我们就因此认识了世界。的确，我们可以了解自身认识的全部范围，但是也并不能肯定除此之外别无他物。

而且，我们甚至无法肯定我们的经验是否可信。《列子·汤问》中记载着一个《两小儿辩日》的故事。一天，两个孩子热烈地争论着一个问题：为什么同样一个太阳，早晨看起来显得大而中午看起来显得小？一个孩子说："这是因为早晨的太阳离我们近，中午的太阳离我们远，根据近大远小的道理，所以早晨的太阳看起来要大些，中午的太阳看起来要小些。"另一个孩子反驳说："照你这样说，早晨的太阳离我们近，我们就应该感到中午更凉些，但事实却刚好相反，我们往往感到的是早晨凉而中午热。"两个孩子谁也说服不了谁，于是就去请教孔子，但这位博学的大师竟也弄不明白这是怎么回事，最后只好不了了之。

可见，有时候缺乏理性指导的经验反而可能成为谬误的源泉。

我们的眼睛、耳朵、鼻子是我们认识世界的重要途径，为我们提供信息，给我们带来片刻的确定性，但是我们的经验毕竟有其局限性。或许，这正是我们不断探究物质世界、试图彻底认识世界的天然动力吧。正如哲学家康德所说：正是因为认识到自身的局限，哲学才会存在。

逻辑

希腊哲学家赫拉克里特（Heraclitus）把"逻辑"即希腊文中的"逻各斯"（logos）一词引入哲学，用它来说明"理性""秩序"和"规律"（王建平 2003：43）。

中国的先秦时期，诸子蜂起，百家争鸣，论辩之风盛行，由此推动了逻辑学说的发展。墨子在其逻辑经典中称：夫辩者，将以明是非之分，审治乱之纪，明同异之处，察名实之理，处利害，决嫌疑。可见，"辩"是人类理智的自我反省，而这种自我反省令我们更加理性，这就是逻辑分析的目的。

人类对客观世界的感知能力十分有限。如帕斯卡尔（Pascal）在《思想录》中写道：我们在各方面都是有限的。我们的感官不能察觉任何极端：声音过响令人耳聋，光亮过强令人目眩，距离过远或过近有碍视线……（1985：31）

单凭我们对现实世界的客观经验，根本无法全面地了解世界。因此，在实证主义基础上发展起来的逻辑实证主义，主张把经验同对知识的逻辑分析方法结合起来，从而更好地认识世界。

逻辑属于抽象思维。抽象思维能够认识感官不能直接认识或无法认识的一些对象。例如，光速是每秒钟 30 万公里，对于光速，感官无法感知，也无法认识，而抽象思维通过推理，就可以认识光速。所以列宁曾说：

> 当思维从具体的东西上升到抽象的东西时，它不是离开真理，而是接近真理，物质的抽象、自然规律的抽象、价值的抽象及其他等等，一句话，那一切科学的抽象，都更深刻、更正确、更完全地反映着自然。
>
> （张敏 2004：45）

作为抽象思维，逻辑具有严谨的特点。要按部就班地推演，要环环相扣，要言必有据，要言之成理，不允许环节的脱落，也不允许跳跃式的思维。它需要我们冷静地思考、分析、推理、论证、判断和假设。它依靠的是逻辑法则，不需要诉诸情感活动。因此，任何一个正常人在进行抽象思维活动时，没有哪一个会出现满脸泪痕或捧腹大笑的情形。逻辑也因此多少会给人留下刻板的感觉。

内在逻辑关系

有些命题之间存在着内在的语义逻辑关联。以下将介绍三种内在逻辑关系：

第一种，同义关系，我们拿海子的诗《村庄》举例：

> 村庄里住着
> 母亲和儿子
> 儿子静静地长大
> 母亲静静地注视

X：村庄里住着，母亲和儿子；儿子静静地长大，母亲静静地注视。

Y：村庄里住着，妈妈和儿子；儿子静静地长大，妈妈静静地注视。

若 X 为真，则 Y 为真；若 X 为假，则 Y 为假。因为两个命题是同义关系。

第二种，反复关系，如电视剧《篱笆·女人和狗》的主题歌：

> 星星还是那颗星星哟，
> 月亮还是那个月亮，
> 山也还是那座山哟，
> 梁也还是那道梁，
> 碾子是碾子，缸是缸哟，
> 爹是爹来娘是娘
> ……

反复关系中，命题必然为真。

第三种，不一致关系，如春秋战国时流行于楚国的《慷慨歌》：

> 贪吏而不可为而可为，
> 廉吏而可为而不可为。
> 贪吏而不可为者，当时有污名；
> 而可为者，子孙以家成。
> 廉吏而可为者，当时有清名；
> 而不可为者，子孙困穷被褐而负薪。

X：贪官可为

Y：贪官不可为

若 X 为真，则 Y 为假；若 X 为假，则 Y 为真。此时两命题为不一致关系。

还有其他的内在语义逻辑关系，如蕴涵和预设，我们将在下面讨论。

蕴涵

还记得初中的那些几何定义吗？下面是几个有关三角形的定义。

三角形：由不在同一直线上的三条线段，首尾顺次相接所得到的几何图形叫作三角形。

锐角三角形：三个角都小于 90 度的三角形。

直角三角形：一个角等于 90 度的三角形。

钝角三角形：有一个角大于 90 度的三角形。

几何学中的定义其实都体现了一种基本的逻辑关系：蕴涵。在蕴涵关系中，如果我们知道了命题一（P_1），那么我们同时也就知道了命题二（P_2）。或者说是 "如果……则……" 的关系。以上的几个定义我们可以表述为：

如果不在同一直线上的三条线段首尾顺次相接，则得到的几何图形为三角形。

如果三角形的三个角都小于 90 度，则该三角形为锐角三角形。

如果三角形的一个角等于 90 度，则该三角形为直角三角形。

如果三角形的一个角大于 90 度，则该三角形为钝角三角形。

几何定义有着一丝不苟的严谨性，可是生活中却经常会看到人们对蕴涵关系的错误运用。比如《吕氏春秋·察今》中记载的这个故事：

某甲要将一婴儿投入江中，婴儿啼哭。别人问甲："这是什么缘故呀？"甲说："婴儿的父亲善游，所以婴儿善游。"

这个故事的荒唐之处在于，由"父亲善游"无法推出"婴儿善游"，两命题间并不存在蕴涵关系。

当然，日常生活中我们似乎没办法总是一丝不苟。鲁迅先生在《立论》中写过这样一段文字：

> 一家人家生了一个男孩，合家高兴透顶了。满月的时候，抱出来给客人看，大概自然是想得一点好兆头。
>
> "一个说：'这孩子将来要发财的。'他于是得到一番感谢。
>
> "一个说：'这孩子将来是要死的。'他于是得到一顿大家合力的痛打。"

其实，第一个人说了句谎话，第二个人说的才是实话，因为"如果是人，则一定会死"。但是，"如果我们这样子说话，则肯定没朋友"。

预设

韩剧中表现人物相亲的场景时，经常出现这样的对白："请以结婚为前提与我交往吧。"意思是说，男女交往是为结婚，双方都应心知肚明。所谓前提，就是交际中假定存在的事实。而一个语句真假或有意义的前提就是预设。

古希腊诡辩论者提出过一个问题：你是否还在打你的父亲？这是个一般疑问句，显然不直接表示判断，但其中却隐含着一个对方难于接受的前提：你曾经打过你的父亲。面对这样的问句，不管回答"是"还是"否"都免不了吃亏。律师们有时会利用类似的预设，法庭上著名的例子"你是什么时候停止殴打你妻子的？"与古希腊诡辩术有着异曲同工之处。

巧妙地运用预设往往可以引导听者的思维。比如，台北人有喝豆浆加鸡蛋的习惯，在一条街上相邻开着两家豆浆店。A店不仅豆浆卖得好，鸡蛋卖得也好；B店豆浆卖得好，鸡蛋却卖得少。原来，A店在顾客买了豆浆后，服务员通常会问："您是加一个鸡蛋，还是两个鸡蛋？"结果，顾客有的加一个，有的加两个；而 B 店中，当顾客买了豆浆后，服务员通常会问："您需不需要加鸡蛋？"顾客通常选择不加。

历史上也流传着一些巧用预设的例子。三国时，大将军钟会去看望名士嵇康。嵇康正光着身子打铁，不理会钟会，当钟会看了一会儿要离开时，嵇康问道："何所闻而来？何所见而去？"钟会答道："闻所闻而来，见所见而去。"

嵇康问："听到了什么而来？看到了什么而离开？"钟会回答："听到了所听到的所以来了，看到了所看到的所以离开了。"实际上，钟会的回答只是重复了嵇康问话中的预设，并没有新的内容。不过这种回避的手法，要比单纯的拒绝显得更有礼貌。

再比如，王安石的儿子王雱只有几岁的时候，有人送给他家一头獐，一头鹿。客人开玩笑地问王雱："别人都说你聪明，我问你，哪只是獐？哪只是鹿？"王雱从来没见过这两种动物，看了半天，回答道："獐旁边的那只就是鹿，鹿旁边的那只就是獐。"

王雱小小年纪，却很机智。不过究其本质，还是说了一句废话，因为毕竟没有回答任何具体的问题，只是在重复背景知识。

可取消性

> 法国国王是个秃子。
> 法国国王不是秃子。

不管法国国王是不是秃子，两句的预设完全一致，那就是：世界上有法国国王这个存在。句子的预设不会因为句子的否定被取消，虽然这个预设是假的——当今法国的政体早已不是君主制。

不过，很多预设是可以被取消掉的。以下文字来自张爱玲的《金锁记》：

> 谁都说她是活脱的一个七巧。她打了一根辫子，眉眼的紧俏有似当年的七巧，可是她的小小的嘴过于瘪进去，仿佛显老一点。她再年轻些就是一棵较嫩的雪里红——盐腌过的。

　　在读到"盐腌过的"之前，读者会对"她是一棵较嫩的雪里红"有一个判断，可读过"盐腌过的"之后，读者却产生了几乎相反的判断。

　　预设被取消掉给人以耐人寻味的感觉。正因如此，取消预设的情形常常被应用于幽默的语言环境当中。比如：

> 　　有一位女领导平时气焰嚣张，盛气凌人，后来居然当了邮政局长，风头更是十足。因此还出了一种邮票，上头是这女人的像。不知何故，这邮票停发了。这位女邮政局长生气得很，跑去责问司长为什么停印这邮票。司长无辞可对，只有推说邮票后面胶水不好，所以停用。女局长悻悻地由她口袋取出一张纪念她的邮票，吐一口吐沫，一巴掌把邮票粘在一张纸上，问道："这胶水不好吗？"那司长叹口气说："局长，不是啊！人家吐痰，是唾在那个正面啊！"（林语堂 2004：44）

　　邮票背面涂一层胶水，可以粘到信封上，可是司长的回答"人家吐痰，是唾在那个正面啊！"一下子就取消掉我们的预设，从而达到幽默的效果。

　　很多笑话都是通过取消预设达到效果的，请看下面一个例子：

> A: Where are the kings and queens of England usually crowned?
> B: On their heads.

　　A 的问句预设着国王和王后在某个地方加冕，可 B 的回答完全是两码事儿。

　　这种技巧在中外笑话中均有使用。相声演员郭德纲的一句经典台词就是：散场大家都别走，我请大家吃饭——谁去谁掏钱啊。

联言命题

　　联言命题是确定几种情况同时存在的复合命题。比如诗人北岛的名句：

> 卑鄙是卑鄙者的通行证，
> 高尚是高尚者的墓志铭。

　　两个句子是两个简单命题，即两个联言肢。因此，联言命题通常表达为"p 并且 q"。日常语言表达中，联言命题中的简单命题往往通过连接词联结，如"和""然后""然而""不但……而且""虽然……但是"等。有时也会像上面两句诗一样，省略连接词。

　　联言命题可以描述多种语义关系，它常表达并列关系，如以下张曙光的诗歌选段：

1965 年

那一年电影院里上演着《人民战争胜利万岁》
在里面我们认识了仇恨与火
我们爱看《小兵张嘎》和《平原游击队》
我们用木制的大刀和手枪
演习着杀人的游戏
那一年，我十岁，弟弟五岁，妹妹三岁
……

　　如果将这些联言命题中的简单命题颠倒顺序，原本的意思不受影响。例如，联言命题"我们爱看《小兵张嘎》和《平原游击队》"是由简单命题"我们爱看《小兵张嘎》"以及"我们爱看《平原游击队》"组成，如果表述成"我们爱看《平原游击队》和《小兵张嘎》"也不会改变原来的意思。

　　联言命题也可表示顺序关系，如以下宇向的诗歌选段：

圣洁的一面

为了让更多的阳光进来
整个上午我都在擦洗一块玻璃
……

过后我陷进沙发里
欣赏那一方块充足的阳光
<u>一只苍蝇飞出去，撞在上面</u>

一只苍蝇飞进来，撞在上面
一些苍蝇飞进飞出，它们撞在上面

画线的联言命题遵循时间的顺序，其中的简单命题没法前后颠倒。
联言命题还可表示递进关系，如以下韩东的诗歌选段：

温柔的部分

我有过寂寞的乡村生活
它形成了我生活中温柔的部分
······

至少我不那么无知
我知道粮食的由来
你看我怎样把清贫的日子过到底
并能从中体会到快乐
······

这种类型的联言命题虽然同时明确了几种情况的存在，但显然表述
的重点是在后面的联言肢上。这里，"并能从中体会到快乐"才是整个联
言命题的重点所在。

联言命题也有表转折关系的情况，见如下芒克的诗歌选段：

阳光中的向日葵

你看到阳光中的那棵向日葵了吗？
你看它，它没有低下头
而是把头转向身后
就好像是为了一口咬断
那套在它脖子上的
那牵在太阳手中的绳索

"它没有低下头，而是把头转向身后"是转折型联言命题，因为"低
下头"和"把头转向身后"不能同时发生，属于两种相对的状况。

表面上看，似乎不同类型的联言命题有很多区别，实际上，凡联言
命题在逻辑上都有一个共同之处：只有当联言命题中所有命题同为真时，
联言命题才为真。

p	q	p并且q
真	真	真
真	假	假
假	真	假
假	假	假

选言命题

选言命题是断定事物的可能情况中至少有一种存在的复合命题。通常表示为"p或者q"，或是"要么p，要么q"，其中的p和q称为选言肢。

选言命题有相容选言命题和不相容选言命题的区别。

如果选言命题中的各个选言肢能够同时成立，则该选言命题为相容选言命题。就好像萧开愚在诗歌中描写的情形：

每天下午五点的墓园

如果我们现在并排坐着，

或者一句话不说，一刻钟又一刻钟，

……

或者你挪远一点，好看清斜对面的一块，

或者你白我一眼，因为死者并不可笑，

……

而我在你对面，就在你的对面，躺着。

选段中有三个"或者"，而这些"或者"可以同时为真，并不因为其中一个的存在而影响其他，它们彼此互不妨碍。

相反，如果选言命题中各个选言肢不能同时成立，则该选言命题为不相容选言命题。我们不妨来看一下《哈姆雷特》中的名言：

To be or not to be — that is the question

Whether 'tis nobler in the mind to suffer

The slings and arrows of outrageous fortune

Or to take arms against a sea of troubles

And by opposing end them?

"To be or not to be"，即"生存还是死亡"两不相容，一个人要么"生存"，要么"死亡"，绝不可能既生存又死亡。

不相容选言命题往往具有很强的宣传鼓动性：

> 秦朝以法家思想治国，刑法苛刻。据司马迁《史记·陈涉世家》记载，秦朝末年，被征发去驻守渔阳的900个贫苦农民，因遇大雨，临时驻扎大泽乡。为发动农民起义，陈胜把900个农民召集起来，对大家说：现在你们大家由于遇到大雨，已经误了朝廷规定的到达期限，误了期，按规定是要杀头的。就算朝廷不杀我们，我们去戍边受折磨也会死掉十之六七。大丈夫不死就算了，要死就不如去干出一番大事业来，难道那些王侯将相就是天生的贵种吗？
>
> （谭大容 2007：146）

陈胜的一席话中包含着不相容的选言命题。我们把它整理一下：

> 我们要么被朝廷杀掉，要么因戍边折磨而死掉大半，要么揭竿而起干一番大事业。
>
> 我们不愿被朝廷杀掉，也不愿因戍边被折磨致死。
>
> 因此，我们要斩木为兵，揭竿而起。

经由陈胜的分析，特别是将不相容的选言命题摆在大家面前的时候，人们感到自己别无选择，所以才有了中国历史上第一次农民起义。

显然，不相容选言命题与相容选言命题有所不同，正因为此，两类选言命题的真值条件也就有所不同。

首先我们来看相容选言命题的真值表：

p	q	p或者q
真	真	真
真	假	真
假	真	真
假	假	假

对相容选言命题而言，只有当所有选言肢为假的情况，选言命题才为假，其他情况，命题为真。

下面是不相容选言命题的真值表：

p	q	要么p，要么q
真	真	假
真	假	真
假	真	真
假	假	假

也就是说，在不相容选言命题中，各选言肢不能同真，也不能同假。

假言命题

假言命题也称条件命题，即断定事物情况之间的条件关系的复合命题。在讨论假言命题之前，我们先来了解两种不同的假设关系。

除非 [1]

如果我是一条鱼

你是否觉得我伤悲

除非你是水

将我温柔的包围

才会发现我真的流泪

如果我是一朵花

你是否觉得我最美

除非你是土

将我深深的栽培

才会发现我害怕枯萎

......

1　引自 http://bbs.feel0415.com/simple/index.php?t4903.html。

这段截选的歌词里有两类假设关系："如果……（就）"和"除非……才"。前者表充分条件，后者表必要条件。由此引出两类假言命题：充分条件假言命题和必要条件假言命题。

充分条件假言命题是断定充分条件关系的假言命题。情况 p 是情况 q 的充分条件指的是：有 p 一定有 q，无 p 未必无 q。通常表示为："如果 p，那么 q"。

大家都知道《韩非子·五蠹》中记载的"守株待兔"的故事：

> 有一个宋国人在田里耕作，看见一只兔子撞上大树，死了。那人把兔子拾了，高兴地回家了。从此，他不想再干活，只一心想得到现成的兔子，于是每天坐在那棵大树下苦苦等待。他的田荒芜了，可是再也看不见第二只兔子来撞树。

宋人的逻辑很简单，他认为：

> 如果等在树下，就可以捡到兔子；我每天都等在树下；所以会捡到兔子。

然而，他忽略了一点，"等在树下"并不是"捡到死兔子"的充分条件。

必要条件假言命题是断定必要条件关系的假言命题。情况 p 是情况 q 的必要条件指的是：无 p 一定无 q，有 p 未必有 q。通常表示为："只有 p，才 q"。

《韩非子·说林下》中记载着一则"三虱争肥"的故事：

> 三只虱子在猪身上吵得不可开交。有一只老虱子路过此地，问道："你们争吵些什么呢？"三只虱子回答说："我们都想去占据这头猪身上最肥的地方。"老虱子笑着说："小傻瓜，你们难道不怕腊祭一到，人杀肥猪，用茅草点火来烫猪毛吗？"三只虱子幡然醒悟，立即停止争吵，一头扎进猪身里，大吸其血。这头猪愈来愈瘦，就没有人再愿意杀它了。

这个故事隐含着必要条件的假言命题：

> 只有猪肥，才会被宰；这头猪不肥，因此不会被宰。

还有一类假言命题叫作充分必要条件假言命题，是指：有 p 就有 q，并且无 p 就无 q。通常表示为 "q 当且仅当 p"。例如：

> 人不犯我，我不犯人，人若犯我，我必犯人。

在这个充分必要条件假言命题中，"人犯我"是"我犯人"的充分必要条件。

三类假言命题的真值表有所不同：

充分条件假言命题的真值表

p	q	如果 p，那么 q
真	真	真
真	假	假
假	真	真
假	假	真

必要条件假言命题的真值表

p	q	只有 p，才 q
真	真	真
真	假	真
假	真	假
假	假	真

充要条件假言命题的真值表

p	q	q 当且仅当 p
真	真	真
真	假	假
假	真	假
假	假	真

负命题

曾经读过诗人戈麦的一首诗《青年十诫》：

不要走向宽广的事业。

不要向恶的势力低头。

不要向世界索求赐予。

不要给后世带来光明。

不要让生命成为欲望的毒品。

不要叫得太响。

不要在死亡的方向上茁壮成长。

不要睡梦直到天亮。

要为生存而斗争。

让青春战胜肉体，战胜死亡。

诗人模仿摩西十诫，对青年人提出劝告，连续使用否定性的排比，以示决绝。

我们要介绍的负命题，就是由否定一个命题而得到的命题。表示为：并非 p。

一个负命题为真，当且仅当被它否定的命题为假。或者说，若一个命题为真，则它的负命题为假；若一个命题为假，则它的负命题为真。

p	并非 p
真	假
假	真

记得中学的英语老师曾特别强调过一个语法点：All the students have not passed the exam. 这句话并没有"所有同学都没通过考试"的意思，而是表示"有些同学没通过考试"。Not 否定的是整个句子，而不是谓语 passed。

同样，负命题是对整个命题的否定，而不是否定命题中的谓语。

我们以联言命题和选言命题的负命题为例：

并非（p 并且 q）＝非 p 或者非 q

并非（明天刮风和下雨）＝明天或不刮风或不下雨≠明天不刮风也不下雨

并非（p 或者 q）＝非 p 且非 q

并非（明天刮风或下雨）＝明天既不刮风也不下雨≠明天或不刮风或不下雨

多重复合命题

　　联言命题、选言命题、假言命题和负命题是复合命题，而且人们往往将这些命题形式结合起来。由复合命题构成的更加复杂的命题叫作多重复合命题。

　　下面我们以"二难推理"为例说明多重复合命题。所谓二难推理，又叫假言选言推理，是以两个假言命题和一个选言命题为前提的推理。比如：

凭栏人·寄征衣

欲寄君衣君不还，

不寄君衣君又寒，

寄与不寄间，

妾身千万难。

　　毫无疑问，这是个进退两难的困境，因为这首小令包含着一个二难推理：

> 如果给他寄征衣，那么他会迟迟不归；
> 如果不给他寄征衣，那么他会挨冻受寒；
> 或者寄征衣，或者不寄征衣；
> 总之，丈夫或者迟迟不归，或者挨冻受寒。

　　逻辑上，最早讨论二难推理的是古希腊哲学家普罗泰戈拉（Protagoras），他和学生欧提勒士签订了一份合同：老师教学生打官司，学生入学时交一半学费，毕业后打官司赢了后再交一半。可学生毕业了，却总不帮人打官司，老师无法得到另一半学费。最后，老师不得不跟学生打起官司，并打着这样的算盘：

> 如果他赢了，按照合同的规定，他应该给我另一半学费；
> 如果他输了，按照法庭的裁决，他应该给我另一半学费；
> 他或者打赢官司，或者打输官司；
> 总之，他得付给我另一半学费。

可是学生却对老师说，我是你学生，你那一套我也会：

> 如果我赢了，按照法庭的裁决，我不应该给你另一半学费；
> 如果我输了，按照合同的规定，我不应该给你另一半学费；
> 我或者打赢官司，或者打输官司；
> 总之，我不应该给你另一半学费。

亲爱的读者，如果你是法官，你会如何裁定这师徒二人的官司呢？

谓词逻辑

我们讨论的联言命题、选言命题、假言命题和负命题都只关心两个或多个命题之间的关系，这样的逻辑推理我们称之为命题逻辑，命题逻辑不深入讨论单个命题的内部逻辑。对某一命题内部逻辑的分析，我们称之为谓词逻辑。

逻辑分析往往采用形式化的表达方式。比如各类命题逻辑的形式化表达如下：

> 联言命题：$p \wedge q$；
> 相容选言命题：$p \vee q$；不相容选言命题：$p \vee_e q$
> 充分假言命题：$p \rightarrow q$；必要假言命题：$p \leftarrow q$；充要条件假
言命题：$p \leftrightarrow q$
> 负命题：$\neg p$

谓词逻辑也不例外。比如：

John sings. $S(j)$

John loves Mary. $L(j, m)$

John gave Mary a Valentine's card. $G(j, m, c)$

其中，大写字母 S、L、G 代表谓语 sing、love 和 give，小写字母 j、

m、c 分别代表 John、Mary 和 card。由于 John、Mary 和 Valentine's card 都是特定的个体，我们称之为常量，通常用英文字母 a、b、c 来替代；如果所表示的个体是未知或不确定的，我们称之为变量，通常使用 x、y、z 来替代。

有关谓词逻辑的表述方法也许会令你回想起初中代数课上学到的内容。比如代数方程式 y=2x+1 也可以表示成 y=F(x)，我们带入一系列 x 就可以得到相应的一系列 y，F 表示 x 与 y 之间的函数关系，由此得到 x 和 y 的两个集合：

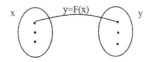

谓词逻辑遵循着同样的思维模式，拿 John loves Mary. 为例：

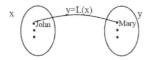

谓词 love 为函数 L，表示 John 和 Mary 之间的关系。

量化词

A few students pass the exam.

Many students pass the exam.

Most students pass the exam.

All students pass the exam.

Every student passes the exam.

some 和 every，前者指 "存在至少一个"，用∃表示；后者指 "全部、每一个"，用∀表示。

Some students pass the exam. 用逻辑式可表示为：

$\exists x(S(x) \& P(x,e))$ 存在至少一个 x，x 是学生 S，且 x 通过了 P 考试。

Every student passes the exam. 用逻辑表达式可表示为：

$\forall x(S(x) \rightarrow P(x,e))$ 对每个 x 来说，如果 x 是学生 S，那么他通过了 P 考试。

"每一个"涉及"逐指"还是"统指"的问题，比如：

在推行计划生育政策时期，每个母亲都只生一个孩子。
在蚂蚁的王国里，一个母亲生了每一个孩子。

前者是逐指，后者是统指。前者是一对一的关系，而后者是一对多的关系。

由此，量化词的使用上就会产生歧义。如：

每个学生都喜欢一个老师。
逐指：$\forall y(S(y) \rightarrow \exists x(T(x) \& L(y, x)))$ 所有学生 (S)，每人都分别喜欢 (L) 一个老师 (T)。
统指：$\exists x(T(x) \& \forall y(S(y) \rightarrow L(y, x)))$ 有一位老师 (T)，每个学生 (S) 都喜欢 (L) 他。

可见，逻辑可以解决语言的歧义问题，两种意思经由不同的逻辑表达式加以表达。

逐指和统指

有这样一则笑话，某权威机构进行了一项社会调查，调查了年龄分别为 17、25、35、48 和 66 岁的女性近百名。现摘录一些结果公布如下：

（1）最喜爱的运动

　　17 岁—购物

　　25 岁—购物

　　35 岁—购物

　　48 岁—购物

　　66 岁—购物

（2）成瘾的嗜好

　　17 岁—购物

　　25 岁—购物

　　35 岁—购物

　　48 岁—购物

　　66 岁—购物

（3）最理想的结婚年龄

　　17 岁—17 岁

　　25 岁—25 岁

　　35 岁—35 岁

　　48 岁—48 岁

　　66 岁—66 岁

　　由此可见，年龄跟最喜爱的运动之间是统指关系；年龄与成瘾的嗜好之间也是统指关系；而年龄和最理想的结婚年龄之间则是逐指关系。用逻辑表达式可表示如下：

　　每一个女人都喜爱一项运动。

　　$\exists x(S(x) \& \forall y(W(y) \to L(y, x)))$ 有一项运动 (S)，每个女人 (W) 都喜爱 (L) 它。

　　每一个女人都沉迷一种嗜好。

　　$\exists x(A(x) \& \forall y(W(y) \to I(y, x)))$ 有一种嗜好 (A)，每个女人 (W) 都沉迷 (I) 它。

　　每一个女人都认定一个理想的结婚年龄。

　　$\forall y(W(y) \to \exists x(Y(x) \& B(y, x)))$ 所有女人 (W)，她们都分别认定 (B) 一个结婚年龄 (Y)。

第二部分

意义在"其中"

语言系统本身影响语言的意义，因此意义也在语言系统之中。语言系统具有开放性，也有一定的独立性。如同任何其他系统一样，在语言系统内部"关系"是个关键词，语言符号之间存在差异又相互依存，决定着彼此的意义。

指称与价值

指称和价值是两回事儿。

词语的指称意义变了，它在语言系统中的价值并不一定改变。我们以"东南西北"中的"西"为例加以说明：

> 《山海经·穆天子传》：天子宾于西王母。
>
> 《汉书·西域传序》：西域以孝武时始通，本三十六国。
>
> 《西游记》：礼上大唐君，西方有妙文。
>
> 《明史》：永乐三年六月，命和及其侪王景弘等通使西洋。

中国古代"西"字的意义并非一成不变，它曾指代过好几个地理位置。它先是指"西王母之邦"，当然，西王母国度之所在至今仍存在争议：丁谦认为在亚述帝国；顾实认为在伊朗德黑兰西北部高加索山脉；顾颉刚先生则认为近在河西走廊。到了汉代，"西"又专指"西域"：狭义的西域指西起帕米尔高原，北至天山，南至昆仑山，中为塔里木盆地的区域；而广义的西域，乃指葱岭以西，天山之北，包括了亚洲中部、西部以及欧洲东部。唐代之后，"西"指称"印度西天"，受到了佛教的影响。宋元以后，"西"又遭遇海洋，渐渐出现"西洋"的概念，郑和七下西洋，就曾到过波斯湾、马六甲甚至东非沿海等地。在当今世界，"西"则更多指涉"西欧"和"北美"所代表的西方文明（王铭铭 2007：4）。

可见，"西"的指称意义发生了巨大的改变，然而它在系统中的价值却一点儿都没变，因为"东南西北"这些方位概念自古如此。

有关"西"还有这样一则故事（王铭铭 2007：41）：同治五年正月二十一日，大清国总理衙门副总办斌椿，在上海登上了法国轮船"拉不得内号"。经过近两个月的海上颠簸，从马赛港登陆欧洲，在欧洲游历三个半月。期间，斌椿一行抵达斯德哥尔摩，受到瑞典"太坤"（太后）的接见。他还当场吟诗一首赠予"太坤"：

> 西池王母住瀛洲，十二珠宫诏许游。
>
> 怪底红尘非不到，碧波清嶂护琼楼。

这里，斌椿用西王母这个上古中国神话人物之名来比附瑞典太后。

不过，这首诗曾遭到耻笑，因为老先生显然没有考虑到"西"的指称意义已然今非昔比，此王母与彼王母住在不同的西方。

价值的提升

词语在语言系统中的价值不是一成不变的。

传说苏东坡有个朋友蒲宗孟过着奢侈异常的生活：

> 蒲宗孟有些特别的习惯，其中包括"大洗面""小洗面""大洗足""小洗足""大洗浴""小洗浴"。他每天洗脸两次，洗脚两次，每隔一天正式洗澡一次。在"小洗面"时，他只洗脸，脸盆中换水一次，由两个仆人侍奉；"大洗面"时要换水三次，由五个仆人侍奉，要洗到脖子和肩膀。在"小洗足"时，换水一次，由两个仆人侍奉，只洗到足踝为止；在"大洗足"时，他用二十四桶水，由五六个仆人侍奉，要洗到膝盖。在"小洗浴"时，他用二十四桶水，由五六个仆人侍奉；在"大洗浴"时，也用二十四桶水，但由八九个仆人侍奉。在"大洗浴"时，他用药膏洗，衣裳要放在金属网子上，下有稀奇的香料点燃慢熏。他写信给苏东坡说，此种洗澡法对他益处甚大。苏东坡回答说："闻所得甚高，故以为慰，然复有二，尚欲奉劝，一曰俭，一曰慈。"
>
> （林语堂 2008：228）

蒲宗孟有关"洗"的讲究复杂得令人难以想象，结果连他的朋友苏东坡都看不过眼，劝诫他要勤俭慈悲。

不过，也许你想不到，古代有关"洗"的问题原本名目繁多。"洗"并不是一个概括性的词语，它仅仅指代"洗脚"，至于"洗"其他的部位都分别有各自的说法，洗头发为"沐"，洗身、洗澡为"浴"，洗手为"盥"，洗脸为"靧"，洗物为"涤"：

> 《汉书·郦食其传》：沛公方踞床，令两女子洗。
> 《诗经·小雅·采绿》：予发曲局，薄言归沐。

《春秋左传·文公十八年》：夏，五月，公游于申池。二人浴于池。

《论衡·讥日》：盥去手垢。

《礼记·内则》：其间面垢，燂潘请靧。

《韩非子·说林下》：宫有垩，器有涤，则洁矣。

想不到我们的祖先竟然给不同类型的"洗"作出过如此详细的划分。显然，那时的"洗"只是众多种"洗"中的一员。不过，在语言的发展过程中，"洗"的价值得到了提升，取得了囊括其他相关词语意义的地位。

价值的合并

数学中有合并同类项的说法，而在语言系统中，有时意义相近的词语也会出现合并的现象。这样一来，本来独立的几个词语就被归并为一个词项。

我们先来看季羡林老先生的一段话：

> 在今天的汉语辞典上，"曚眬"和"朦胧"确实分列为两个词儿，前者的解释是"快要睡着或刚醒时，两眼半开半闭，看东西模糊的样子"。对后者的解释是"月光不明，不清楚，模糊"。其实基本的含义都是"模糊"。如果说"曚眬"与眼有关，而"朦胧"与月色有关，那么，对一个瞎子来说，他既无"曚眬"也无"朦胧"。鲁迅先生的《三闲集》中有一篇文章"醉眼中的朦胧"，这的确与眼睛有关，然而他却写作"朦胧"而非"曚眬"。根据我的印象，"曚眬"这两个字，现在很少有人用，它几乎成为汉语词汇中的盲肠。

（2008：256）

按照季老先生的说法，"曚眬"和"朦胧"原本是两个独立的词语，但是它们的价值又十分相近，彼此有重合之处，都有"模糊"的意思。

如今，人们已渐渐停止了对"矇眬"的使用，"矇眬"和"朦胧"合并为系统中的一个词项。在合并的过程中，"矇眬"的价值消失了，而"朦胧"一词的价值则得到了提升。

以下是另一个价值合并的例子，我们要谈论的是汉语中的"家"和"室"：

诗经·国风·郑风·东门之墠

东门之墠，茹藘在阪。其室则迩，其人甚远。

东门之栗，有践家室。岂不尔思？子不我即！

译文：

东门的土坪上，茹藘草长在山坡。他的家很近，他的人却很远。

东门的栗子呀，整齐地长在家门前。你难道不思念我？我无法接近你！

这是一首有关女子单相思的诗歌。其中出现了"家"，也出现了"家室"，而这有什么区别吗？原来，在中国古代，"家"和"室"是两个意思不同又相近的词语，《春秋左传·桓公十八年》中有"女有家，男有室"的说法；《孟子·滕文公下》中也有"丈夫生而愿为之有室，女子生而愿为之有家"的表达。也就是说，那个时候，女子的家叫作"家"，而男子的家叫作"室"。现在，我们已经不作"男""女"之分，两个意思合在一起，一并用"家"来表示。

系统与价值

语言符号需要在语言系统中找到自身的价值。

有些语言符号看似意义相同，但因出自不同的语言系统，彼此之间也就有了差别。我们以南宋诗人文天祥的那首《过零丁洋》为例：

辛苦遭逢起一经，干戈寥落四周星。

山河破碎风飘絮，身世浮沉雨打萍。

惶恐滩头说惶恐，零丁洋里叹零丁。

人生自古谁无死，留取丹心照汗青。

其中的"零"是 zero 的意思吗？显然不是。《说文解字·雨部》曰：零，余雨也。雨是点点滴滴的，引申开来，便有了孤立、分散的意思。因此，"零丁"表示"孤单单"。汉语系统中，"零"有 odd number 的意思，而不仅仅是 zero。总之，汉语中的"零"和英语中的 zero 并不对应。

我们知道，在东亚各民族语言中，都存在大量汉字词汇。比如韩语、日语、越南语中，汉语词汇占到词语总数的六成以上。不过，不同语言系统中的汉语词汇，意义不一定彼此相同。比如：

> 同样使用汉字的确很便利，但有时也照搬不得。一次旁观日本朋友做通译，日方说了"品质"，她随口来了个原装，赶紧又补译为"质量"，但中方悠然告诉她，我们也说"品质"。朋友被亲切得找不到北，竟把"质问"一词搬将过去，中方却勃然……
>
> （李长声 2007：87）

类似的例子有很多，比如我们赞人"善良"，越南人赞人"仔细"；我们骂人"混蛋"，越南人骂人"困难"。无论如何，汉语中"仔细"和"困难"都没有"善良"和"混蛋"的意思。

我们可能忽视语言符号所在的系统，理所当然地以己度人。比如语言文字网 2008 年 10 月 7 日的文章《汉字在东亚的影响》中提到：

> ……试以"人间"一词为例，汉语里是"人世间"的意思，韩语、日语里却是"人"的意思，最易混为一谈。鲁迅早期的论文《人之历史》，最初的题目却是《人间之历史》，因为写于他留学日本期间，受了日语环境的影响，后来收入《坟》时才改回来。王国维喜用"人间"一词（如其名著《人间词话》），有日本学者看来看去，总觉得都是"人"的意思，写了论文自诩为创见，我们竟有人表示激赏。日本曾流行"人间蒸发"一词，意思是"（有）人失踪"，传到我们这里，却一定会望文生义，理解为"从人世间消失"，所以就会说"泰山老虎人间蒸发"……

humor ≠ 幽默

大家都知道晏子使楚的故事，其中有这样一段：

> 晏子至，楚王赐晏子酒，酒酣，吏二缚一人诣王。王曰："缚着曷为者也？"对曰："齐人也，坐盗。"王视晏子曰："齐人固善盗乎？"晏子避席对曰："婴闻之，橘生淮南则为橘，生于淮北则为枳，叶徒相似，其实味不同……"

淮南的橘子到了淮北就失去了原本的味道。实际上，语言也是如此，一个语言系统中的词语到了另一个语言系统中，就会多多少少改变原来的意思。

有些词语进入到另一个语言系统之后，原本的词义会缩减。比如 humor 一词，在英语中有"有趣、脾气、情绪、动物体液、植物汁液、古怪的念头"等意思；而当它进入汉语系统后，只保留了"有趣或可笑而意味深长"之意，没有了英语中的其他意思。

有些词语进入到另一个语言系统之后，原本的词义会扩大。比如 sofa 一词，在英语中只指一种长的、可以坐几个人的沙发；而在汉语中，除了指长沙发，也可指单人沙发。

我们知道，汉语中原本没有与 humor 和 sofa 对应的词语。尽管李白有诗云：魂独处此幽默兮，愀空山而愁人。可是这里的"幽默"表示寂静，根本没有"有趣好笑"的意思。

以下的"辣"字则不同，因为汉语中本来就有跟英语意义大致对应的词语：

> "辣妹"之"辣"是 the spice girls 中 spice 的意译，spice 原义为包括"胡椒、生姜、豆蔻"等带有辣味的调味品。这里的"辣"字具有"性感、奔放、大胆、激情"等含义，因而除了"辣妹"以外，又有了"辣歌、辣舞"等词语。汉语原有的"辣"也有"热烈"的意思，但是意译过来的"辣"字显然义项更复杂，其中的"性感"义是原来的"辣"字所没有的。

（杨锡彭 2007：116）

看来，英语系统中的"辣"来到汉语系统之后，丰富了汉语中"辣"的意思。

当一个词语进入另外一个语言系统之后，也就摆脱了原有语言系统的影响。这也是一些古汉语词还"活"在东亚各国现代语言里的原因。如韩语里叫未婚小伙子为"总角"；日语里说车站还用"驿"；越南语称博士为"进士"，院士为"翰林"，钟表为"铜壶"；等等。虽然汉语系统已经历了变迁，但并不会给这些词语带来影响，于是它们就像活化石一样"活"在另外一个世界里。

系统的变化

古希腊哲学家赫拉克里特说：唯有变化才是永恒。

语言系统的变化也是永恒的。这里我们用代词的使用加以说明。

首先我们看汉语的代词系统。叶广岑在小说《豆汁记》中有这样一段话：

> 在我嘎嘣嘎嘣嚼酪干的时候，莫姜就准备她的床铺。莫姜睡觉前衣服必叠齐整了搁在椅子上，一双鞋也摆齐了放在床沿下，躺下睡觉不翻身，不打呼噜，不咬牙放屁说梦话，静得像只兔。莫姜跟我说话从来都是"您""您"的，好像她从来不会用"你"，说到我的父母亲，她用的词是"怹"。"怹"是"他"的尊称，现在的北京人已经没有谁会用这个词了，这个词大概快从字典上消失了，有点儿遗憾。

看得出，汉语的代词系统发生了变化，因为表尊敬的"怹"消失了，所以"他"的词义扩大了。

在汉语的代词系统中，发生变化的不仅仅是第三人称单数代词。我们再来看一个第一人称代词的例子：

> 中国古代的皇帝有一个变态的习惯，那就是与自己有关的东西都不许别人染指，包括名字，包括人称代词。譬如"朕"这个

第一人称代词，在秦朝之前，每一个人都可以使用。自从秦始皇以来，这个词就和普通人无缘了。

（郭灿金、张召鹏 2007：18）

据司马迁《史记·秦始皇本纪》记载，秦嬴政统一天下后规定："天子自称曰朕。"从此，"朕"才由寻常百姓家飞入皇宫之中，一去不回头；再后来，根本飞出了汉语代词系统。现如今，除了在电视剧中一睹"朕"之真颜之外，人们完全不会使用它（郭灿金、张召鹏 2007：171）。

当然，古人有很多第一人称代词，譬如"吾""余""予""我"。但是，在社交场合公开自称"我"却少之又少，人们认为这不合礼仪。《梦溪笔谈》中记载了这样一个人：

贾魏公为相日，有方士姓许，对人未尝称名，无贵贱皆称"我"，时人谓之"许我"。

这个人最大的特点就是从来不用谦称，总是"我""我"的，别人因此而笑话他，干脆送他个外号叫"许我"。有趣的是，现在"我"成了最为常见的第一人称代词，风头更是远远盖过其他第一人称代词。

下面来看英语中代词系统的变化。我们以第二人称为例：

Tell me, thou star, whose wings of light
Speed thee in thy fiery flight

雪莱的这两句诗若是翻译成现代英语应该是：

Tell me, you star, whose wings of light
Speed you in your fiery flight

古英语的代词系统要比现代英语繁琐得多：

	主格（单数）	宾格（单数）	主格（复数）	宾格（复数）	名词性物主代词	形容词性物主代词
古英语	thou	thee	ye	you	thine	thy
现代英语	you	you	you	you	yours	your

以上足见英文代词系统变化之大。那么，you 凭什么得以占据优势呢？

语言人类学家迈克尔·西尔弗斯坦（Michael Silverstein）对此有过解释（见约翰·康利、威廉·奥巴尔 2007：141）：

> 在 1066 年诺曼征服之后，主流社会都讲诺曼法语。而法国人在正式讲话或称呼具有较高社会地位的人时，总是使用复数形式：老师在称呼学生时常用单数的 tu（你），但是该学生将用复数的 vous（你们）做答。直到 13 世纪，这种用法也在英语中确定下来，以致 to thou 有"以上对下的口吻对某人说话"的意思。

> 17 世纪对英格兰而言是一个巨变的时代，先是查理一世被斩首，成立了克伦威尔共和国，而后查理二世复辟，最后爆发了光荣革命，将威廉三世推上了英国王位。

> 这个动荡的世纪中存在着两个重要的意识形态：一个是贵格会教徒（Quakers）的民主自由派，一个是国王教会的独裁专制派。前者采取平等主义的立场，这一点在语言上也有所体现：在称呼任何个人的时候刻意地、明显地使用"你"（thou），不管其地位如何。贵格会教徒的做法让独裁主义者们左右为难。为了避免与贵格会教徒这一令他们讨厌的边缘群体有任何关系，那些上流社会中的人们尽量不去使用 thou 和 thee，这些形式几乎完全从他们的语言中消失，取而代之的是通用的 you。

目的论

> 小熊维尼坐在树下，用两只爪子托住脑袋开始思考。

> 首先它在想："这种嗡嗡的声音意味着某种东西。你不会听到这种声音一直这么嗡嗡在响，而不意味着某种东西。如果有嗡嗡的声音，就有人在制造这种嗡嗡的声音。我知道，有这种嗡嗡声音的唯一原因就在于你是一只蜜蜂。"

> 它又想了很长时间，说："我知道，成为一只蜜蜂的唯一理由就在于酿蜜。"

> 接着，它站了起来，说："酿蜜的唯一理由就是我能吃它。"

> 于是它开始爬树。

　　小熊维尼这种关于蜜蜂的孩子般的思维方式，是目的论推理的一个很好的例子：即任何事物均为其自身的目的或某种外在的目的所支配和决定。

　　在古代，目的论的思维方式非常盛行。柏拉图和亚里士多德认为，火焰之所以向上蹿是因为它要接近天空，那是它的自然之乡；石头之所以往下落是因为它们在奋力接近地球，这是它们的所属之地。人们将自然看作拥有某种意义的秩序，要理解自然以及我们在其中的位置就要抓住它的意图（迈克尔·桑德尔 2011：225-226）。

　　那么语言的变化是否存在某种目的呢？

　　索绪尔的回答是否定的。他指出，由于语言的任意性，语言的变化也是任意的。语言的变化没有需要达成的某种目的，背后也没有驱动性的原因。语言的任意性斩断了语言系统历时性的联系，得以理想化地处理一个相对独立、相对封闭的语言系统，赋予了语言学研究共时的眼光。

　　而 19 世纪的语言学家深受达尔文进化论的影响，将语言的变化看作进化的过程。达尔文本人曾经说：语言是自然有机体，语言根据确定的规律成长起来，不断发展，逐渐衰老，最终走向死亡。我们通常所称的"生命"的一系列现象，也见于语言之中（裴文 2003：131）。语言与生物有机体的比附给予了语言变化以内在目的，语言的变化迫于自身发展的驱动力，在不同阶段呈现出不同样貌。按照这一逻辑，处在不同发展阶段的语言焕发出不同的生命力，必然产生先进和落后之分。

　　索绪尔对语言任意性的强调从根本上否定了某一语言先进或落后的说法，语言学家开始用平等的眼光看待每一种语言。

可口可乐

　　《视野》2007 年第 7 期的文章《我们要坦诚地承认》（原载许知远《中国纪事》）中写道：

　　　　"像约瑟夫一样生活"。在经过南京市中心时，我被眼前一块巨大的广告牌吓住了。这是一幢名叫"约瑟夫公寓"的地产项目，除去它是一个英文名字，我不知道"约瑟夫"是谁，又代表什么。

　　广告上的画面提醒我，那是那种欧洲电影里一样的生活：在一个降着小雨的下午，我在唐山碰到了"贝弗利山庄"，广告板上，那个珠光宝气的女士正在喝一杯咖啡；我在北京的家对面是"哈佛馆"，每天上班的路上，我看到接连不断的"澳洲女人别墅""格林小镇"，或是"东方银座"……

这些外国词儿单枪匹马来到中国，象征着看似令人向往的生活方式。不过，对外来语言的开放态度并不只是现近的事情。大诗人王安石有两句诗：

> 周顒宅入阿兰若，
> 娄约身归窣堵波。

　　刚读到这两句时，实在想不通诗人在卖什么关子，其中的"阿兰若"和"窣堵波"究竟指什么呢？深入了解才发现，原来它们是来自印度语的音译外来词，意思分别为"森林"和"佛塔"，看得出当时中国受佛教的影响之深。

　　汉语不是一种纯粹的语言，它与多个语言系统发生过互动，比如秦汉时来自西域的"骆驼""葡萄"；汉唐以来来自梵语的"菩萨""地狱"；明清以来来自蒙古和满族的"胡同""萨其玛"；五四之后欧美文化带来的"咖啡""芭蕾"；还有大批来自日语的词，如"警察""写真"等（杨彭锡 2007：1、6）。

　　看得出来，一部中国语言史就是一部各民族语言的互动史。当然，这种情形不仅仅发生在汉语中。据调查，现代英语中的外来词已占词语总量的 50% 以上，而且该现象有上升的趋势。

　　保持语言的纯粹性并不是件容易的事情。据说过去 Coca-Cola 在各国都有地方文字的译法，于是可口可乐公司决定，把 Coca-Cola 字样作为一个图形，向世界推广。从此词语 Coca-Cola 成为不用翻译和解释的图像，得以长驱直入，闯进每个人的视野。

出口转内销

语言中有一种出口转内销的现象，就是一个语言系统中的语言符号去到另外一个语言系统，而后又回归到原来语言系统中的情形。比如汉语的"福晋"是从满语搬过来的，而满语中的这个词又是从前从汉语的"夫人"搬过去的；汉语的外来词"台吉"是从蒙古语搬过来的，而蒙古语中的这个词又是从前从汉语的"太子"搬过去的。

当然，"福晋""台吉"除了"外来人口"的身份外，语义上和"夫人""太子"相差不大。不过，词语在语言系统间的转移往往还会带来词义上的变化。比如"劳动"一词始见于《三国志》，原指体育运动，没有今天指生产性工农业劳动的意思。

据《三国志·魏志·华佗传》记载，华佗告诉广陵人吴普和彭城樊阿："人体欲得劳动，但不当使极尔。动摇则谷气得消，血脉流通，病不得生，譬犹户枢不朽是也。"

"劳动"一词也见于白居易的诗："劳动故人庞阁老，提鱼携酒远相寻。"这里的"劳动"有"有劳了"和感谢的意思（吴晗 1960：58）。

这些意思与现在我们说的"劳动"都有所区别。原来，"劳动"一词进入日语系统后，受到了日语的改造，日语中将工人称作"勞動者"。随着我国工人队伍的壮大，"劳动"这个词又重回汉语，成为我们自己的词汇，并拥有了新的含义。

可见，同一个词由于先后经历了不同的语言系统而获得了新的意义。类似的例子还有：文学作品中多以"胴体"指称女性魅力的躯体，可是很少有人想到这个词在汉语中原来特指"牲畜屠宰后的腔体"。"胴体"进入日语后，获得了指称"人的躯干"的含义，而后借回汉语，简直完成了化腐朽为神奇的转变。再比如，"台风"来自英语 typhoon 的音译，而 typhoon 原是汉语粤方言"大风"的音译。我们知道，"台风"跟"大风"的意义并不一致。

有些词语在语言系统间的变化轨迹要更加复杂，比如"预算"：这个词在汉语中出现得很早，但原义是指"预先计算"，与财政无关。黄遵宪 1895 年刊行的《日本国志》上第一次在汉语里使用了该词的现代意义，这一意义是从日本舶来的。英文中的预算 budget 一词词源是拉丁语 bulga；后来变为古法语中的 bouga，指的是"皮包"。大约在 1400 至 1450 年间，这个词由法国传入英国，逐渐演化出现代的含义。1803 年，法国又采纳了英文 budget"预算"的意思。而日本又从西方进口了这个词（王绍光 2007：37）。

混合

　　林语堂先生的《京华烟云》里有一段话：

　　说也奇怪，木兰的第一课英文是从老八这个义和团嘴里学的……

　　　　来是 come,
　　　　去是 go,
　　　　二十四是 twenty-four,
　　　　山芋就是 potato,
　　　　Yes！Yes！No.
　　……

　　可笑的老八把 Yes、Yes 照北方方言音"热死、热死"念。每逢他唱到"热死、热死"就努筋拔力，哈哈大笑起来。

　　这段话里面中英文混合在一起，还有几分喜剧效果。
　　在日常生活中，有时人们会同时使用两种语言系统的代码，这种现象叫混合代码（code mixing）。混合代码的使用要求听说双方多少对两种语言有所了解，否则交际就会有麻烦。像《京华烟云》中的另一段文字：

　　一次饭局上，有一个年轻人说话，在他听来，那个人说的似乎是："瓦拉，瓦拉，你说的并不是真喀哧夫耳克沙包；昂尼拉拉拉，他的胖头有，申树阿拉和你的一样。"若只按英文部分听来，上面说的话似乎是："但是你，看，瓦拉——瓦拉——瓦拉——瓦拉，但是可能。在另一方面他的观点，基本上瓦拉——瓦拉——拉——拉——拉。"

不过现在，由于外语教育的普及，混合代码在日常对话中并不少见：

> 你那篇 article 还没 finish 呀？
> 我 summer 不 take course 了。

从中我们不难看出一些规律，那就是在混合代码中我们往往从别的语言系统借用实词，而不是像"了""那"的功能词。要是把这两句话说成下面的样子，那大概真的没人能听懂了：

> Your 文章还没完成？
> I 夏天不上课。

在双语或多语种环境下，混合代码更加普遍。有时一种混合代码甚至会获得专门的名称，如 Ugewa 就是指香港大学生所说的英语和广东话的混合语。

关系

德国哲学家、政治家和语言学家威廉·冯·洪堡特（Wilhelm von Humboldt）曾经说：语言中没有任何零散的东西。

在洪堡特眼中，任何一个系统都必须依靠两样东西才能建立起来：一是成分，二是关系（姚小平 1995：105）。换句话说，每一个成分都依赖于其他成分而存在，各个成分之间相互关联。

《申鉴·时事》中有这样一则故事：

> 有一群鸟雀要飞来了，捕鸟的人布了一张大网在林下候着，结果网到了不少鸟雀。有一个人在旁边仔细地观看，他发觉一个鸟头只钻一个网眼，于是心里就想：何必那么麻烦，把许多网眼结在一起呢？
>
> 他回到家里，就用一截一截的短绳子结成了许多小圈圈，准备也去捕鸟雀了。别人问他："这是做什么用的？"他回答说："去

网鸟雀用的，反正一只鸟头只钻一个洞，我这种网岂不比一张大网省事得多吗？"

网由许多网眼组成，每一个网眼都是网不可分割的一部分；如果没有许多网眼联结在一起，这个网眼也就不能起作用。而这位仁兄只看见一个个孤立的网眼，看不见网眼之间的互相联结，所以他肯定白忙活，恐怕一辈子也捕不到鸟雀。

不过这位仁兄倒不乏同类，《雪涛小说》中有一则类似的笑话：

> 从前有一位医生，自称擅长外科，军营里有位副将在战场上中了流箭，箭头深深扎进筋膜内，痛苦不堪，他立即派人请那位外科医生来施行手术。医生走到床边，稍一察看，便掏出一把大剪刀，咔嚓一声，剪去露在外面的半截箭杆，就要辞去。副将拉住他说："箭头还扎在肉里面，怎么不取出来？"医生回答："这是内科的事情，与外科概无关系。"

这个庸医认为事物之间彼此孤立，毫无联系，把局部和整体截然分开，真是荒唐透顶。

同样道理，语言作为一个系统，是由部分构成的整体，各个单位之间相互牵制，相互限定，相互关联。每一个语言成分的意义或多或少地取决于它跟其他成分的关系。

亲属关系

在传统意义上，家庭一直由庞大的亲属网络，或者说是家族网络组成，人类学家称之为亲属关系。

从跨文化的角度讲，中国人相当重视亲属关系，我们看《红楼梦》中的一个例子：

> 凤姐儿想了一想，笑道："一家子也是过正月半，合家赏灯吃酒，真真的热闹非常，祖婆婆、太婆婆、婆婆、媳妇、孙子媳

妇、重孙子媳妇、亲孙子、侄孙子、重孙子、灰孙子、滴滴搭搭的孙子、孙女儿、姨表孙女儿、姑表孙女儿……嗳呦呦，真好热闹！"众人听他说着，已经笑了，都说："听数贫嘴，又不知编派那一个呢。"尤氏笑道："你要招我，我可撕你的嘴！"凤姐儿起身拍手笑道："人家费力说，你们混，我就不说了。"贾母笑道："你说你说，底下怎么样？"凤姐儿想了一想，笑道："底下就团团的坐了一屋子，吃了一夜酒就散了。"众人见他正言厉色的说了，别无他话，都怔怔的还等下话，只觉冰冷无味……

亲属关系是基于婚姻和生育关系建立的，所以人们往往认为，亲属关系是自然存在的。然而你会发现，亲属关系这种人类现象，同其他与人类有关的事物一样，并非只是自然属性，而是由文化构建的（卢克·拉斯特 2008：172）。

中国人对亲属关系划分的细致程度显然是中华文化家族观念浓重的外在表现，一定令外国人叹为观止。单单是"姨表孙女儿"和"姑表孙女儿"就得把外国人弄得晕头转向。在家族观念不再那么强烈的今天，很多中国人也未必清楚它们究竟指的是谁吧。

一个民族的集体文化意识有可能偏向某种亲属关系，而轻视亲属网络中的其余部分。研究发现，有些文化会把孩子同父母双方的关系同等分配，有些文化会更看重孩子同母亲及母亲家族的关系，而有些文化则重视孩子同父亲及父亲家族的关系。拿那一长串的"祖婆婆、太婆婆、婆婆、媳妇、孙子媳妇、重孙子媳妇、亲孙子、侄孙子、重孙子、灰孙子、滴滴搭搭的孙子、孙女儿、姨表孙女儿、姑表孙女儿"为例，说话人完全以父系家庭成员为标准，指称对象中的女性要么是"婆婆"，要么是"媳妇"，再要么是"孙女"，尽管她们同时也是"外婆""女儿"和"外孙女"。

男女有别

经常听到电视剧中的女主角坚定而大声地说出"我生是 X 家人，死是

X 家鬼"，就好像这是一条颠扑不灭的真理，封建社会的女子们把持着"嫁鸡随鸡，嫁狗随狗"的信念执着地活着，生下来就难逃被催眠的命运。

奥地利经济学家哈耶克（Hayek）曾经说，只有观念能够打败观念。而封建社会中女子们的可悲之处在于，"从夫从子"的观念根深蒂固，理所当然，仿佛女子的生物性别本身决定着她们必须接受这世界的安排。

结构主义语言大师索绪尔指出，语言中一个要素的意义不在于它本身的性质，而在于它与其他要素的区别。

法国人类学家列维－斯特劳斯（Levi-Strauss）借鉴索绪尔的理论，发现生物性别本身不能决定亲属关系，亲属关系建立于文化所塑造的社会区分之上。

葡萄牙靠近大西洋的海港处有一个叫纳扎雷（Nazaré）的村庄，生活在这里的男人清晨醒来后必须迅速吃完早餐，尽快离开家门。有趣的是，在家时他们被认为是"在路上"，从许多方面看，他们都是家里的边缘成员。纳扎雷的男子基本上是"从母居"，新婚的夫妻婚后生活在妻子家里，许多已婚男子进入一个完全由女子控制的家庭，女人相互之间有着血缘关系：妻子、妻子的母亲、妻子的已婚或未婚的姐妹还有她们的孩子。至于丈夫以及妻子的父亲则都被看成"外人"，因为他们来自不同的家庭（卢克·拉斯特 2008：154）。

可以肯定，那里绝对不会有女性说出"生是 X 家人，死是 X 家鬼"这样的话来。可见，女子和男子的很多职责并非天经地义，其自身的生物性别无法规定他们的家庭地位。

《礼记》有云：男女有别。在这世上，很大程度来说，男子的意义在于其与女子的不同，而女子的意义在于其与男子的不同；他们的不同造就了这世界丰富多彩的样貌。我们试想一下，人类失去差异，世界将会怎样？

差异

老子曰：天下皆知美之为美，斯恶已；皆知善之为善，斯不善已。故有无相生，难易相成，长短相形，高下相倾，音声相和，前后相随。

意思是，天下人都知道美之所以为美，同时也就懂得了丑；天下人都知道善之所以为善，同时也就懂得了恶。所以，有与无既对立又相互转化，难和易既对立又相互成就，长和短既对立又相互包容，音和声既对立又相互和谐，前和后既对立又相互随从。

老子的这段话中蕴含着深刻的辩证思想，说明万事万物都既相互依存又相互对立。美之所以是美的，不是因为美本身，而恰恰是因为丑的存在。

老子的这段话恐怕会令 20 世纪的结构主义者们甘拜下风。

语言学家索绪尔有句名言：语言中只有差别。在语言系统中，各个语言单位之间相互依存，同时又彼此不同。好比孔乙己嘴里的"偷"和"窃"在语言系统中的价值存在差异，所以意思有所不同。

梁实秋说过，十个八个字，其间差异微乎其微，但是却具有绝对的影响（2007：1），因此文学家有炼字推敲的说法。诗人马雅可夫斯基曾经说，写诗就像炼镭，炼一公分镭，就得劳动一年。只为了一个字眼，要耗费千百吨字汇的矿物。可见，语言符号间细微的差异可能给选择带来困难。

我们看一个日常生活中选择语言符号的例子。现代汉语中保留了"特务"一词，最近则喜欢说"特工"，好多电影名都是什么什么特工。"特务"是外来词，源自日语词 tokumu；原译自英语的 special service，也就是间谍。小时候，我一位同学的爸爸是情报部门的，在驻外使馆工作。大家觉得挺神秘，都说他爸是干那个的，和电影里的特务差不多。他回家问他爸，您是特务吗？他爸勃然大怒，厉声呵斥。原因是，我们只把敌方的间谍叫特务，自己可不这么说，要说也叫地下工作者或秘密工作者，没人叫特务（李零 2006：365）。

其实，不管"特务""特工""间谍"还是"秘密工作者"，都指的是一类人，同处于语言系统之中，不过它们彼此之间存在差异，而它们的差异又决定了人们的好恶。

词典与词典的偏见

说到替代论，我们很容易想到词典，因为词典正是用一些词替代另一些词，从而达到释义的作用。

不过，词典也有词典的局限，它给出的定义往往有失偏颇。陈原先生在《重返语词的密林》里说过一段很有意思的话：

> 我不是人！
>
> 论证这个最简单的命题太容易了，只需查查词典就行。权威的《现代汉语词典》对"人"下的定义是：
>
> 能制造工具并使用工具的高等动物。
>
> 我能制造工具吗？不能。我能使用工具吗？几乎可以说不。最平常最简单的交通工具，比如自行车，我就不会使用，甭提汽车或飞机了。
>
> 由此可见，基本上我不是人。

虽然语言系统中的语言符号彼此关联，但是它们相互之间又存在差异。因此，几乎不可能找到语义上完全相符的两个语言单位，这就给下定义带来了困难。比如钱钟书先生在《一个偏见》中说过：

> 世界太广漠了，我们圆睁两眼，平视正视，视野还是偏狭得可怜。狗注视着肉骨头时，何尝顾到旁边还有狗呢？至于通常所谓偏见，只好比打靶的瞄准，用一只眼来看。但是，也有人以为这倒是瞄中事物红心的看法。譬如说，柏拉图为人类下定义云："人者，无羽毛之两足动物也。"可谓客观极了！但是按照希腊来阿铁斯（Diogenes Laertius）《哲人言行录》六卷二章所载，偏有人拿着一只拔了毛的鸡向柏拉图去质问。

词典往往是权威的象征，要是有什么拿不准，我们总愿意说：去查查词典。不过，这不等于说词典里就没有偏见。

了解词典发展史的人肯定都知道于1755年出版的，由约翰逊先生编的英文词典，虽说这不是英文的第一部词典，但是在规模上、分量上以及内容上都不愧为第一部重要的词典。可以说,这部词典有着不可磨灭的位置,即使在今天也令我们不胜敬服。

不过有趣的是,约翰逊先生在字典中时常不能抑制自己的情感和偏见,有时甚至流于滑稽讽刺。例如以下几个词条释义:

> 燕麦:在英国通常用于饲喂马的一种谷类,但在苏格兰地区供人食用。
>
> 领恩俸者:一个国家的奴才,受雇支薪,以服从其主人者。
>
> 编字典者:编写字典的人,一个无害的文丐。
>
> 进步党:一个小派系的名字。

从对"燕麦"一词的释义看得出身为英格兰人的约翰逊对苏格兰人的厌恶和偏见,我们还看得出他对"恩俸"的尴尬无奈,对"编字典"的辛酸感慨,以及对"进步党"的痛恨嘲讽。

语言系统的独立性

字典是一个语言的系统。陈凯歌曾经拍过一部电影,叫《孩子王》。电影的大致情节是:奉上级的安排,插队七年的知青老杆被抽调到云贵山区的一个简陋小学担任老师,知青伙伴都高兴地称他为"孩子王"。然而那里师资奇缺,教材稀少,孩子们连小学课本上的生字都不认得,老杆感慨万千,只得从头教起,也就是从字典教起。电影中那本平凡的字典有着神圣的地位(王志敏 2007:153)。在电影中,它不仅是一个封闭的语言系统,更象征着一种封闭的文化,一种封闭的权威话语。

唯美主义大师奥斯卡·王尔德(Oscar Wilde)曾经说:语言,它是思想的母亲,不是思想的孩子。

作为理性的动物,人类的一切几乎都打上了思想的印记。语言和思想不可分离,如果没有语言,思维便无所附载。不过,语言并非仅是人类表情达意的一个"工具",绝不是思想简单的附着品。人类的确创造了语言，但语言系统一旦产生，本身也就成为外化于人类的客体对象。在人类几万年之久的思想表达过程中，语言形成了几乎外化于人类的、高度组织化的独立系统。

一位诗人写道：当我完成一首诗，我就被它踢出来（耿占春 2007：169）。在某种意义上，人类其实是语言系统的局外人，而语言系统也就成为人类的"身外之物"。

现代语言学之父索绪尔说过：语言是完全存在于人之外的现实，自有其组织。例如，语言中的"性"与自然中的"性别"完全不同，我们说不清为什么德语的"课本"（der Text）是阳性，"字典"（das Wörterbuch）就是中性。同样，虽然客观世界中的数量不可穷尽，但英语只简单地把数划分为"单数""复数"两种（徐默凡 2004：33）。

可见，语言是独立于客观世界的系统。不过，语言的系统不可能是封闭的，而是在与客观世界、认知主体、交际需求等各种条件的冲击互动中不断发生着变化的系统。

结构主义的系统观

村上春树的小说《没有色彩的多崎作和他的巡礼之年》中有一段话：

> 除了多崎作，其他四人还偶然有个小小的共同点：名字里都带有颜色。两个男生的姓氏是赤松和青海，两个女生姓白根和黑野。唯独多崎作与色彩无缘。为此，作从一开始就体会到了微妙的疏离。名字里带不带颜色之类，自然是与人格毫不相干的问题。他完全明白这一点，却深感懊恼，甚至吃惊地发现自己竟然很受伤。其余的人一个个都理所当然似的，很快以色彩称呼彼此。"赤""青""白""黑"，就像这样。而他仅仅被喊成"作"。作好多次认真地想过，要是自己拥有一个带颜色的姓氏该多好！那样一来，一切就完美无缺了。

"赤""青""白""黑"非常方便地共属颜色的系统，彼此之间具有内在的关联，难怪小说中的男主人公会感觉被排除在外。

系统之内的个体可以不理会外部的存在而在相互关系以及通贯整体的力量之中构建意义，这是结构主义的重要观点。

一般而言，学科定位往往与学科本身的性质有密不可分的关系，而学科范围的界定又是影响学科性质的关键。因此，任何一门学科欲求其独立，便不能不先厘清学科所涵摄之范围，才能进一步确立学科之性质及其定位（罗志田 2001：539）。

二十世纪之前，语言研究的尴尬在于，语言学与相邻学科之间的界限不清（Saussure 2001：6），研究语言的目的在于更好地了解其他学科，而不是更好地认识语言自身。可以说，语言研究只是手段不是目的。

当然，语言与很多外部因素密不可分，这一点不可否认。索绪尔将与外部因素相关的语言研究称为外部语言学（external linguistics），指出语言学家的目光应该集中在语言的内部。用许国璋先生的话说，即排除语言的机体或语言的系统以外的一切东西，或者说，排除通常称作外部语言学的一切东西（1997：141）。

索绪尔提出，语言学的任务之一在于确定语言学的界限和定义（同上：29）。显然这是为了撇清语言与外部因素的瓜葛，建立独立的语言系统。索绪尔明确了语言学这一学科的研究对象，从而开启了现代意义上的语言学研究，并创建了至今仍处于主导地位的二十世纪语言研究范式。

结构主义语言学的影响

法国画家马奈（Manet）有一幅在绘画史上非常有名的作品——《草地上的午餐》。

这幅画几经模仿，出现了好多相关的版本，如莫奈版、毕加索版，等等。其中一个版本就是 1966 年法国一家文学期刊刊登的漫画，画的是法国的四位思想大师：列维－斯特劳斯（Levi-Strauss）、巴尔特（Barthes）、福柯（Foucault）以及德里达（Derrida）。

漫画上这些大师好像野人一般，裹着草裙，围坐在林荫下。这幅画直到后来才有了标题，叫作《结构主义者的午宴》。

这幅漫画没有恶意，只是想说明这些人的出现，为法国的精神生活孕育了一种新的力量（约翰·斯特罗克 1998：1）。而这股力量的来源就是语言学家索绪尔所开创的结构主义语言学。

结构主义语言学理论对 20 世纪西方的语言学以及语言哲学、社会学、心理学等领域都产生了不同程度的影响。20 世纪 50 年代后期的巴黎，一场新兴的哲学运动崭露头角。在结构主义语言学方法的基础上，列维－斯特劳斯建立了结构主义人类学；福柯运用结构主义的方法研究人类思想史；巴尔特将结构主义推广到社会学和文艺学领域；德里达则试图消解结构主义的某些认识；心理学家拉康（Lacan）提出了关于下意识结构的理论；而阿尔杜塞（Althusser）创立了结构主义的马克思主义。到了 20 世纪 60 年代，结构主义的影响力已经扩展到人文学科的各个方面（赵敦华 2001：267）。

由于这些思潮是对结构主义的发展，因此福柯、巴尔特、德里达等人的哲学又被称作"后结构主义"。后结构主义既是对结构主义的延续，也是对结构主义的否定。后结构主义的"后"有超越的意思，因而又自称为"解构主义"。

描写主义

结构主义在美国很有影响，但是 20 世纪初美国的结构主义语言研究有别于欧洲大陆的结构主义语言研究，有着自身独特的研究目的，裘斯（Joos）称之为"美国语言学"（赵世开 1989：2-3）。这个术语有两种主要意义：一是对美洲本地语言的记录和分析；二是美国式的语言学思想。

对美洲土著语言的描写和记录是美国语言学家研究的重点之一，这些语言学家也被冠之 American descriptivists，即"美国描写主义者"。

对语言的描写非常重要。我想大家可能听说过阿加西兹（Agassiz）和鱼的那段逸闻：

> 一位研究生带着优异的成绩和文凭到阿加西兹那里去接受最后的点拨。那位伟人给了他一条小鱼，叫他描述它。
>
> 研究生说："那只是一条太阳鱼。"
>
> 阿加西兹说："这我知道。就它写一篇描述。"
>
> 几分钟后这位学生回来了，交上一篇对 Ichthus Heliodiplodokus，或无论什么用来在通俗知识面前隐藏起普通太阳鱼的术语，Heliichtherinkus 族之类的描述，就像在这一学科的教科书里找到的那样。
>
> 阿加西兹再次吩咐这位学生去描述这条鱼。
>
> 学生写出了一篇四页的论文，这时阿加西兹还叫他观察这条鱼。三个星期之后，鱼已经高度腐烂，但这位学生对它也有所了解了。

可见，充分的认识是建立在观察与描述的基础之上的。

科学的观察和准确的描述是描写主义语言学家遵循的法则，这两点也是现代科学发展的重要前提。丹皮尔在《科学史》的序言中写了一首著名的诗《自然如不能被目证那就不能被征服》：

> ……
> 接着就来了一批热心人，地位比较卑贱，
> 他们并没有什么完整的方案，
> 满足于扮演跑龙套的角色，
> 只是观察、幻想和检验。
> ……

　　表面上看，描写主义者似乎没有在做什么惊天动地的事情，那些观察记录似乎只是在"跑龙套"，然而这正是深入认识语言的前提。

描写主义与规定主义

　　语言研究通常被分为三个阶段：规定主义语言学（prescriptive linguistics）、描写主义语言学（descriptive linguistics）以及解释主义语言学（explanatory linguistics）。

　　这让我联想到戏剧的批评方式。从历史上看，批评家通常采用两种不同的批评方式：第一种方式被称作描述性批评（descriptive criticism），即批评家清晰精确地描述演出中发生的事情；第二种被称作规范性批评（prescriptive criticism），即批评家不仅要描述发生的事情，还提供建议，强调应当做什么（埃德温·威尔森、阿尔文·戈德法布 2013：46）。

　　这两种不同的批评方式古已有之。公元前 4 世纪，古希腊哲学家亚里士多德分析了埃斯库罗斯、索福克勒斯和欧里庇得斯的悲剧。亚里士多德采取科学家的方式，主要对悲剧采取描述性的批评方式：分解它的组成部分，记录各部分是如何运作的，以及可能给观众带来什么影响。公元前 1 世纪，古罗马诗人、批评家贺拉斯开始采用新的批评方式，不仅描述戏剧，还制定它应当遵守的规则。比如，他认为悲剧和喜剧不应当混合在一部戏中，戏剧和诗歌应教化和取悦观众。

从亚里士多德和贺拉斯开始，批评家们要么对戏剧进行分析和描述，要么建立规则。而规范性的倾向有可能带来一种危机：当批评家们设定好戏剧规则时，戏剧创作也会因此变得过度僵硬，甚至占据道德高地，充满说教意味，还会排斥那些观众认为既有意义又带来愉悦的戏剧。

与戏剧批评不同，语言研究的发展过程中，规定主义和描写主义不曾同时处于主导性地位。规定主义在描写主义出现之前的相当长的历史时期里，拥有不容置疑的话语权，毫不客气地规定着哪些语法是合法的，而其他的变体都不应该被接受。

与戏剧批评类似的是，语言研究中的规定主义同样存在过度僵硬和不符合实际的问题。规定主义规定了哪些用法是"正确的"，排斥与之不符的说法，即便这些说法来自真正发生的自然语言。这种无视事实的做法显然与科学的精神相悖。

美国式的语言学思想对美洲本地语言的研究给规定主义语言学带来了真正的危机，欧洲大陆的语法体系不管怎样削足适履，都无法胜任对美洲本地语言的规定性研究，由此描写主义语言学得以兴起。

解释主义

埃兹拉·庞德（Ezra Pound）的《阅读ABC》（*ABC of Reading*）中有这样一首诗：

> Were I (who to my cost already am
> One of those strange prodigious Creatures, Man)
> A Spirit, free to choose for my own share,
> What sort of Flesh and Blood I pleas'd to wear,
> I'd be a Dog, a Monkey, or a Bear,
> Or anything but that vain Animal,
> Who is so proud of being Rational.
> 我若是（我已经吃尽苦头身为
> 那些奇形怪状的造物，人类的一员）

> 一个精灵，为我自己而随心选择，
> 哪样的肉和血我乐于披上，
> 我愿做一条狗，一只猴，或一头熊，
> 任是什么也不要做那无用的动物，
> 他为有理性而如此骄傲。

　　朋友，如果给你选择的自由，你会选择怎样的生命形式呢？我还是会毫不犹豫地选择人，因为理性敦促着人类永不停歇地去探索，理性让我们不会满足于停留在现象的表面，而不断去追问为什么。

　　理性主义者身上集中体现了人类对理性主义的极大推崇，他们只承认理性认识的可靠性，否认理性认识依赖于感性经验；认为普遍性、必然性的知识不能来自感觉经验，只能通过理性或理智能力获得。在理性主义者看来，现象本身是不可靠的，追究现象发生的原因才是第一要务，而人的理性帮助人看清原因。

　　乔姆斯基作为坚定的理性主义者，不满足于对语言现象的单纯描述，不屑于美国描写主义者对语言现象的专注姿态，更反对将目光投放在单一的某种语言上。他的努力目标在于发现人类所有语言背后的普遍规律，从而提供语言现象背后的终极解释。

语言游戏

　　每种语言都是一个相对独立的系统，与其他独立的系统一样，语言有着很多本系统独有的特征。有些时候，语言甚至可以做到某种程度上的"自娱自乐"。下面我们以回文为例讨论语言的游戏现象。

　　记得有一副对联：

> 上海自来水来自海上
> 山东落花生花落东山

这副对联不管正着念还是倒着念，都是一样的，我们也可以从语言本身的游戏中获得快乐。

回文现象也体现在诗歌中，如王融的《春游》反过来念也可以：

> 池莲照晓月，慢锦拂朝风。
> 风朝拂锦慢，月晓照莲池。

新诗中最经典的莫过于戴望舒的《烦忧》，语言的回环表现出诗人剪不断理还乱的情思，想说又不敢说的烦恼：

> 说是寂寞的秋的清愁，
> 说是辽远的海的相思。
> 假如有人问我的烦忧，
> 我不敢说出你的名字。
> 我不敢说出你的名字，
> 假如有人问我的烦忧。
> 说是辽远的海的相思，
> 说是寂寞的秋的清愁。

最具有代表性的回文诗是前秦时期的女诗人苏惠所创造出来的《璇玑图》。她题诗30首，凡840字，织于五彩相间纵横八尺的锦缎之上，纵横皆成诗文。采用反读、横读、斜读、交互读、退一字读、叠一字读等读法，可读得三、四、五、六、七言诗3800余首，可谓集回文诗之大成。

回文实在是变化多端的汉字魔方。之所以是汉字魔方，那是因为除了汉语，其他的语言系统没有类似的特征。汉语系统的这个特征显然给了我们特别的美妙和神奇，这种乐趣主要是从语言本身获得的，跟外界的因素关系不大。

语言世界

冯至先生的《十四行集》中有这样几句诗：

> 从一片泛滥无形的水里，
>
> 取水人取来椭圆的一瓶，
>
> 这点水就得到一个定形。

如果说世界是泛滥无形的水的话，某种意义上，语言便是那取水的瓶：椭圆的瓶子给了世界椭圆的形状，而方形的瓶子给了世界四方的模样。

哲学家海德格尔（Heidegger）有这样一句名言：语言是存在的家。

每一种语言都展现着各自的世界图景。汉语中，"人""闪电""山"是名词，而"跑""说""看"是动词；可是 Hopi 语看待事物的方式却与我们不同，像"闪电""波浪""火焰""香气"等稍纵即逝的东西都属于动词，而名词必须是比较经久的事物。有趣的是，Hopi 语中没有明确的时间概念，更不要说速度了。He runs fast. 在 Hopi 语中大概表示为：He very runs. Hopi 语不注重用时间来描绘这个世界（Sampson 1980：86）。不同语言提供了看待世界的不同的可能性。设想一下，如果爱因斯坦的母语是 Hopi 语，也许我们人类的物理学会呈现不同的样貌。

人类创造了语言，但反过来，语言又在规范甚至制约着我们的视野，定义着我们世界的范围。因此哲学家维特根斯坦说：我的语言的界限意味着我的世界的界限。

那么，究竟我们是语言的主人，还是语言是我们的主人？（王志敏2007：56）这似乎对我们来说是一个有些过分的问题。还是回到海德格尔吧：语言是存在的家，人以语言之家为家。思考的人们与创作的人们是这个家的看家人。

语言创造世界

《圣经·创世纪》的开头有这样一句话：上帝说，要有光，就有了光。

上帝用语言创造了客观实在，这不仅体现了上帝的威力，也体现了语言的威力。希腊诗人埃利蒂斯（Elytis）在《俊杰·创世纪》中重现了这创造的威力：

> 于是他开口说话，大海诞生了
> 我凝视着它大为震惊。

当然，语言并不会真的创造世界，但语言的确会创造我们对世界的理解。冯象在 2006 年 6 月 22 日的《南方周末》上有一篇文章《"罪恶"是女人还是男人》：

> 俄罗斯民间迷信，刀落地兆示来客是男人，叉落地则为女宾上门。但这迷信的缘起，跟刀叉的形状功能或象征含义无关，是语言心理"作祟"："刀"（nozh）在俄语里是阳性名词，"叉"（vilka）是阴性名词。习惯成自然；"自然"形成的关联，往往被人们视为当然。有一次，俄国画家列宾看到德国人把"罪恶"拟人化成女人的形象，感到十分不解。原来，俄语"罪恶"（grekh）一词是阳性，须以"他"为代词指涉，故在俄国文艺作品中常常描摹为男性。可是列宾没有想到，这一重要的宗教和道德概念，在德语中却是阴性名词：die Suende。

我们学习一种语言的同时，也不得不接受这种语言看待世界的方式。语言学家石毓智曾把语言比作计算机的操作系统，计算机一旦接受了 IBM 系统的"格式化"，就只能运行 IBM 系统的软件，而与 Macintosh 系统的软件相斥。

我们通过语言获得了表达的自由，付出的代价就是需要顺从语言的规约。当我们意识到并试图摆脱这种束缚的时候，将会获得更深层次的自由，如雪生在诗歌《想象》中写道：

> 我搬动了方块字
> 就撼动了石头
> 一座座阴暗庙宇牢狱的基础
> 镌刻着象形文字的
> 墓碑纪念碑以及图腾柱
> 就挣脱了锁链一样生锈的格言符咒
> 给人以新的自由

陌生化

　　波兰政治家亚当·米奇尼克（Adam Michnik）说：语词拥有它们自身的力量。

　　记得读《星球大战》时，里面的尤达大师令人印象深刻，他是绝地武士们的老师，德高望重，原力深厚，有着过人的智慧。九百岁的尤达训练绝地武士长达八个多世纪，代表着古老的哲学和不朽的正义。小说中，尤达被塑造成样貌奇异的外族生命，他卓尔不群，与众不同，说话的方式也是异乎寻常：

> "Ready, are you?" Yoda said, fixing Luke with a severe glare. "What know you of ready? My own counsel will I keep on who is to be trained! A Jedi must have the deepest commitment, the most serious mind." Yoda tilted his head slightly to address Ben, who remained invisible, as he gestured to indicate Luke. "This one a long time have I watched. All his life has he looked away…to the future, to the horizon. Never his mind on where he was."

　　在尤达大师的这段话中，我们看到尤达的表达主要采取了倒装的形式，这也是尤达倾向使用的表达方式。这种有别于日常表达的言语特征似乎在时时提醒我们，尤达是脱离于平凡人的存在。

　　语言的确有着某种力量，有时候这种力量会强大到令我们与周遭的世界产生强烈的剥离感。我们无时无刻不在使用着语言，久而久之便带有了某种自动化的性质。语言的司空见惯钝化着人们的感受，我们的感觉也因此常处于麻痹状态。但是，语言也会时不时给人们一种新鲜感，它以反常的方式出现，使原本熟悉的世界变得不再熟悉，挑战我们原有的眼光，令我们不得不重新审视这个世界。这就是俄国文艺理论家什克洛夫斯基（Shklovsky）所主张的"陌生化"（defamiliarization）（张有根、翟大炳 2008：12）。

　　语言的陌生化迫使我们从全新的视角去感受眼前的世界，并获得对世界的独特发现。我们不得不以探索的眼光去认真打量语言这个"熟悉的陌生人"所构建的不一样的世界。由此，我们不得不惊叹语言的力量，甚至于它的魔力。也许人们对语言的崇拜就源于此吧？正如作家张炜所说：语言，不仅仅是表，而且是里；它有自己的生命、质地和色彩，它是幻化的精气。我崇拜语言，并将其奉为神圣和神秘之物。

语义场

所谓语义场，是指意义上有关联的若干词出现在类似语境中，或者说出现于同一个场（field）中。语言中的词汇不是一个个单独的词语的集合，而是一个场一个场地联结在一起。词与词之间以各种不同的方式互相联系又彼此界定，语义相关的词语组成一个个网络（王文斌 2001：201）。

比如我们谈到 fishing，就会自然而然地想到以下这些词语：line、rod、bait、reel、net、lake、river、pole、fish-book、fishing-tackle、fish-spear、buoy、float-line、line-shooting、coils、bait-tin、fish-basket、keep net、drop net、swivel，等等。也就是说，这些词共同构成一个语义场。

由于同处在一个语义场内的词语彼此之间联系紧密，因此提到其中的一个，我们就很容易联想到其他的词语。这不由得令我想起鲁迅先生《阿Q正传》中那段有趣的文字：

> 阿Q"先前阔"，见识高，而且"真能做"，本来几乎是一个"完人"了，但可惜他体质上还有一些缺点。最恼人的是在他头皮上，颇有几处不知起于何时的癞疮疤。这虽然也在他身上，而看阿Q的意思，倒也似乎以为不足贵的，因为他讳说"癞"以及一切近于"赖"的音，后来推而广之，"光"也讳，"亮"也讳，再后来，连"灯""烛"都讳了。一犯讳，不问有心与无心，阿Q便全疤通红的发起怒来，估量了对手，口讷的他便骂，气力小的他便打。

最初读这段文字时，只觉得阿Q的脾气太坏，简直不讲道理。学习了语义场理论后才知道，原来像"光""亮""灯""烛"这些词语都处在同一个语义场中，提到其中一个会很自然地让我们联想到其他若干个词语，再加上阿Q对自己的疮疤特别敏感，就难怪会大发脾气了。

并不是每个人词汇系统里的语义场都是一样的，语义场存在个体差异。如作家落落在散文《兆载永劫》中写道：

> 出生是如同抽签一样完全遵循天意的概率事件，于是我从"南京路""城隍庙""大世界"以及"奶油五香豆""生煎馒头"的词汇中逐步成长。

作者出生在上海，这一点从她所陈述的词汇中也看得出来。而且可以肯定，这些词语所形成的语义场绝不会出现在北京人的词汇系统中。

同义词

法国现实主义作家福楼拜（Flaubert）说过：我们无论描写什么事物，要表现它，唯有一个名词；要赋予它运动，唯有一个动词；要得到它的性质，唯有一个形容词。

如此说来，绝对意义上的同义词是不存在的，因为真正合适的词语只有一个。应该说，语言中的每一个词都有其存在的价值，都是为了语言表达的需要而存在。如果两个或两个以上的词完全同义，那么它们也就失去了存在的理由。

另一方面，相对同义词是指那些意义基本相同但又有细微差别的词语。美国著名的黑人诗人詹姆斯·兰斯顿·休斯（James Langston Hughes）有一首诗，叫作"Words Like Freedom"：

There are words like Freedom
Sweet and wonderful to say.
On my heartstrings freedom sings
All day every day.

There are words like Liberty
That almost makes me cry.

If you had known what I know
You would know why.

汉语的"自由"对应英语中的两个词：freedom 和 liberty。美国的自由女神像（Statue of Liberty）来自法国，liberty 这个词也来自法国，对应法语的 liberté，而 freedom 则是英语本身的说法。法国大革命的口号是"自由、平等、博爱"，即 Liberty，Equality，Fraternity，显示出 liberty 一词的革命色彩。很明显，liberty 带有"解放"之义。所以，1775 年帕特里克·亨利（Patrick Henry）在弗吉尼亚州议会演讲中的名言是：Give me liberty or give me death."不自由，毋宁死"绝对不能说成 Give me freedom or give me death.

相对同义词之间的细微语义差别可带来特别的表达效果，以下是美国电影《毕业生》中一段耐人寻味的歌词：

People talking without speaking,
People hearing without listening,
People writing songs that voices never share.

歌词中的哲理味道正是通过对相对同义词的巧妙运用得到了传达。

对立反义词

反义词分许多类型：可分级反义词（gradable antonyms）是具有渐进性的反义词，在反义词的两极之间可插入表示不同程度性质的词语，如反义词 hot 和 cold 之间还可以加入 warm、tepid、lukewarm、cool 等词语；互补反义词（complementary antonyms）也称为二元反义词（binary antonyms），互补就是非此即彼，两个反义词之间没有渐变的过程，如果否定了一对反义词中的一个，也就意味着肯定了另外一个，反之亦然，比如"生"和"死"。

我们下面要说的是对立反义词（converse antonyms），即语义上既彼此对立又相互依存的词语，两者形成一个对立的统一体。

以下笑话中的反义词就是对立反义词：

　　一对夫妻看着刚贴好的墙纸，丈夫不太满意而妻子则无所谓。为此丈夫很恼火，他对妻子说："咱们俩人的分歧就在于我是个要求完美的人，而你却不是。"

　　"说的对极了。"妻子回答道："这就是为什么你娶了我，而我嫁了你。"

笑话中的"丈夫/妻子""娶/嫁"都是对立反义词。在逻辑上，如果A是B的丈夫，则B是A的妻子；同样道理，如果A娶了B，则B嫁给了A。总而言之，对立反义词之间互为前提，一方的存在以另外一方的存在为前提。

有个曾经热播的电视剧叫作《三生三世十里桃花》，其实江浙一带至今还盛行一种"三生三世苦夫妻"的说法。这种说法把牛郎织女当成故事原点：传说牛郎和织女原来是王母娘娘身边的近侍，两人日久生情，被王母娘娘觉察，罚到人间受苦。第一次他们转世为万喜良和孟姜女，第二次转世为梁山伯和祝英台，第三次转世为许仙和白素贞。

不管"亚当/夏娃""罗密欧/朱丽叶"，还是"牛郎/织女""万喜良/孟姜女""许仙/白素贞"，或是"梁山伯/祝英台"，这些对立反义词在语义上均有相互依存的关系，它们谁都离不开谁。

有时人们会故意破坏对立反义词之间的依存关系。比如，有部话剧叫《罗密欧与祝英台》，两对对立反义词被硬生生地拆分开来，重新加以组合，这种对语言习惯的挑战制造出了某种新意。

反义词与辩证法

记得读狄更斯（Dickens）的《双城记》时，我完全被小说的开头吸引了：

　　It was the best of times, it was the worst of times, it was the age of wisdom, it was the age of foolishness, it was the epoch of belief, it was the epoch of incredulity, it was the season of Light, it was the season of Darkness, it was the spring of hope, it was the winter of despair, we had everything before us, we had nothing before us, we were all going direct to Heaven, we were all going direct the other way.

这段文字的精彩之处在于，几种完全相反的性质被并列在一起，看似绝不可能，却又如此合情合理。

毛主席曾经说过：世界充满了矛盾，所以需要辩证法。万事万物对立而又统一，这就好像齐秦和齐豫的歌《其实都是一样》的歌词：

> 你在天上飞翔
> 我在地上游荡
> 看似两个地方
> 其实都是一样
> 其实都是一样
> ……

反义词所表现的辩证思想往往充满了哲理。比如武术大师李小龙先生的墓碑上有这样两句：以无法为有法，以无限为有限。

再比如李冶的诗歌《八至》是这样写的：

> 至近至远东西，
> 至深至浅清溪。
> 至高至明日月，
> 至亲至疏夫妻。

诗歌语言平中见奇，意趣深长，耐人寻味。

对立统一是宇宙的普遍规律，任何对象都是由对立面构成的统一体，统一体中对立的双方既相互排斥，又相互联系。相反者相成，对立创造和谐，比如力学中的作用与反作用，电学中的阳电和阴电，化学中的化合和分解，等等。而语言系统中的反义词，恰好能够帮助我们以辩证的眼光去看待我们周围的世界。

反义词的不平等

特里·威廉斯（Terry Williams）写过一本小说叫 *The Village Watchman*，其中有一段很有意思的对白：

"How are you doing?" I would ask.

"Ask me how I am feeling?" he answered.

"Okay, how are you feeling?"

"I am very happy and very sad."

"How can you be both at the same time?" I asked in all seriousness, a girl of ten.

"Because both require each other's company. They live in the same house. Didn't you know?"

对话中的观点蛮有趣的：相反的状态 happy 和 sad 谁都离不开谁，因为它们就住在一起。

不过，"住"在一起的反义词未必享有同样的地位。比如下面几个句子：

How long is it? / How short is it?

How old are you? / How young are you?

How far is it? / How near is it?

虽然 long 和 short、old 和 young 以及 far 和 near 互为反义词，但是它们的地位却不相同。理论上讲，我们既可以问"多远"也可以问"多近"，但只有 How far is it? 可以被接受。因此，在这里 short、young 和 near 是有标记的（marked），而 long、old 和 far 是无标记的（unmarked）。

另一种反义词的不平等反映在复词偏义现象中：

《霜天晓角·仪真江上夜泊》：草草兴亡休问，功名泪，欲盈掬。

《红楼梦》：不要落了人的褒贬。

其中，"兴亡"指"亡"，说的是北宋灭亡；而《红楼梦》里的"落了褒贬"仅仅指"贬"，就是受人责难之意。实际上，日常生活中复词偏义的情形比较常见，如"万一有个好歹""人有旦夕祸福"等。很多复词偏义都保留了负面的意思，像"离合"的"离"，"兴亡"的"亡"，"褒贬"的"贬"，"好歹"的"歹"，还有"祸福"的"祸"。

同音异形异义词

　　所谓同音异形异义词，就是指两个或两个以上的词发音相同但是拼写和意义不同。记得有一句广告语：More sun and air for your son and heir. 其中的 sun 和 son 以及 air 和 heir，就是同音异形异义词。

　　同音异形异义词可以作为一种语言技巧来使用。它能够增加语言的幽默感，例如：

　　　　'Mine is a long and sad <u>tale</u>!' said the Mouse, turning to Alice, and sighing.

　　　　'It is a long <u>tail</u>, certainly,' said Alice, looking down with wonder at the Mouse's <u>tail</u>; 'but why do you call it sad?'

　　这是《爱丽丝梦游仙境》中的一段对话，读者读过后恐怕都会忍俊不禁。

　　同音异形异义词还能够达到一语双关的目的。以李商隐《无题》中的诗句为例：

　　　　相见时难别亦难，东风无力百花残。
　　　　春蚕到死丝方尽，蜡炬成灰泪始干。

　　其中，"丝"表面上指蚕丝，也可以引申为与"丝"发音相同的"思"，暗示思念之意，讲述了一个诗人与女子的感情故事，表现了他们凄美苦涩却至死不渝的爱情。现在，这首诗还经常用来形容默默为人、不畏辛劳的无私奉献精神，这时"丝"保持了原来蚕丝的意思，即春蚕吐丝用尽最后一分力气才会停止。同音异形异义词"丝"与"思"激发出本诗可以和谐共存的两种不同的意思。这两种意项都将人比作春蚕，或像春蚕一样劳作至死，或因思念而死。

　　同音异形异义词甚至可以同时表达三层意思。比如韦应物的《赋得暮雨送李曹》中的诗句：

> 海门深不见，浦树远含滋。
> 相送情无限，沾襟比散丝。

诗人伫立雨中为朋友送别，细雨飘零，泪水也如雨丝般洒落，思念之情油然而生。一个"丝"字引出"雨丝""如雨丝般的泪水""思念之情"三重含义，不止一语双关了。而这种有虚有实、不止于表面的曲折表达正体现出古典诗歌的隽永之美。

谐音

谐音作为一种修辞手段，常常带有特别的语言功能。《事物纪原》中有这样的记载：

> 三国时诸葛亮征孟获，改革了当地以人头祭神的恶习，用面包着牛、羊、猪肉来代替，"后人由此为馒头"。馒头应为"蛮头"的谐音，有点像一种特别大的包子。

（孙机 2014：25）

"馒头"取代了"蛮头"，随之取消的是"蛮头"所承载的强蛮色彩。谐音还有讽谏、讽刺的功能，以下例子来自宋杂剧的演出：

> 一次，皇帝赐给秦桧华宅厚礼，秦桧开宴庆祝，请来内廷的演员即席表演。表演时，演员甲走上前来，褒颂秦桧功德。演员乙端着一把太师椅上场，跟在演员甲的后面。演员甲正想在太师椅上就座，不巧头巾落地，露出头上两个"双叠胜"的巾环。演员乙指着这双胜巾环问："此何环？"演员甲回答："二胜环。"演员乙一听，拿起朴棒去打演员甲，边打边说："你只知道坐坐太师交椅，攫取银绢例物，却把这个'二胜环'放在脑后！"此言一出，满座宾客都相顾失色。

（余秋雨 2006：60）

了解这个杂剧里的谐音需要一点历史知识。剧中的"胜"是"圣"的谐音,"环"是"还"的谐音。因此,"二胜环"实际上就是"二圣还","二圣"指的是被金人俘虏去的宋徽宗和宋钦宗,而"二圣还"则说的是迎接二帝回朝的事情。但是,不管宋高宗还是秦桧都不希望"二圣"回朝,因为如果宋徽宗和宋钦宗回朝,宋高宗很可能会失去皇位,而秦桧则很可能失去恩宠,更何况秦桧对"二圣"的被俘有着不可推卸的责任。可想而知,"二圣还"在当时是一个十分忌讳的话题。

近音

不一定读音完全相同的词语才可以使用谐音的修辞手法,很多时候谐音现象也可以发生在读音近似的词语之间。

> 古时候有位名士,他与妻子原本和谐美满,可是 30 年过去了,名士产生了纳新的念头。这一天,名士在书房中胡乱地写字,一抬头,看见墙上挂着的《秋荷图》,提笔写下:
> 荷败莲残,落叶归根成老藕

从字面上看,是在写莲藕,实际上是以"荷败莲残"比喻老妻,句子最后的"老藕 /ou/"恰恰谐音"老媪 /ao/",就是老太婆。

> 他老婆看到了这句话,凭女性的敏感很快明白了丈夫的意思。她提笔接了一句:
> 秧黄稻熟,吹糠去壳现新粮

以稻谷为喻,意思是我就像那"糠"和"壳",如果你真有弃旧图新的想法,尽管让"新粮 /liang/",也就是"新娘 /niang/"出现在家里吧。名士深为"糟糠"之妻的才气叹服,打消了再娶的念头。

尽管"老藕"和"老媪"以及"新粮"和"新娘"并不同音,但是通过近音谐音,夫妻双方还是体察到了对方的心思。

近音的谐音字没有同音的谐音字来得明显,意思表达往往更加隐秘，不太容易分辨。《红楼梦》里第四回的章回名是：薄命女偏逢薄命郎 葫芦僧乱判葫芦案。按照脂砚斋的批注，"葫芦"乃"糊涂"也，因为"葫芦庙"里的"葫芦僧"后来乱判的"葫芦案"根本就不明不白，不清不楚。不过，我猜很多读者未必了解这里的"葫芦"是"糊涂"的意思吧。

有趣的是，有些谐音词是为了让我们联想到另外的词，而有些谐音词则是为了让我们完全忘记原本的词。如北京原名粗俗的胡同都采用谐音的方式加以改变：

> 母猪胡同——墨竹胡同
>
> 哑巴胡同——雅宝胡同
>
> 猪尾巴胡同——朱苇箔胡同
>
> 牛蹄胡同——留题胡同
>
> 屎壳郎胡同——时刻亮胡同

上下义词

所谓上下义关系，就是包含和被包含关系，也就是一个词或多个词的词义可以被包含于另一个更加具有概括性词义的词语之中。这个具有概括性词义的词语叫上义词，而被包含的词语叫下义词。比如 flower 是上义词，而 rose、daisy、tulip 是它的下义词。当然，上下义词是相对而言的，如 reptile 是 crocodile、snake 的上义词，同时也是 animal 的下义词。另外，上下义词之间也是层递的关系，如 snake 是 reptile 的下义词，自然也就是 animal 的下义词，因为 reptile 是 animal 的下义词。

不同语言系统对上下义词语的处理经常存在差别。例如有些语言对某些词语的下义词的划分会更加细致一些：

古汉语中对马和牛的划分十分细致，《诗经》中表达马的词语有 50多个，此外，两岁的牛、三岁的牛、四岁的牛、四岁至五岁的牛、八岁的牛等都有单独的词语；

满族先民以其观察世界的细腻的方式，把野猪分为了 11 种，其中一年生长方牙的野猪被命名一次，三年生长獠牙的又被命名一次。由于鹿角形态变化更多，各种鹿被分门别类冠以 29 种各不相同的名词；

因纽特人有 20 个词来代表不同的雪，对于雪的辨别，因纽特人极为细致，其他地方的人就分不大清楚；

一个印度尼西亚部落有 80 个词表示稻米，菲律宾人对稻米则有 92 种称呼；

英语中的"蜗牛"有 snail（带壳的）和 slug（不带壳的）之分，而德语中这两个概念用同一个词 Schnecken 来表示；

汉语中的"头发"和"毛"这两个概念在英语中都叫 hair。

可见，一些语言对某些词语的下义词划分非常细致，其细致程度甚至会远远超出我们的想象。

另一方面，我们也看得出，上下义词并不是理所当然的事情，也绝不是对客观世界直接的、自然的反映。不同的语言系统赋予了上下义词不同的划分方式。而在划分过程中，语言系统往往会留下某些空缺，我们称之为词汇空缺（lexical gap）。请看下面这个例子：

body part					
limb				digit	
arm	leg	hand	foot	finger	toe

在这个例子中，arm 和 leg 的上义词是 limb，finger 和 toe 的上义词是 digit，唯独 hand 和 foot 没有上义词，这便形成了一个空缺。

一个男人一个女人

记得朱自清先生有一篇散文《新年底故事》，当中有一段这样写道：

> 今晚上家里桌子、椅子都披上红的、花的衫儿，好看呢！到处点着红的蜡烛；他们磕起头来，我跟着磕了一会；爸爸、娘又给他俩磕头，我也磕了。他们问我墙上挂着，画的两个人儿是谁？我说，"一个男人一个女人"。娘笑说，"这是祖爷爷和祖奶奶哩！"我想他们只有这样大的！

　　故事里的小孩子话虽然说得不到位，但也不能否认它在某种程度上的正确性，谁能说祖爷爷祖奶奶不是男人和女人呢？

　　从逻辑上讲，如果 A 是 B 的下义词，则 A 一定是 B。可如果按照这个逻辑，音乐家勃拉姆斯（Brahms）的几句话很可能会令人摸不着头脑：

> 你看得见工匠，但是看不见人；看得见思想家，但是看不见人；看得见牧师，但是看不见人；看得见主子和奴才，成年人和未成年人，但是看不见人。

　　如果 A 是工匠，那么 A 一定是人，这一点毋庸置疑。那为什么勃拉姆斯还会发表这种看似谬误的言论呢？也许，勃拉姆斯试图通过非常规的语言表达，去激发人们有关自身的深层思考。生活在世界上的人们，很多时候都只目光短浅地关注周围有限的事物，而丧失了追求人类福祉的热情，更不在乎究竟什么才是大写的"人"字。

　　有趣的是，王小妮的诗歌《喜鹊只沿着河岸飞》恰好传达了某种相反的忧虑。

> 那只喜鹊不肯离开水。
> 河有多长
> 它的飞行就有多长。
> 负责报喜的喜鹊
> 正划开了水
> 它的影子却只带坏消息。
> 好和坏相抵
> 这世上已经没有喜鹊
> 只剩下鸟了。
> ……

　　诗里面，"鸟"作为上义词，代表一般的事物；"喜鹊"是下义词，代表差异性。而"这世上已经没有喜鹊，只剩下鸟了"似乎表达了诗人内心的困顿。是呀，我们究竟是不是真正独立、完全不同的个体？我们在多大程度上是我们自己？

What a lovely dog!

上下义词中有一类特殊的现象：

也就是说，原本是下义词中的一个词晋升为上义词。我们说：What a lovely dog! 这个时候，dog 是上义词，即便那是一条母狗，我们也不会说：What a lovely bitch!

汉语中也不乏这样的例子。比如，先秦时期，"译"字并非通指，而是仅就北境的语言翻译而言；东、南、西方另有"寄""象""鞮"等同义说法。因此《周礼》用"象胥"称"译官"，而近人严复的《天演论·译例言》也用"象寄之才"隐喻"译才"。秦汉以来北方边患特别严重，民族交往多视之为重点区域，是以"译"字一枝独秀，而"译官"也压倒了三方专才，沿用至今。可见，翻译的"译"原本是个下义词，却一跃成为上义词。

从这个例子我们也可以看出，当下义词中的某个概念明显活跃于其他概念的时候，这个下义词就有可能取代上义词的位置。比如画家吴冠中曾经说：

> 我母亲是文盲，每当家里要用旧报纸包什物时，她总说，找张申报纸来，在我童年的家乡，报纸和申报纸是同义语。

下义词"申报"在母亲眼里取代了上义词"报纸"的位置。

村上春树的小说《海边的卡夫卡》中也有这样一段：

> "呃。"中田说，"对了，中田我还有一点不明白：那川村君口口声声说的青花，到底指的是青花鱼？"
>
> 咪咪潇洒地举起前腿，细细看着粉红色肉球嗤嗤笑道："那孩子毕竟语汇少嘛。"
>
> "词汇？"
>
> "那孩子不知道多少词儿。"咪咪彬彬有礼地改口说，"凡是

好吃的东西，不管什么都成了青花，以为青花鱼是世上最高档的
食品。"

这里，由于"青花鱼"受到格外的青睐，便不再只是美味的一种，
而成为美味本身，摇身变成了一个上义词。

《词与物》

有一则关于上下义词的笑话：

> A: What kinds of animals did you see at the zoo?
> B: Big ones, and little ones.

我想大多数人不会有 B 那样的回答，人们一般会回答"狮子""老
虎""大象"之类。也就是说，animal 的下义词才符合问句 A 的逻辑，而
B 拒绝采用常规的逻辑回答，才会引发笑料。

虽然"动物"与"狮子/老虎/大象"是包含关系，"动物"与"大
动物/小动物"也是包含关系，但上下义关系突出的是种类，并不是大
小。类似的例子还有：

> 隋朝时有位秀才候白，为人善辩，滑稽幽默。一日同僚聚
> 会，候白违时，人们便罚他出一谜，猜中者可以罚候之违约。无
> 人猜中，则免予处罚。候白道：
> 有物大如狗，面目极似牛，此是何物？
> 人们听后，便有答此是獐，候白说："非也。"有猜作鹿，候
> 白说："否。"
> 众人几猜不中，当即追问："何物？"
> 候白曰："牛犊也。"
> 众哗然。

（翟鸿起 2007：52）

这样的谜底人们自然猜不中，候白是在用耍赖的方法逃脱处罚。相声《打灯虎》中也有这么一段：

> 甲：近瞧是头牛，远瞧还像牛，就是一头牛，可是没犄角？
> 乙：那是什么呀？猜不着。
> 甲：是头小牛。

实际上，上下义词是我们为世界分类的一种方法，胡乱地分类自然会引起混乱。这令我想起哲学家福柯在《词与物》开头的一段话，里面充满了杜撰的怪诞：

> 动物可以划分为：1.属于皇帝的；2.有芬芳香味的；3.驯服的；4.乳猪；5.鳗螈；6.传说中的；7.自由走动的狗；8.包括在目前分类中的；9.发疯似的烦躁不安；10.数不清的；11.浑身有十分精致的骆驼毛刷的毛；12.等等；13.刚刚打破水罐的；14.远看像苍蝇的。

局部与整体

电影导演王家卫曾经说："就像卓别林的胡子，墨镜是我的工作服。"可以说，墨镜是王家卫的重要标签，我们习惯了镜头下永远酷酷的王家卫，偶尔看到媒体记者捕捉到的没戴墨镜的王家卫，真会怀疑那是假的。在王家卫这个整体当中，墨镜是不可或缺的重要局部。

我想跟王家卫的墨镜有一拼的，恐怕要属苏东坡的帽子了。

据说，苏东坡喜欢戴一顶特别高的帽子，顶窄而微前倾，叫做"子瞻帽"。一天，他陪圣驾到醴泉游玩，当地正由宫中的伶工演戏。一个丑角头戴"子瞻帽"在戏台上自夸道："我这个作家诸位比不了！"别的伶工说："怎见得？"丑角说："难道你们看不见我戴的帽子？"这时皇上微微一笑，向苏东坡看了一眼。

皇上微笑是因为由帽子联想到戴帽子的苏东坡。后来还有人写了副对联：

> 伏其几而袭其裳，岂为孔子
>
> 学彼书并戴彼帽，未是苏公

意思是：趴在孔子的几案上，穿上他的衣服，哪里就是孔子？学写苏轼的书法，并戴上他的帽子，也不是苏轼。

可见，我们通过苏东坡的局部"帽子"即可联想到他的整体，而表局部的词语能代替表整体的词语。

语义学上称局部与整体关系为 meronymy，就是指某些词作为某一整体的局部而存在，或者说，从语义上讲，某一（些）词为另一词的一个部分。局部常常可以替代整体。

甚至头发颜色可以代替整个人或整个人的状态。比如 blond 不仅描述头发的颜色，还可以指代肤色白皙的金发女人，往往形容美女。再比如那首著名的《当你老了》的开头一句：When you are old and grey and full of sleep，其中 grey 原本指头发的颜色，这里实际指代的是年老的状态。

姚明还是要命

曾经听过一个有关姚明的笑话，据说姚明的美国粉丝会大声地把姚明的名字喊成"要命"！"要命"！这听起来的确有点要命。

汉语是一种声调语言（tone language）（Richards, Platt & Platt 2000：479），声调的高低及变化会影响词语的意义，例如：妈、麻、马、骂。声调是大多数外国朋友学习汉语时感到头疼的问题，看到他们苦练"妈妈骑马，马慢妈妈骂马"的绕口令，真心觉得可爱得要命。

外国人学习汉语声调时，很难在汉语与他们的母语之间找到相似点，所以声调错误也比较分散。不过整体来说，母语为英语的外国人在发第一声和第四声时准确度比较高，发第三声的错误最高，第二声次之。因此我们不难理解，为什么同为二声的"姚"和"明"被一概错误地处理成四声。

因为汉语发音有声调的要求,而其他的语言未必有,因此会给汉语里的外借词带来一些语音的变化。比如,本来 chocolate 中的 /kə/ 音节是轻读音节,没什么声调可言,但是到了汉语中却读成了四声。

当然,一方面词语进入新的语言系统会受到该语言系统语音特点的改造;另一方面,外来词也会给语言系统增加新的语音形式。比如我们经常看到大人们反复地教出生不久的小孩儿,表示谢谢时要两只手合在一起说"拜拜",这时候的"拜"是四声;而表示再见的时候要挥挥手说"拜拜",这时候的"拜"是二声。实际上,原本汉语是没有二声的"拜"的,因为汉语借用了英语的 bye-bye,才有了二声的"拜拜"。

由于不同语言的语音系统存在差别,所以一个外来词语进入新的语言系统时往往不得不接受"改造"。比如,日语有很多"片假名英语"(katakana-eigo)。像 England 这个词被念成 engu-rando,平白加了两个元音,而且辅音也有所改变。类似的还有 ice cream 被念成 aisukurimu,ham 被念成 hamu。这些词明明是英文单词,却以日语的方式念出来,当然会有很浓重的日语味道。

记得我有一个学生,他的英文名是 Armstrong,大概是希望自己更 strong,这个名字的汉译是"阿姆斯特朗",很显然单音节 strong 被分解汉化为"斯""特""朗"三个音节,额外增加了两个元音。外来词进入汉语时往往采用"汉读法",把外文字母按照汉语拼音的读法读,并转化为汉语的音节形式。

长短节奏

人们都很熟悉诗人白居易对琵琶演奏的描绘:

> 大弦嘈嘈如急雨,小弦切切如私语。
> 嘈嘈切切错杂弹,大珠小珠落玉盘。

这几句诗生动地展现出"轻""重""缓""急"的节奏感。

其实，不仅音乐有节奏感，语言也有节奏。句子的长短也反映着话语的节奏。由光未然作词、冼星海作曲的《黄河船夫曲》描绘出船夫与风浪搏击的场面：

> 划哟！冲上前！划哟！冲上前！
>
> 咳哟！咳哟！
>
> 乌云哪，遮满天！
>
> 波涛哪，高如山！
>
> 冷风哪，扑上脸！
>
> 浪花哪，打进船！

作者采用简短的句子，一方面模仿船夫的号子，另一方面营造了雄壮、急速的节奏，展现了激流险滩的场景。

另外，长短句的变化可以打破语言原有的节奏感。比如诗人多多的《阿姆斯特丹的河流》：

> 十一月入夜的城市
>
> 唯有阿姆斯特丹的河流
>
> 突然
>
> 我家树上的桔子
>
> 在秋风中晃动
>
> 我关上窗，也没有用
>
> 河流倒流，也没有用
>
> ……

诗中的"突然"很有力量，简短的两个字令节奏突变，虽出人意料，却又恰好对应思维的跳跃：即虽然身处异乡却忽然梦回故乡。

停顿

停顿会赋予语言某种意义。

诗人贺海涛的《木材厂印象》也是通过声音的停顿来激发诗意的：

雀鸟

在高高的圆木堆上

盘旋

电

锯

在

响

乍看起来，这首诗不知所云，形式太怪。不过想想，我们要是把它表达成下面的样子，就完全淡然无味了：

雀鸟在高高的圆木堆上盘旋，电锯在响。

一方面，停顿给语言附加了额外的意义；而另一方面，没有停顿的语言表达根本不能实现，因为没人可以不作停顿地说话。因此，张烨的诗歌《精神病患者》就显得格外生动和逼真：

蛇腹膨胀黑色长廊弯弯曲曲四周

燃着簇簇绿色的蛇眼血红的蛇舌

激忿得我呕不出胸中之雷眼中之

海手指忽地长出十把银亮的匕首

前面有海袒露着阳刚的魅力在月

光的抚摸下微妙地颤动这世界有

我爱恋之角我不属于过去和将来

我只属于宁静和平无拘无束大海

蓝色沁凉的音乐从左耳贯注右耳

我的情人来吧来吧来吧来吧来吧

　　这首诗看似排列整齐，实则错乱不堪，基本上无法断句，而语言上缺少停顿恰好可以反映出病人偏执癫狂的状态。

语素

　　语素（morpheme）指语言中最小的具有意义的单位。

　　美国诗人奥格登·纳什（Ogden Nash）有一首打油诗 "Any Millenniums Today, Lady?"

> Are your pillows a pain in the neck?
> Are they lumpy, hard, or torn?
> Are they full of old influenza germs?
> Are the feathers thin and forlorn?
> Bring them to us
> We do the trick;
> *Re-puff*
> *Replendish*
> *Re-curl*
> *Re-tick*
> We *return* your pillows,
> spanned-and spicked,
> *Re-puffed, replendished, recurled, reticked*

　　其中，re 是黏着语素（bound morpheme），它从不单独出现，必须与另一个语素一起使用；而 puff、curl、tick 等为自由形式（free form），因为它们可以单独使用。

　　语素是独立的语义单位。有些时候，人们不以语词为单位，而以语素为单位表达意思，即便这个语素是黏着语素。

　　语料显示，语码转换（code switching）不一定只发生在单词层面上，还时常发生在语素层面上：

You want me LIXTOVing all this?
(You want me writing all this?)

She's in the back WALISing.
(She's in the back sweeping.)

Zoe play-TE with us.
(Zoe played with us.)

She is NE-reliable.
(She is unreliable.)

其中，lixtov 是希伯来语，walis 是泰格语，-te 是瑞典语，ne- 是俄语。一个词语中出现了两个来自不同语言的语素，这说明语素作为独立的语言单位参与了这些词语的处理过程。

不仅如此，语言使用者经常会有意地利用语素去创造一些新的表达方式（novel forms），而且人们理解这些杜撰的词语也并不困难：

I wonder if I don't feel that spark because I'm just not *sparkable* right now.

Your work was wonderful and I definitely want to use you again for a new project. Not now, but *futurely*.

I didn't have a *preidea* about it.

I'll wait till the phone is *unbusy*.

我们知道，像 sparkable、futurely、preidea、unbusy 这样的词语根本就不存在，但是我们认识 spark、future、idea、busy，也了解 -able、-ly、pre-、un- 这些黏着语素，因此说话人的意思也就十分清楚了。而且在某种意义上，这种表达居然有言简意赅的效果。当然，我们并不提倡使用这些不规范的语言手段，如果人人都用类似的方法，语言只会混乱起来。

与有意为之不同，很多人会由于词汇贫乏而胡乱造词，这在中国的英语学习者当中并不少见：

I want to *motivize* my dog to work hard.

(I want to *motivate* my dog to work hard.)

He used to be real *unsensitive*.

(He used to be real *insensitive*.)

To my *horrification*, I find this can truly happen someday.

(To my *horror*, I find this can truly happen someday.)

I am a good *observationalist*.

(I am a good *observer*.)

尽管这些例子当中的错误显而易见，但从另一个角度来看，使用者确实掌握了这些语素的意义。上面这些例子实际上提出了一个问题：在我们的大脑中，词语信息是以单词为单位储存的，还是以语素为单位储存的，抑或是两者兼备呢？

最小语义单位

一般认为，语素是最小的语义单位，因为语素不能切分，否则意义就会改变或消失。比如 re 是有意义的，可切分开来就没了意义；从 good 中切分出 go 倒是有意义，可是意义已经面目全非。

但是，把语素当作最小语义单位的看法似乎仍有些绝对，比如下面这些词：

gr-：沉闷的令人不快的声音	groan 呻吟；growl 咆哮；gruff 粗哑的；grumble 抱怨；grunt 咕囔
fl-：闪烁的光	flame 火焰；flamboyant 火焰似的；flare 闪耀；flash 闪光；flicker 闪烁
-ump：沉重碰撞	bump 碰撞；clump 沉重的脚步声；dump 砰的一声；lump 笨重地走；stump 笨重地行走；thump 重击声

可以肯定的是，gr-、fl-、-ump 并不是语素，可是它们似乎表达了某种意思，这样说来，把语素看作最小语义单位的说法可能还有待商榷。

以下的故事也许可以更好地说明语素作为最小语义单位的问题：

McSleep Inns 是一家廉价的连锁汽车旅馆，之所以用 Mc 来命名是为了暗示苏格兰人节俭、整洁的习惯。但是，McDonald 汉堡连锁店对这个名字提出了抗议，认为他们享有 Mc 的所有权，因为他们在 McFries（麦当劳里的油炸食品）、McNuggets（麦当劳里的块状食品）等产品名称中都使用了 Mc。换言之，他们要求对 Mc 的生成性用法享有独家的使用权，尽管 Mc 在苏格兰形式中已经有了很长的历史。针对 McDonald 的抗议，专家证人 Lentine 和 Shuy 查阅了大量的杂志，找到了一些商界使用 Mc 命名的实例，好在这些用法与 McDonald 并无关系：

McThrift Motor Inn 带有苏格兰装饰图案的廉价汽车旅馆

McAuto 麦道公司，McDonnell-Douglas 的子公司

McBooks 根据店主 McCarthy 和 McGovern 名字命名的书店

McTek 专营 Macintosh 产品的计算机折扣店

McRides Morris County Rides 的简称，一个搭便车的方案

尽管 Mc 带有某种意思，甚至还引起了命名上的纠纷，但是它并不是一个独立的语素。

派生词

所谓派生词，就是指由词干加上词缀，或词缀加上词干，抑或是词缀加上词缀所组成的词。

英文中这类词语有很多，比如 teacher。

汉语中也不乏这样的例子。老：老师、老公；阿：阿姨、阿婆；头：准头、后头；儿：今儿、味儿；子：拍子、匣子。"老""阿""头""儿""子"是以前缀或后缀的形式依附于词干的。

接下来我们再看一个古汉语中的派生词用法，以"如"为例：

愀如：面容显得忧愁的样子。《法言·渊骞》：闻其言者，愀如也。

廓如：澄清貌。《法言·问明》：子贡辞而精之，然后廓如也。

恂恂如：恭谨的样子。《论语·乡党》：孔子于乡党，恂恂如也，似不能言者。

（郑奇夫 2007：56）

有些古汉语中的派生词如今已不再使用，有些仍在使用，如"奋然""茫茫然"等。

派生词中有一类有趣的现象，就是外来词借入到汉语中形成词缀，并由此派生出很多新的词语。下面我们看两个例子：

汉语中的"迷你"来自英文词缀 mini，mini 在英文中表示"小"的意思，如 miniskirt（超短裙）、minipants（超短裤）。汉语中的"迷你"也有着较强的构词能力，如"迷你装""迷你车""迷你相机""迷你字典"等等。

英文中的 beer 是一个音节，似乎翻译成"啤"就可以了，但这不符合汉语的发音习惯，所以被翻译成"啤酒"。不过，"啤"虽然不能独立成词，却可以作为词缀存在，并具有一定的构词能力，由此构成了一些派生词，如"散啤""冰啤""罐啤""生啤"等。

转类词

所谓转类词，就是指将一个词原来所属的词性转变为另一种词性。这种构词方法的特点是无须借助词缀来实现词性的转变。比如：But me no buts.

汉语中这样的用法很多。我们先来看一个有关演员白光的故事：

不少影迷来信讨要照片，这让白光又高兴又头痛，因为印照片要钱，十二打相片不够半个月就送完了，她很有点肉痛。毛立开玩笑地替她在影刊上向影迷申明，倘要照片需付四毛印费，结果还真有人很体谅地响应了。她重钱，并且从来不避讳自己重钱，外界拿这一点做文章，她却说："报上骂我'犹太'，犹太不犹太怎么样，血汗赚来的钱随便花吗？"

这里的“犹太”不是名词，而是形容词，表“吝啬”之意。

朱自清先生在散文《“海阔天空”与“古今中外”》中写道：

> 有一天，我和一位新同事闲谈。我偶然问道：“你第一次上课，讲些什么？”他笑着答我，“我古今中外了一点钟！”他这样说明事实，且示谦逊之意。我从来不曾想到“古今中外”一个兼词可以作动词用，并且可以加上“了”字表时间的过去；骤然听了，很觉新鲜，正如吃刚上市的广东蚕豆。隔了几日，我用同样的问题问另一位新同事。他却说道：“海阔天空！海阔天空！”我原晓得“海阔凭鱼跃，天空任鸟飞”的联语，——是在一位同学家的厅堂里常常看见的——但这样的用法，却又是第一次听见！我真高兴，得着两个新鲜的意思，让我对于生活的方法，能触类旁通地思索一回。

《红楼梦》第十四回中有个字用得很妙：

> 凤姐笑道：“你请我一请，保管就快了。”宝玉道：“你要快也不中用，他们该做到那里的，自然就有了。”凤姐笑道：“便是他们做，也得要东西，搁不住我不给对牌是难的。”宝玉听说，便猴向凤姐身上立刻要牌，说：“好姐姐，给出牌子来，叫他们要东西去。”

这个“猴”字，是名词用作动词，不仅刻画出宝玉天真活泼的形象，也活现出他纠缠不休的情态。至于上面两例中的“犹太”“古今中外”和“海阔天空”也是词性活用的例子，它们给人以某种新鲜感，就像朱先生说的：“正如吃刚上市的广东蚕豆。”

缩短词

流行歌手王菲有一首歌叫《旋木》，刚看到歌名时觉得有些摸不着头脑，后来才了解原来“旋木”就是“旋转木马”的意思，也许是想用缩略形式给歌曲增加些特别味道吧。

有一类构词方法就是缩短词，是指只保留原来词的一部分，而省略其余部分的方法。英文中有很多这样的词：

advertisement → ad

mathematics → math

gymnasium → gym

memorandum → memo

examination → exam

汉语中也有很多这样的用法。比如范小青的小说《暗道机关》里有一段话：

有一天我经过我隔壁的办公室，听到我的同事在里边议论我，先是他们说了说我的一些行为和踪迹，后来就听小张说，刘科莫非是"更"了吧。大家一阵哄笑，接着就听老张说，他才四十呀，四十就"更"呀？小张又说，也有提前的嘛，再说了，你也不看看是谁？另一个人我没有听出他是谁，他说，是呀，他是刘科嘛，刘科四十该"更"了。老张说，那倒也是，他样样是先进。他们大家又哄笑了一阵。

这段中有两个缩短词，"更"是"更年期"的缩短词，而"刘科"是"刘科长"的缩短词。

另外，缩短词的使用还有一些特别的表达效果，像"更"和"刘科"这样的表达就给人一种轻松自然、幽默调侃的感觉。这也可以说是缩短词的一个优势，它在非正式、随意性的谈话或写作中显得既省力又自然。比如王祥夫的小说《桥》中有一段文字：

县里，怎么说呢？把那连个栏杆都没有的水泥桥叫做"卡桑德拉大桥"，这原是一部外国电影的名字，这部片子在小镇里演了又演，人们便把它叫做了"卡桑德拉大桥"，"卡、桑、德、拉、大、桥——"，因为太长了又绕口，人们便把它叫做了"德拉桥"。

复合词

所谓复合词，就是指将两个或两个以上能够独立使用的单词组合在一起，构成一个具有特殊意义的新词。这种构建新词的方法具有很强的生成能力，产生了很多新词。

诗人 E. E. 卡明斯（E. E. Cummings）有一首有趣的诗歌：

in Just-
spring when the world is mud-
luscious the little lame balloonman

whistles far and wee

and eddieandbill come
running from marbles and
piracies and it's
spring

when the world is puddle-wonderful

the queer
old balloonman whistles
far and wee
and bettyanddisbel come dancing
from hop-scotch and jump-rope and

it's
spring
and
the
goat-footed
balloonMan whistles

far

and wee

诗歌围绕哨声和孩子们的玩耍嬉戏，构成了一幅独特的画面。

除此之外，这首诗的特别之处还体现在复合词的使用上。诗中出现了很多复合词，如 balloonman（卖气球的人）、hop-scotch（跳房子）、jump-rope（跳绳子）；不仅如此，作者还杜撰了若干复合词：just-spring（早春）、mud-luscious（散发着泥土芳香的）、eddieandbill（Eddie 和 Bill，也就是一个小女孩和一个小男孩）、puddle-wonderful（因有泥水坑而美好）、bettyanddisbel（Betty 和 Disbel，也就是两个小女孩）、goat-footed（长着山羊腿的）。这些词语的合成和杜撰使诗歌充盈着一种怪异的新奇感。当然，杜撰的复合词也为诗歌平添很多趣味，比如名字的小写似乎表示孩子们年龄之小，而连写又似乎象征着孩子们手拉手的亲密无间。

诗歌中的 eddieandbill 由三个词 Eddie、and、Bill 构成，而 eddieandbill 的意思就是 Eddie+and+Bill 的意思。很多复合词的意义是其构成词语意义的结合，比如 China-born（中国出生的）、air-pollution（空气污染）、videophone（电视电话）、greenbelt（绿色地带）、moon-rock（月球标本石），等等。

但是，很多复合词的意义不是其构成词语的简单相加。比如 toadeater（马屁精）、doubletalk（含糊其词）、island-hopping（越岛作战）、bench-man（收音机和电视机的修理工）、lazy-Susan（餐桌上便于人们取食的转动大餐盘）。

这令我想起一首英文小诗：

There once was a horse

That won great fame.

What-do-you-think

Was the horse's name.

那么，这匹马叫什么名字呢？仔仔细细地读一下这首诗，原来答案就在第三个句子。这个句子不是疑问句，而是肯定句，而且 what、do、you、think 之间加了连词符，是一个整体。因此，What-do-you-think 就是这匹马的名字。

长词

莎士比亚说过一个词——honorificabilitudinitatibus（不胜光荣），这个词虽然有 27 个字母，却远不是英语中最长的单词。

更为离谱的长词出现在 1964 年出版的《化学摘要》中，其中描述了一种重要的蛋白质，这种蛋白质是烟草花叶病毒的一部分。让我们看一下这个超级长词吧：

Acetylseryltyrosylserylisoleucylthreonylserylprolylserylglutaminylphenylalanylvalylphenylalanylleucylserylserylvalyltryptophylalanylaspartylprolylisoleucylglutamylleucylleucylasparaginylvalylcysteinylthreonylserylserylleucylglycylasparaginylglutaminylphenylalanylglutaminylthreonylglutaminylglutaminylalanylarginyltheonylthreonylglutaminylvalylglutaminylglutaminylphenylalanylserylglutaminylvalyltryptophyllysylprolylphenylalanylprolylglutaminylserylthreonylvalylarginylphenylalanylprolylglycylaspartylvalyltryrosyllysylvalyltyrosylarginyltyrosylasparaginylalanylvalylleucylaspartylprolylleucylisoleucylthreonylalanylleucylleucylglycylthreonylphenylalanylaspartylthreonylarginylasparaginylarginylisoleucylisoleucylglutamylvalylglutamylasparaginylglutaminylglutaminylserylprolylthreonylthreonylalanylglutamylthreonylleucylaspartylalanylthreonylarginylarginylvalylaspartylaspartylalanylthreonylvalylalanylisoleucylarginylserylalanylasparaginylisoleucylasparaginylleucylvalylasparaginylglutamylleucylvalylarginylglycylthreonylglycylleucyltyrosylasparaginylglutaminylasparaginylthreonylphenylalanylglutamylserylmethionylserylglycylleucylvalyltryptophylthreonyslerylalanylprolylalanylserine

在电脑上输入这个词并不是件容易的事。这个庞然大物一共有 1,185 个字母，不过显然分布规律很有意思，y 出现 183 次，l 出现 255 次，而且 y 和 l 不是随机出现的，而是经常共现，共 166 对。原来，这种烟草花叶病毒蛋白质中含有 159 种氨基酸，氨基酸像串珠一样链接起来，形成蛋白质。生化学家把氨基酸名字中的 ine 替换成了 yl，再将一系列以 yl 结尾的单词排列起来，就能精确地描述蛋白质的结构。后来，科学家们发现，照这样下去，很快就会冒出来名字和一本书一样长的分子，于是放弃了这种合并组合的命名方法，比如名字长达 189,819 个字母的肌联蛋白现在叫作 Titin（山姆·基恩 2013：18-21）。

单词的首尾

Aoccdrnig to a rscheeracehr at Cmabrigde Unervtisy, it deosn't mttaer wrehe the ltteers are, the iprmoetnt tnhig is the frist and lsat ltteer be at the rghit pclae.

相信我，打出这条消息不是件容易的事。我们习惯于以正确的方式敲出单词，所以我们的大脑不太喜欢指挥手指去做这样一件错误的事。我们的大脑识别的是"整个"单词，而非将单个字母组成一个有意义的整体（查尔斯·布鲁克斯、迈克尔·丘奇 2011：103）。

只要首字母和尾字母正确，即使中间字母都是混乱的，我们也能够识别这个单词。在心理词库中，首尾字母相比其他位置的字母占有更重要的地位，对单词的识别起着更为重要的作用。

在语音识别上有一种说法，叫 bathtub effect（澡盆效应）。因为在澡盆里，我们的头和脚露在外面，看不到身体的其他部分。很多词语容易混淆也是因为它们的首尾发音是一致的，比如 flaunt 和 flout、fluorescent 和 phosphorescent、hydrometer 和 hygrometer、prodigy 和 progeny 以及 hysterics 和 histrionics（Aitchison 2003：140）。

再比如，下面是英国爱德华王子在电视采访中的一段话，原本想要表达"体罚"的意思，却说成了"死刑"：

Corporal punishment is a last resort. It is difficult to use capital punishment in any institution.

在拼写中，我们是不是有理由只注意首尾字母的正确，中间的部分不必在意，因为我们的大脑似乎可以完成剩下的识别工作呢？

研究发现，与阅读正常材料相比，阅读拼写混乱的材料时会让人产生受挫感，因为阅读拼写混乱的材料要花费更多的时间。尤其当材料本身比较复杂时更是如此，而且受挫感也会随之增强（查尔斯·布鲁克斯、迈克尔·丘奇 2011：104）。

不过，对材料的理解程度并不会受到影响。当然，理解程度是以舒适度和阅读时间为代价的，所以拼写错误并不是真的无关紧要。

搭配意义

英文中有一句谚语：You shall know a person by the company he keeps. 意思是说，了解一个人要先观察他所交往的朋友。如果他的朋友全是谦谦君子，那么他应该也品格高尚；如果他的朋友个个言行恶劣，那么他极可能也是同类。

有趣的是，语言学家乔治·弗思（John Firth）巧妙地改动了这句谚语，把它说成：You shall know a word by the company it keeps. 也就是说词语的意义不能独立于它所处的语言环境，词语的意义取决于与之搭配的其他词语。

如果看到下面这个句子，你会如何理解呢？

Mary spent a small fortune on the tour.

要是认为 Mary 只花了一笔小钱的话，那可就大错特错了。当 small 和 fortune 连用时，就没有了"小"的意思，而是表示"巨资"。也就是说，small 与它原本的意思竟然刚好相反。

下面我们以颜色词为例来说明搭配对意义的影响：

blue

blue blood（贵族血统）、blue film（黄色电影）、blue stocking（女学者）、blue-pencil（删改，审查）、bluenose（清教徒似的人，装得一本正经的人）、blue-eyed boy（宠儿，红人）、true-blue（忠实的人）、blue baby（患先天性心脏病的婴儿）；

black

black dog（沮丧）、black sheep（害群之马）、black coffee（不加牛奶或奶油的咖啡）、black ice（透明薄冰）、black look（愤怒的注视）、black spot（黑斑，交通事故多发地段）、black magic（魔法，巫术）；

white

white hope（被寄予厚望的人）、white noise（用以盖没某些噪音的声音）、white pollution（噪音污染）、white war（不流血战争）、white way（灯火辉煌的大街）、white lie（善意的谎言）、

white slave（沦为妓女的女子）、white knight（救星）、white-knuckle（神经紧张的）。

习语

作家矫健有篇小说《小虾找地》，里面有这么一段：

> 欧阳牧云当年与小虾分手时，可没掉一滴眼泪。她很潇洒，甚至没有寻找这样那样的借口。她只是反复说：我要走了，再见。小虾肝肠寸断，伤心傻了。他按字面意思去理解"再见"——牧云既然说再见，那就可以再去见她。于是，小虾一如既往地看望牧云，直到她结婚，成家。

如果人人都把"再见"理解为它的字面意思，那人们说再见的时候可得格外小心，要是不能再见就没法说再见啦。

字面意义与实际意义未必相同，这一点在习语的使用中尤其明显，习语的意思经常与字面意义无关。比如：

> The granny turned on the gas.
> 字面意思：老太太打开了煤气。
> 实际意思：老太太打开了话匣子。
>
> The opponent had no choice but to kiss the floor.
> 字面意思：对手别无选择，只好亲吻地板。
> 实际意思：对手别无选择，只好认输。

（王福祯 2006：32）

正是由于习语字面意义与实际意义之间的差别，中国的英语学习者会觉得习语特别难以掌握。因为习语不是各个单词意思的简单相加，需要额外花费精力去特别记忆才行。

短短的习语往往浓缩了某种文化对世界的独特认知方式。有些时候，习语会使语言学习者对目标文化有隔膜感，无法真正地感到亲近。不过，文化与文化之间的确也会彼此相通，这也体现在习语的用法上。不同民族使用的习语经常有相似之处，甚至会不谋而合，正所谓"人同此心，心同此理"吧。比如：

> 中国人说：一寸光阴一寸金，寸金难买寸光阴。
> 英国人说：Time is money. （时间就是金钱）
> 德国人说：Zeit ist Geld. （时间就是金钱）
> 法国人说：Le temps, c'est l'argent. （时间就是金钱）
>
> （季羡林 2008：258）

成块儿的语言

记得外甥上小学的时候，我很喜欢逗他，时不时问他"How are you?"每次他的回答一定会是"Fine. Thank you. And you?"而我也一定得回答"I'm fine, too"，否则就不能过关。在我外甥的头脑中，好像这段对话形成了一个拆不开打不碎的"语言的块儿"，一旦开了头，便会一股脑儿地和盘托出。

由于反复的刺激—反应，那些"语言的块儿"牢牢地守着大脑中的某个角落，成为某人语言系统中最为"团结"的部分，甚至不分场合地脱口而出，好像不受说话人的控制。

我读韩松落的短文《犹如鬼上身》时不由得会心一笑：

> 多年前，与某人分手，那日秋风瑟瑟，正适合黯然销魂。只听得此人缓缓地道："忘记你——"我心里狂喊："千万别说那句话千万别说那句话！"不想后面果然是"——我做不到！"这导致了我不顾时间场合爆笑出声，破坏了这场分手秀的完美结局和悲情气氛。此人从此对我衔恨在心自是不在话下，7 年时间，偶然在外边遇到，也是满脸怨毒。被恨了那么久，全怪张学友。

　　另一次，朋友失恋，痛苦万分，先割腕又跳楼，手腕上包着白纱布，在我们面前把头埋在膝盖上，痛苦撕扯头发。我劝说："你可不能——"后面的话可真没由得我控制，我的耳朵毫无办法地听着我的嘴说的是"感到万分沮丧，甚至开始怀疑人生！"

　　这还是好的。公共汽车上，听见后座三个女孩子在说话。一个说："怎么不高兴？"全车的人，估计心里想的都是同一句话。果然，就有一个女孩子顺路接了下去："那就去黄河医院呀！"一车人都爆笑。（本地民营医院广告无孔不入，在任何地方都听得到："小王，怎么了？满脸的不高兴？""我有了，又不想要！""那去黄河医院呀！该院首创的微创无痛人流技术，能帮你解除后顾之忧！"）

　　如今再问我外甥"How are you?"的时候，得到的回答不再是唯一的，而是多样的"Good""Not bad""Great""OK"之类。对于语言的初学者来说，习得一些"语言的块儿"不失为学习语言的一种有效策略，不过，懂得如何拆解这些块儿才是目的。试想，如果语言仅仅以块儿的形式存储在大脑之中，岂不是要占用极大的大脑资源，造成相当的认知负担？这也是二语习得者学习语法的必要原因。

有限的语法

　　记得小时候，老师跟我们讲过雷锋同志的一句话：把有限的生命投入到无限的为人民服务中去。

　　任何有理想的个体可能都会考量"有限"的生命和"无限"的追求之间的关系。以有限的生命面对无限可能的世界，个人何其渺小。如果生命没有界限，我们将不再有懊恼或恐惧。然而，如果一切都可以重来，人生的意义又在哪里呢？因为如果一切都可以重来，这是不是意味着一切都没有意义呢？

　　喜欢探讨人生意义的哲学家们自然有感于"有限"跟"无限"的矛盾，感叹个体如何以有限的生命理解如此丰富的世界。

柏拉图说：我们的经验微不足道，何以拥有如此丰富和细致的知识，形成如此复杂的思想和意识体系？

罗素说：人类与世界的接触如此短暂、个别和有限，却能够获得如此多的知识！

个体如何以有限把握无限？这在哲学上称为"柏拉图问题"。让我们回到语言上来。同样，不管一种语言的词汇数量多么巨大，毕竟词汇是有限的，而人们却可以创造出无限的语言表达，这离不开语法的功劳。

我们先来看老舍先生《一天》中的一段话：

> 二姐的信是写给她婆母的外甥女的干姥姥的姑舅兄弟的侄女婿的。二姐与我先决定了半点多钟怎样称呼他。在讨论的进程中，二姐把她婆母的、婆母的外甥女的、干姥姥的、姑舅兄弟的性格与相互关系略微说明了一下，刚说到干姥姥怎么在光绪二十八年掉了一颗牙，老田说吃午饭得了。

尽管"二姐的婆母的外甥女的干姥姥的姑舅兄弟的侄女婿"是个特别复杂的表达，但其实涉及的语法结构只有一个，就是"的"字结构。作者只是在反复地运用同一个语法结构，令其不断递归（recursive），就足以使句子复杂难懂。可见，人类只需掌握有限的语法，再加上有限的词汇，就可以创造出无限的句子。正如洪堡特所说：make infinite use of the finite means。

无限循环

无限循环是语言的重要属性，不过我们不太见得到那样子说话的人，因为句子过长会超出大脑短时的认知负荷。

比如《爱丽丝梦游仙境》中的这一段话：

> 公爵夫人说："我完全同意，这个教训是，物不可貌相；或者还可以说得更简单一点，永远不要以为人家不知道你不想让人家知道你是那个样子不管你想让人家以为你不是那个样子或者你

不想让人家以为你是那个样子大家都知道你不是那个样子。"

　　如果有人跟我这样子说话，我想我会疯掉，这显然超出了短时记忆的处理能力。

　　英国的伦道夫·考尔德科特（Randolph Caldecott）在 1878 年出版了一本彩色童谣，书中就应用了这种无限循环的特性（刘易斯·卡罗尔 2013：191）。不过，他第一页只短短一句话 This is the house that Jack built，然后每页加长，最后成为有故事性的长长的一句话，读起来既有趣又不会吃力。以下是其中的一个选段：

> This is the horse and the hound and the horn
> That belonged to the farmer sowing his corn
> That kept the cock that crowed in the morn
> That woke the judge all shaven and shorn
> That married the man all tattered and torn
> That kissed the maiden all forlorn
> That milked the cow with the crumpled horn
> That tossed the dog that worried the cat
> That killed the rat that ate the malt
> That lay in the house that Jack built.

普遍语法

　　亚里士多德举过一个造房子的例子：

　　　　你请一个建筑工人在你的土地上造一座房子，他用卡车运来了砖瓦和木料等材料，然后对你说："好了，这就是你要的房子。"你一定会觉得这是在开玩笑，而且还是个糟糕的玩笑。造房子的所有材料都齐了，但这还根本不是房子，而只是砖瓦等材料杂乱无章地堆积在一起。要造一座房子，必须通过特定的方式，用非常具体详尽的结构把所有材料组合在一起，正是这种结构使房子成其为房子。事实上,造房子完全可以不用这些材料,而改用其他材料,如混凝土、玻璃、金属、塑料等。诚然,造房子必须用一定的材料,但使房子成其为房子的不是材料,而是结构和形式。

（布莱恩·麦基,2009:35）

同样,了解语言必须了解其结构和形式,词汇好比房子的材料,而句法好比房子的结构。试想,一个人如果总是使用零散的词汇,没有任何语法结构,那么,同他进行深入的交流恐怕会有些困难。

然而,普通人观察一座房子的时候,往往首先看到的是它的外观和材料,至于它的结构是罗马式的或哥特式的就不一定会注意到。语言使用者也常常只关注语言的词汇,容易忽略语言的结构和形式。我们以一个数学问题为例:表面上看,220 和 284 根本没有什么联系,但是考察这两个数字除自身外的约数,就会发现它们各自的约数之和竟是对方:$1+2+4+5+10+11+20+22+44+55+110=284$（220 的约数之和）;$1+2+4+71+142=220$（284 的约数之和）。此类数对非常稀少,数学家把它们叫作友爱数。普通人不大会看出这些数字的关系,而仅仅停留于数字的表面,只有热爱数学的数学家们能够发现其中的联系。这个例子告诉我们,直抵语言的最深处是语言学家需要完成的任务。

如果我们深入思考房子的例子,就会发现不管走到世界的哪个角落,我们总辨认得出什么是房子。即便样式不同,材料不同,可是我们总是一眼就看得出那是一座房子。因为这些房子毕竟有共同的特点,也就是房子的普遍性。同样道理,虽然世界上有 5000 余种语言,这些语言也各有不同,但是它们有着相同的初始状态（initial state）,即语言习得的生物性共同基础,语言学家乔姆斯基称之为"普遍语法"。而语言学家的任务,不仅是探讨一种语言的深层规律,更是要研究各种语言的共同规律。

语言能力和语言使用

真心佩服《红楼梦》里小红（小红原名红玉，后因避讳宝玉、黛玉改称小红）的短期记忆，任是绕口令式的语言也能掰扯清楚：

> 红玉道："平姐姐说：我们奶奶问这里奶奶好。原是我们二爷不在家，虽然迟了两天，只管请奶奶放心。等奶奶好些，我们奶奶还会了五奶奶来瞧奶奶呢。五奶奶前儿打发了人来说，舅奶奶带了信来了，问奶奶好，还要和这里的姑奶奶寻两丸延年神验万全丹。若有了，奶奶打发人来，只管送在我们奶奶这里。明儿有人去，就顺路给那边舅奶奶带去的。"

小红复述的每句话我们都有能力说出来，但要是一大堆话加在一起，就未必有几个人能像小红复述得这般清楚了，难怪小红一下子就得到了王熙凤的赞赏。

不过就算小红，也未必应付得了康德和黑格尔。林欣浩的《哲学家们都干了些什么》一书中讲了两件康德和黑格尔的轶事：

> 康德曾经把《纯粹理性批判》的原稿给朋友看，他的朋友看了一半就快精神错乱了。德语和英语一样，主句后可带从句，康德把这一点发挥到淋漓尽致，《纯粹理性批判》里面有的句子长到写满一页还没有写完。试想一下，读了五分钟还没有看到句号是一种什么感觉。黑格尔的句子也很长，据说歌德慕名去读黑格尔的《精神现象学》，刚刚看了序言觉得荒谬就扔到一边了，其实只是因为句子太长而已。如果把书翻到下一页，就会发现下一页的开始其实就写着"但是"二字。

（林欣浩 2011：21）

语言能力（competence）和语言使用（performance）是两码事儿，前者指语言使用者具备的语言知识，后者指具体情境下的语言运用。二者不能等同，就好像即便对肖邦的钢琴曲了然于胸，也不代表每次都能弹好一样。

我们短期记忆的局限会影响语言能力的发挥。试对比下面两个句子：

I called up the man who wrote the book that you told me about.

I called the man who wrote the book that you told me about up.

我们不大会使用第二个句子，因为说到最后早就记不得 up 跟 called 的关系了。但这并不妨碍第二句是个合乎语法的句子，而我们确实也有能力产出和理解这样的句子。语言能力关乎语言的合法性（grammaticality），而语言使用关乎语言的可接受性（acceptability）。比如，歌词 Love me tender, love me true 不合语法，却被广泛接受，人们并不排斥它的使用。

唯理主义和经验主义

亚里士多德有一句名言：吾爱吾师，但吾更爱真理。

亚里士多德的老师是柏拉图，亚里士多德服膺柏拉图的天才，但同时他的思想与柏拉图的基本思想相违。柏拉图和亚里士多德是哲学史上两种对立的重要哲学方法的典型代表人物。在意大利文艺复兴大师拉斐尔的画作《雅典学院》中，两位哲学巨人立于众多智者的中心，一个指天，一个指地，这并驾齐驱的姿态仿佛可以穿越一切时空，成为永恒。

　　柏拉图和亚里士多德对立的哲学立场一直贯穿整部西方哲学史。柏拉图认为人对于世界的感官认识只是次要的，最终需要关注的是世界"背后"隐藏的抽象。因为世间万物有如过眼烟云，只是理想形式的摹本，人的感官无法为变化不居的世界提供可靠的知识，人类需要运用理智透过事物的表面，去认识抽象的规律。或者说，存在一个永恒完美的理想王国，日常世界只是这个世界粗略的影像，人类智慧需要把握的是另一个完美的世界。亚里士多德则认为，此岸世界就是人类关注和哲学研究的最确切的对象。他说，每个人都渴望认识世界，也就是人类经历和生活其中的客观存在。在亚里士多德看来，哲学活动只关乎一个世界，而这个世界充满奇迹，具有无穷的魅力（布莱恩·麦基 2009：38）。

　　两种立场作为哲学发展的两条脉络，在不同时代以不同形式反复地出现。到了 17、18 世纪，理性主义哲学家认为，人的感官经验所提供的关于事物表象的知识往往是虚假的；而同时期的经验主义哲学家则认为，只有建立在直接的观察事实基础上的知识才是可靠的（布莱恩·麦基 2009：38）。

　　理性主义大师笛卡尔说，我思故我在。理性主义的基本理念是：必须借助理性才能获得对世界的认识，承认理性认识的可靠性；否认理性认识依赖感觉经验，认为感觉经验本质上是不可靠的，与其说它是认识的源泉，不如说是谬误的源泉。

　　而经验主义主要奠基人洛克（Locke）则认为，一个人的认识不可能超出他的经验。经验主义者强调：我们的感官构成了人与外在现实之间唯一直接的通道，只有借助感官，所有能够被认识的东西才能从外在的东西变成我们所把握的东西。我们对世界的认识，最终必然来源于我们的感官经验。

　　理性主义和经验主义的对立也体现在语言学研究当中。

　　布龙菲尔德（Bloomfield）秉承经验主义哲学，主张客观地描述语言，认为语言学的研究对象是可以直接观察到的语言使用，而科学的研究方法是对"语言事实"即经验事实的描写和记录，任何超乎感觉经验之外的内省的结论或理性的推断是不可靠的。在语言描述方面，布龙菲尔德严格采取眼见为实的态度，他不允许任何先入为主的理性判断妨碍他对语言事实的判断。美国描写主义语言学家甚至还有一句名言：真正的语言理论是没有语言理论 [1]。

1　The true theory of language is that there is no theory of language（Sampson 1980：70）。

而乔姆斯基的语言学思想与理性主义哲学思想相契合,他主张探寻语言现象背后的语言规律,认为世界上纷繁复杂的语言事实只是语言规律的表象,并不能够真正展现语言的本质。语言研究者应该运用理性,透过外在的语言现象,去考察语言的深层规律。同布龙菲尔德的态度相反,乔姆斯基认为,若无法形成理性判断,感性经验可能也无济于事,因为眼见未必为实。就好像一颗种子,无论如何准确详实地描述它本身,大概都无法想象它长成一棵树时的样子。

记得看过一个比喻:经验主义者好像蚂蚁,一丝不苟地搜集材料;理性主义者好像蜘蛛,从自身织出网来。经验主义和理性主义是人类认识的两个方面。伽利略利用天文望远镜观察星空,看到天体的运动路径,确定"地心说"的荒谬,这自然是眼见为实的结果;而孟德尔和摩尔根在没有高倍显微镜的情况下提出遗传基因论的时候,并没有真的看见基因物质的存在,而是就豌豆遗传变体性状抽象出一个模型,其后人们按图索骥,才在显微镜下看到 DNA 的真身(桂诗春、宁春岩 1997:9)。

总之,语言学中理性主义和经验主义没有孰对孰错之分,它们是西方哲学传统下的两个分支。语言学家的哲学立场决定了他们的语言学立场;或者说,语言学家如何看待世界决定了他如何看待语言。

玛丽不了解的是什么

《玛丽不了解的是什么》是本哲学书,书中设想了一种听起来匪夷所思的情形:

> 只要关于红色,玛丽都很清楚。身为科学家,红色是她毕生研究的对象。如果你想知道我们为何看不见红外线,为什么西红柿是红色的,为什么红色代表热情,问玛丽就对了。若玛丽不是色盲,人们也许不会对她的成就感到惊讶。她完全无法辨识颜色,对她而言,世界就像一部黑白电影。不过,现在一切都将改变。玛丽的视网膜锥状细胞本身并没有缺陷,只是信号未能经过大脑处理。神经外科技术的进步意味着玛丽有着被治愈的机会,

很快就能看到色彩斑斓的世界。由于玛丽是色盲，所以尽管她非常了解红色，却不能说对红色了如指掌。玛丽还需要明白：红色看起来是什么样子？

（朱利安·巴吉尼 2016：39）

玛丽是专门研究红色的色盲，这个思想实验隐含了一个复杂的哲学问题，即我们何以判断我们了解世界？科学家玛丽可以从理性的角度完全掌握红色的性质，尽管她从未感知过红色。那么，玛丽所不了解的是不是就是不重要的？

作为科学家的玛丽似乎在挑战科学的基础，因为科学对世界的理性认识建筑在对世界客观观察的基础上。理性和感性是两种无法分开的认识路径，却在玛丽的身上被哲学家奇妙地分开。我们不禁要问：我们能否单凭理性认识这个世界？

我认为，哲学家在这里似乎耍了一个小小的把戏：当我们把目光聚焦在玛丽身上时，似乎忘记了玛丽本人虽然缺乏对于红色的感性认识，但是她的理性认识并没有全然脱离感知经验。尽管这个感知经验不是玛丽本人的，但正是千千万万个前人所体验的感性认识帮助科学家实现了对于红色的理性认识，而玛丽又对这种理性认识加以继承和发扬。

紧接着的问题是，我们能否单凭感性认识这个世界？全然依赖感性经验不"足以"认识世界。科幻作家郝景芳的小说《看不见的星球》中有段话：

我还到过另一个星球，那里的人们能发出一万种不同频率的声音，却只能听见其中一小部分，耳朵的共鸣远远赶不上喉咙的震动，因此人们听到的永远比说出的少。然而最有趣的是，每个人能接受的频率都不太一样，所以他们总以为自己听着同一首歌，但其实一千个人听到了一千首歌，只是没人知道而已。

如果我们拥有更加敏锐的感知能力，或许红色会呈现出另一番样貌。理性能够突破我们有限的感知能力的界限，帮助我们更为深入地感知世界。

选择限制

我们说 John drinks wine 而不说 Wine drinks John 是因为名词和动词之间的选择限制。人类可以轻而易举地判断 Wine drinks John 的不合理性，目前这对于计算机也不是难事。

科幻作家刘慈欣有一篇小说《诗云》，探讨诗歌是不是永远都是人类的艺术，还是有一天计算机也可能成为诗人：

> 这就是量子存储器，人类历史上产生的全部文字信息，也只能占它们每一片存储量的几亿分之一。诗云就是由 10 的 40 次方片这样的存储器组成的，它们存储了终极吟诗的全部结果。

这一片无比巨大的诗云包含了全部可能的诗词，如文中人物说的："这里面包含了所有可能的诗，当然也包括那些超越李白的诗！"然而，这并不是故事的美好结局，因为小说中的最高智慧生物虽然可以获得所谓"所有可能的诗"，包括过去、现在以及未来的诗，甚至一定有一些诗歌是超过李白的诗歌成就的，但是，最高的智慧生物却无法真正得到那些超越李白的诗。

> "在终极吟诗开始时，我就着手编制诗词识别软件，这时，技术在艺术中再次遇到了那道不可逾越的障碍，到现在，具备古诗鉴赏力的软件也没能编出来。不错，借助伟大的技术，我写出了诗词的巅峰之作，却不可能把它们从诗云中检索出来，唉……"

也就是说，超越李白的诗篇就在诗云之中，可是技术却无法告诉我们它们究竟在哪里。

有趣的是，我们可以教会机器，让机器明白 John drinks wine 和 Wine drinks John 之间的差别；或者说，计算机可以学会选择限制，从而承认 John drinks wine 的合理性，却不太会辨认一句不符合选择限制、貌似不合理的句子里面可能蕴含的诗意，更无法确认哪一句所承载的诗意是超越李白的。

这对于已经被人工智能步步紧逼的人类来说当然是件值得庆幸的事情，诗歌这一人类智慧的结晶似乎是人类文明最后的保留地，希望它也是我们永久的保留地。

第三部分

意义来自你、我、他

> 语言离不开使用语言的人。同一句话，不同的人说出来，意义可能已经发生了变化；同一句话，同一个人对不同的人说出来，意义会有不同；同一句话，同一个人面对同一批人在不同的场合说出来，意义也会有不同。人际互动是决定语言意义的重要方面。

语用

2015 年，中国作家刘慈欣凭借科幻小说《三体》获得第 73 届雨果奖最佳长篇故事奖，引起了国内外读者的广泛关注。小说中有一段地球人和外星人的对话很有意思：

字幕：我们仔细研究了你们的文献，发现理解困难的关键在于一对同义词上。

伊文斯：同义词？

……

字幕："想"和"说"，我们刚刚惊奇地发现，它们原来不是同义词。

伊文斯：它们本来就不是同义词啊。

字幕：按我们的理解，它们应该是同义词：想，就是用思维器官进行思维活动；说，就是把思维的内容传达给同类。后者在你们的世界是通过被称为声带的器官对空气的振动波进行调制来实现的。这两个定义你认为正确吗？

伊文斯：正确，但由此不正表明"想"和"说"不是同义词吗？

字幕：按照我们的理解，这正表明它们是同义词。

伊文斯：您能让我稍稍想一想吗？

字幕：好的，我们都需要想一想。

伊文斯看着星光下涌动的洋面思考了两分钟。

伊文斯：我的主，你们的交流器官是什么？

字幕：我们没有交流器官，我们的大脑可以把思维向外界显示出来，这样就实现了交流。

伊文斯：显示思维？怎样实现呢？

字幕：大脑思维发出电磁波，包括我们的可见光在内的各种波长，可以在相当远的距离上显示。

伊文斯：也就是说，对你们而言，想就是说。

字幕：所以说它们是同义词。

这段话给我留下了深刻的印象。很显然，那个星球上估计压根儿不存在语言学，因为那里的生物不需要通过语言去表现思维，因为思维可以直接显示出来，而无需以语言为中介。当然，那里更不会有语用学了，如何礼貌地传递想法，如何间接地传达意图，如何巧妙地解码暗示，也许那些外星人永远不懂。

可以说，语用学是人类交流方式的必然结果。人类的思想交流依赖语言，与小说中的外星人相比，这当然不是一种高效的交流方式，但是，尽管人类无法实现思想与思想之间的直接交流，语言毕竟拉近了不同思想之间的距离。而另一方面，语言并不会镜像地反映不同的思想，语言与思想之间存在距离，这也为语用带来了空间。

如果人们可以真正做到"直抒胸臆"，进行思想与思想的直接交流，那么含糊的表达将无处遁形，礼貌将变得不那么重要，也失去了将所思更好地化为所说的必要。但只要人类需要语言，就必然需要语用。

语义的不确定性

古希腊哲学家赫拉克利特有一句名言：人不能两次踏进同一条河流。

德国哲学家赫尔德（Herder）也说过类似的话：在世界上，没有两个相同的瞬间。

我们所处的世界是动态的，万事万物都非永恒的存在，一切都在不断的变化之中。诚如柏拉图所言：一切皆变，无物常在。

语言也不例外。人们不能一劳永逸地确定词语的意义（王晓升1999：70），因为词语的每一次使用都会传达不同的概念信息，语境的变化将多多少少地改变语词的意义，所以语义是不确定的。比如：

> The book is terribly bad written.
>
> The book is beautifully designed.
>
> The book is nicely produced.

　　尽管三句中都有 The book，但它们的意思有所差别：第一句的 The book 是指图书的内容；第二句的 The book 着重书籍的外观；而第三句则更有可能强调的是书本的印刷排版。

　　可见，语词的意义由具体的语言使用所赋予，语义学研究中将这种观点称之为语义功用论（The Use Theory）。哲学家维特根斯坦是此种观点的代表，他曾经说：The meaning of a word is its use in the language.

　　正是由于语言使用的动态变化，尹尔山的作品《意思》中的"意思"就有了不同的意思：

> 他说：她这人真有意思。
>
> 她说：他这人真有意思。
>
> 于是，有人断言，她和他有了意思，并要他赶快意思意思。
>
> 他火了，说："我根本没那个意思！"她生气了，问："你们这样胡扯是什么意思？"说的人有点不好意思，便解释说这纯属开玩笑，并没有别的意思。
>
> 事后，有人说"真有意思"，也有人说"真没意思"。

　　拿破仑曾说：首先是投入战斗，然后才见分晓。同样，语言的意义是在具体的语境下才见分晓的。

模糊

　　《元素的盛宴》中"精确到荒唐的工具"一章有这样一段可爱的文字：

> 　　出于历史原因，国际计量局就坐落在巴黎郊区，行使着作为世界各国标准局"旗舰店"的职责，确保所有"分店"的协调一致。BIPM 那些稀奇古怪的工作中，就有这么一项：悉心保管国际千克原器——世界质量单位"千克"的标准砝码。它是一个直径 2 英寸的圆柱体，90% 为铂，其质量定义为

1.000000……千克（小数点后面有多少位随你喜欢）。因为国际千克原器是一个看得见摸得着的物体，所以很容易损坏，而因为"千克"的定义应该恒定，所以 BIPM 必须确保国际千克原器永远不会受到刮擦、永远不会沾上一粒灰尘、永远不会丢失一个原子。（他们倒是敢这么想！）要是任一上述情况发生，国际千克原器的质量就会增为 1.000000……1 千克或者跌到 0.999999……9 千克，哪怕单纯这么想想都会让标准局的人焦虑得患上胃溃疡。所以，就像草木皆兵的妈妈们一样，他们时刻监视着国际千克原器周围的温度和气压，防止轻微的热胀冷缩以及会导致原子逃逸的压力变化。

（山姆·基恩 2013：232）

在我这个文科生的眼中，硬科学对常量的精确的爱简直到了令人发指的地步，社会科学对精确性的爱远远没有这般深沉。

模糊性是语言的一个重要特征，日常语言不可能像硬科学那样追求精确。比方说：

他中等身材。他那匀称纤细的躯干和宽阔的肩膀表明他生有一副强健的体格，能经受流浪生活的艰苦和气候的变化。

如果我们把莱蒙托夫（Lermontov）《当代英雄》中的这段话说成：

他身高 1.8 米，腰围 75 公分，肩阔 50 公分，体重 80 公斤，能经受气候从摄氏零上 40 度到零下 40 度的变化。

看到这一小段，大概很多人都会十分惊讶。如此精确的信息对于小说的读者而言是件很倒胃口的事，精确的数字令文学性彻底消失。小说不是体检报告，读者根本不需要这么精确的描述。而且，过度精确反倒毁了一切想象的空间，认真得几乎让读者手足无措。

模糊与明晰

　　这是印象主义大师莫奈的油画《日出·印象》。印象派绘画也叫印象主义，19 世纪 60—90 年代在法国兴起，是西方绘画史上划时代的艺术流派。这幅画描绘了太阳刚刚升起的塞纳河畔的清晨。由于画家要在很短的瞬间，在光线还没有变化前完成作品，因此画面不可能描绘得很仔细。当时学院派的画家们看到这幅作品，认为很粗糙，过于随便，就讥讽《日出·印象》完全是凭印象胡乱画出来的。其他人也附和着说，这些画家统统都是"印象主义"。没想到，这些挖苦的话反而成全了这批画家，"印象派"随之诞生 [1]。

　　印象派画家试图捕捉瞬息万变的大自然，展现大自然变幻不定的光影瞬间。有趣的是，印象派貌似粗糙模糊的笔触恰恰精确地定格了光线的变化莫测，表面上的模糊达到了实际上精确的效果。

　　季羡林先生曾经论述了模糊与明晰的关系："模糊"绝不是我们常常说的"模模糊糊""不清不楚"。一言以蔽之，明晰兮模糊所伏，模糊兮明晰所倚。这里最重要的两点是：一、模糊性的本质是宇宙普遍联系和连续运动在人类思维活动中的反映；二、模糊与明晰的相互依存的辩证关系（2006：128）。

　　模糊不是糊里糊涂，也并不代表不准确。言语过程中，人们常常通

1　转自 http://baike.baidu.com/link?url=7lfmDcqMN-5sL8bC65WMWsKWLv58yIr5p5jy-6Aim1GLBj4LxTtzJof9zZNzxmzcKXK4T7SxDqT3oLMzmkZ4qa。

过模糊的表达准确地传递信息，就像印象派的画作那样，虽然笔触粗糙，但是传达的意思却非常清晰。比如琼瑶的语言——这幅照片，如诗如画，如梦如雾，如仙如幻——绝对堪比印象派的画作，作为读者我们虽然说不清楚美在哪里，但那朦胧的美却又是明明白白的。

模糊限制语

记得一位在国外生活多年的同行曾经说，有一件事曾经困扰了他相当一段时间：他无法理解为什么中国明明是礼仪之邦，而且谦虚是中国人非常推崇的美德，可是很多外国朋友却觉得中国人说话的方式有点……如果我非得使用那个词的话，就是粗鲁。

科幻小说大师阿西莫夫（Asimov）在《神们自己》（*The Gods Themselves*）这本书中写过一段对话：

> 拉蒙特一直在尽力控制自己不打断他的讲话。现在他再也忍不住了："你说错了，布洛诺斯基博士。我不是想要就你的专业来教育你，但是对于我在自己专业领域发现的一些东西，你还不太了解。我们是在和平行人类打交道，我们对他们的确几乎一无所知。我们不知道他们什么样子、如何思维，不知道他们生活在怎样的世界里，对这些最基础最根本的东西，我们几乎一无所知。就这一点来说，你的想法是对的。"

> "你的意思是，我们只是'几乎'一无所知，是吗？"布洛诺斯基似乎没有什么反应。他从口袋里掏出一盒干无花果，打开之后开始慢慢地吃。他请拉蒙特一起吃，后者拒绝了。

显然，布洛诺斯基在讥讽拉蒙特，他们都知道实际上地球人类对平行人类完全一无所知。"几乎一无所知"的"几乎"只是拉蒙特出于维护自身面子的需要，它是一种礼貌手段，让说话人看起来不那么难堪。

语言学家把类似"几乎"的语言表达称为模糊限制语，它们听起来有些含糊，但却为话语留下了余地。

比如一句 I do not agree with … 其实可以表达成：

> *Perhaps* there is *another possibility* that …
> It *seems more reasonable to assume* that …
> *If true*, it will contradict with …
> *It is my view* that it *might* …

其实，中国人也有"逢人只说三分话"的说法，意思是不要把话说尽说满，要给对方也给自己留下回旋和变通的空间。我并不认为中文是粗鲁的，只不过中国人用外语表达思想时由于语言功夫不到位，很容易给外国人造成误解。

最

傅斯年先生去世的时候，他的老师胡适先生悲痛万分。胡适先生写下最华丽的词藻赞美他的学生，说傅斯年是：

> 人间一个最稀有的天才。他的记忆力最强，理解力也最强。他能做最细密的绣花针功夫，他又有最大胆的大刀阔斧本领。他是最能做学问的学人，同时他又是最能办事、最有组织才干的天生领袖人物。他的情感是最有热力，往往带有爆炸性的；同时他又是最温柔、最富于理智、最有条理的一个可爱可亲的人。这都是人世最难得合并在一个人身上的才性，而我们的孟真确能一身兼有这些最难兼有的品行与才能。

从中不难看出胡适先生对爱徒离去的悲痛之切。在这 180 多字当中，胡适先生竟然一口气说了 14 个"最"字。

一般情况下，我们当然不会这么说话。在与人交流的过程中，应切忌将话说得太满、太绝对。

例如，"女性都是很糟糕的驾驶员"恐怕会引来相当一部分人的反感。所以，在使用以下字眼时要慎重一些：所有、总是、一直、每一次、每件事、每次、必须、只有、唯一、绝不会、从不、没有、永远都别想、一直重复、全部、绝不、毫不例外（罗莎莉·马吉欧 2014：85）。

这些词往往过于肯定和绝对，一旦说出口就可能会令整个句子缺乏灵活性和弹性。有些时候，说话人表面上似乎因此而掌握了主动权，但实际上一旦出现意外情况，就会导致说话人前后矛盾，陷入尴尬的境地。例如说出"我绝对不会错"，可偏偏就错了，就会更加令人无地自容。

当与人发生冲突的时候，我们很容易说狠话。"我再也不会来找你""我们不再有任何关系"之类的极端表达一旦冲出口，基本上就断绝了对方的路，也断绝了说话人自己的路。也许彼此的矛盾并没有想象中严重，只要各退一步即可消除误会，但是往往一句狠话造成双方无路可退，断绝了任何回旋的余地，最终恐怕只能遗憾地保持敌对的关系，人际关系陷入不可挽回的僵局。

委婉

《陈省身：二十世纪的几何学大师》一书中记录了一名学生 Louis Auslander 对他的回忆：

> 陈省身成了我实际上的导师。"你愿意看看 Finsler 几何吗？""如果你每周能来我的办公室一次，跟我探讨探讨数学上的事情，那就太好了。"陈省身总是以这样的口吻和我交流。无论我向他汇报什么内容，他总是静静地倾听。有的时候他会说："这个我有点不明白啊。"不久之后我发现，"不明白"其实是"你错了！！"的委婉说法。陈省身对错误是包容的，他认为人难免犯错，尝试错误是通向数学真理的唯一途径。
>
> 陈省身的修养可能会让很多老师汗颜，优秀如他者竟然如此礼貌。

（Yau 1998：17）

委婉的表达可以达成礼貌，因为它可以避免直击要害，让难以接受的变得相对易于接受些。

"我不明白"的"我"是问题所在，"我"是被否定的对象，"你"可以暂时逍遥法外，面子得以维持；而"你错了"的问题在"你"，"你"被直接暴露在难堪的情境之下，无处躲藏，没有余地。

"我不明白"意味着火在别处，你暂可远观之；而"你错了"意味着火就着在"你"方，直接对"你"产生影响。可见，拉大对象与负面评价的心理距离，让听话人远离负面评价，使负面的信息变得相对间接一些，就可以产生委婉的效果。

陈省身不只是数学大家，也是语用的大师，他不会把任何可能对对方产生威胁的信息直接摆在听话者眼前。

"如果你每周能来我的办公室一次，跟我探讨探讨数学上的事情，那就太好了。"尽管"每周来我的办公室一次"是对学生的极大帮助，但这毕竟是一个要求，携带着某种要求对方服从的意味。而"如果"这个假设词取消掉了"每周来我的办公室一次"之中那一丝要求服从的意味。听话人没有受到威胁，他完全可以选择否定这个假设，否定服从任何要求的可能性；也可以选择肯定这个假设，使"每周来办公室一次"真正变成现实。听话人被赋予了自主权，被塑造成话语和行动的主人。

意识形态

中国文人多受儒家传统思想影响，除此之外，佛教和道家的思想对中国的部分文人也有一定影响。受后两者影响颇深的代表人物当属李白和王维。

李白的时代，道家正处隆盛期，到了兼容并包的阶段。李白位尊"诗仙"，终身热衷求仙访道，拜访的道教人物包括东岩子、元丹丘、元演、紫阳先生、盖寰、高尊师、参寥子，等等（李长之 2008：44）。读李白的诗歌，仙风道骨扑面而来：

夏日山中

懒摇白羽扇，裸袒青林中。
脱巾挂石壁，露顶洒松风。

草创大还赠柳官迪

天地为囊龠，周流行太易。
造化合元符，交媾腾精魄。
自然成妙用，孰知其指的。

······

儒家与道教不同，儒家以为生命是固定的，没有人力可以作用的余地；道教则认为性命可以改易，凡人能够成仙。所以，李白自称"谪仙人""酒中仙"。

和李白不同，王维从小受母亲影响，很早开始信奉佛教。王维字摩诘，取的正是佛教之语。王维对佛学尤其是禅法有着很深的领会，作为一位禅者，他以禅宗的态度对待人世，以安静闲适的从容心情关照自然万物。

鹿柴

空山不见人，但闻人语响。
返景入深林，复照青苔上。

鸟鸣涧

人闲桂花落，夜静春山空。
月出惊山鸟，时鸣春涧中。

王维诗歌中追求的"静""闲""空""寂"渲染出其他诗人难以企及的澄明之美，达到诗境与禅境合一的独到境界，后世多尊王维为"诗佛"（陈殊原 2006：14），与"诗仙"李白和"诗圣"杜甫并列。

社会环境

　　不同的意识形态会使人们对同一事件选择不同的语言表达方式。姚人多先生曾说：

　　　　我在电视新闻中看到如下的标题："联军'挺'进巴格达，伊军'顽强''抵抗'"，不用说，这是标准的 CNN 式的观点。这个标题如果从伊拉克人的观点来看，应该改成"联军'入侵'巴格达，伊军'誓死''固守家园'"。

　　有时指称对象相同，但其意识形态内涵不同。比如这样一组词语：自由斗士（freedom fighter）、游击队员（guerrilla）、恐怖分子（terrorist），不同的宣传家和政客使用不同的词汇，对同一个人作出不同的形象建构，这显然暗含着不同的政治动机。

　　意识形态也反映人们对自身的看法。拿"中国"一词举例，顾名思义，古时的人们认为"中国"是世界的中心，《诗经·大雅·民劳》中有言：惠此中国，以绥四方。所谓"中华"者，中曰中央，华曰繁华，中华者中央繁华之地也。由此也就不难理解中国在与西方接触时所产生的"番茄""番菜馆"等一系列词语。

　　意识形态的改变也会带来语言使用的改变。18 世纪和 19 世纪早期，"美国"（the United States）是复数的，美国宪法第三条写道：

　　　　Treason against the United States, shall consist only in levying War against them, or in adhering to their Enemies, giving them Aid and Comfort.（背叛美国罪仅指发动反对他们的战争，或者投靠他们的敌人，给敌人提供帮助和安慰。）

　　这一用法在美国内战期间和内战后不久就开始发生变化。例如《大不列颠百科全书》1888 年版已经将该词用作单数。现在如果把美国一词当作复数名词，就会像是在有意使用一个古语。标准的历史观认为，内战后将美国一词用作单数是为新兴的国家主义者的意识形态服务的（约翰·康利、威廉·奥巴尔 2007：196）。

语言侦探

记得上学的时候，语文老师经常说，语言塑造人物形象。作家不一定特别形容人物的外形，只自然质朴地陈述人物的言语、声态和口吻，就足以使人物活灵活现了。

《红楼梦》第七十回"林黛玉重建桃花社 史湘云偶填柳絮词"中有这样一段描写：

> 宝玉一壁走，一壁看那纸上写着《桃花行》一篇。
>
> ……
>
> 宝玉看了并不称赞，痴痴呆呆，竟要滚下泪来，又怕众人看见，又忙自己擦了。因问："你们怎么得来？"宝琴笑道："你猜是谁作的？"宝玉笑道："自然是潇湘子稿。"宝琴笑道："现在是我作的呢。"宝玉笑道："我不信。这声调口气，迥乎不像蘅芜之体，所以不信。"宝钗笑道："所以你不通。难道杜工部首首只作'丛菊两开他日泪'之句不成！一般的也有'红绽雨肥梅''水荇牵风翠带长'之媚语。"宝玉笑道："固然如此说。但我知道姐姐断不许妹妹有此伤悼语句，妹妹虽有此才，是断不肯作的。比不得林妹妹曾经离丧，作此哀音。"众人听说，都笑了。

贾宝玉通过《桃花行》的语言构建出林妹妹的形象，这对他而言也许不是难事，因为两人的关系非比寻常。可是有些时候，即便对语言使用者毫无了解，也可以通过他的语言构建出这个人的形象。以下是一个真实的故事：

> 1996年美国有一本畅销书，名为《三原色》（*Primary Colors*）。其中描写了一次总统选举，书中隐隐有像比尔·克林顿和希拉里·克林顿的一对夫妇，以及一大群与克林顿的高级幕僚们非常相像的人物。该书作者署名为"佚名"，有趣的是，这使得该书更为畅销。华盛顿的精英们时而在文本中寻找自己，时而试图猜测出该书的作者是谁，该书获得了媒体无休止的讨论。
>
> 《纽约》（*New York*）杂志雇用福斯特来分析《三原色》一

书的文本，试图从 35 个"嫌疑人"中找出该书的作者。福斯特运用了他最擅长的分析技巧（例如，寻找不寻常的词语、拼写、语法等），最后得出结论，认为乔·克莱因，《新闻周报》（The Newsweek）的一位专栏作家是该书的作者。在《华盛顿邮报》（Washington Post）获得了一份有克莱因手迹注释过的手稿之后，克莱因最终投降认输。

就像人们通过研究画作来判断其是否为大师的真迹一样，语言也在无意中揭示着现实。想不到，语言学家们竟然可以起到类似侦探的作用。

儿童语言

在日常生活中，我们对成人和对儿童的说话方式是不一样的。因此，儿童文学的表达方式跟普通作品存在很大差别，必须符合小孩子的心性，满足小听众和小读者的审美。

我们来看一个儿童文学的经典段落：

> 第一个小矮人说："谁坐过我的小椅子？"
> 第二个说："谁吃过我小盘儿里的东西？"
> 第三个说："谁把我的小面包吃掉了一点儿？"
> 第四个说："谁吃了一点儿我的蔬菜？"
> 第五个说："谁用我的小叉子叉过？"
> 第六个说："谁用我的小刀儿削过？"
> 第七个说："谁喝过我小杯子里的葡萄酒？"
> 这时，第一个小矮人回头一看，发现他的床铺上陷下去了一小块，又说："谁踩过我的小床？"

显然，七个小矮人的对话透着稚气，带有儿童语言的朴素天真，比较容易吸引儿童读者的兴趣。那么，为什么这样的表达可以贴近小读者，迎合儿童的心理呢？语言的使用上有怎样的特点呢？

仔细研究这段对话，可以发现大量描述尺寸的形容词——"小"，像"小椅子""小叉子""小杯子"之类。或许是由于人类的天性，我们常常乐于接近小的东西，小动物们是那么可爱，惹人怜惜，可长大后就变得普普通通，甚至令人生畏。相对于大人而言，孩子也是"小"的，所以这些"小椅子""小叉子"和"小杯子"恰好可以投合儿童心理，与小孩子对自身的认识发生共鸣。"小"的不断出现虽然有些重复，却是语篇文体的需要。

我们知道，《白雪公主和七个小矮人》是德国童话，它反映德文构词的一个特点（刘文杰 2009：106）。德语构词包含缩小化词尾 -chen 和 -lein，我们汉语翻译成"小"。"白雪公主"的德语是 Schneewittchen；"镜子"是 Spiegel，而"小镜子"就变成 Spiegelein，可恨的王后嘴里念叨着"魔镜，魔镜"，说的就是 Spiegelein, Spiegelein。

语境

波兰诗人、诺贝尔文学奖得主辛波斯卡（Szymborska）曾写过一首小诗：

寓言

几个渔人从海底捞起一个瓶子。里面有一小片纸，上面写着："谁啊，救我！大海把我抛掷到荒岛。我正站在岸上等候救助。赶快。我在这里！"

"没有日期。现在去一定太晚了。瓶子可能已经在海上漂流很久了。"第一个渔人说。

"而且没有标明地方。我们甚至不知道是哪一片海。"第二个渔人说。

"既不会太晚也不会太远。这个名叫'这里'的岛屿无处不在。"第三个渔人说。

他们都感不安。寂静落下。所有普遍性的真理都是如此。

的确，普世的真理就是这样，它不受一时一地的限制，不局限于此时此地。对于普遍性的真理而言，任何地方都是"这里"。

然而，对言语双方来说，话语的语境对话语意义的理解起着至关重要的作用。很多时候，话语的语境是话语意义不可或缺的一部分。

记得在电影中看过借助漂流瓶演绎爱情传奇的桥段，虽然曲折但很浪漫。不过，设想我们在大海上拾到一只漂流瓶，里面的字条上写着：你明年在那里等着我。恐怕就算"你"想破脑袋也找不到那个写字条的"我"。

然而，这种"你"和"我"的不确定性反而成为漂流瓶的魅力所在。在爱情中，不确定性营造出朦胧的神秘感，并由此引发了双方对彼此的好奇和吸引。《新京报》2008 年 8 月 3 日的文章《漂流瓶小史》中有这样一个故事：

> 1957 年，意大利男子普佐在西西里的海边捡到一个"漂流瓶"。瓶子是一位名叫埃克的瑞典裁缝在 1955 年投掷的，纸条上写着"如果你愿意嫁给一位英俊富有的裁缝，请写信给我"。普佐开玩笑地对他 18 岁的女儿宝琳娜建议："你要不要试试看？"注意，这完全是出于寻开心，不过一年后，埃克和宝琳娜在西西里喜结良缘。

也许正是写字条的"我"和看字条的"你"对彼此的不确定，使得双方平添了很多神秘感吧。

今天

曾经读过这样一个故事：

> 有一位很有名的博士到一个城市去演说，内容是劝说人们戒酒。一位听众嗜酒如命，他不理解为什么要禁止饮酒，他跑到会场要跟博士当面对质，可是却越听越觉得博士说的有理，甚至当场就决定戒酒。博士的演讲结束后，他还特意去拜访博士，向博士坦陈了自己思想的改变，并恳请博士无论如何要为他写几个字

作为戒酒的纪念。

"写什么呢？"博士问道。

"戒酒至死，怎么样？"男子回答。

"戒酒至死，那太难坚持了吧。今天一天，怎么样？"博士微笑着说。

男子没有想到博士居然如此通情达理，心中充满了感激，不由得问道："今天一天就可以吗？"

"是啊，今天一天就可以。"博士仍然微笑着。

男子把博士写的"今日戒酒一天"的字条拿回了家，贴到了房间的墙上。接下来，他就盯着大钟，迫不及待地盼望着明天的到来。夜里快到 12 点时，他拿出了酒，喉咙已经急不可耐地蠕动起来。

半夜 12 点一到，他便对自己说："好，现在可以喝了。"当他伸手拿酒的时候，他瞥了一眼墙上的那张博士写给他的字条，不由得失望地惊叫出声来："啊！今天一天又要禁酒！"

"今天一天"原来就是到死为止的意思，只不过听起来更加容易接受而已。据说这位男子理解了"今天"的真正含义后，至死都滴酒未沾。

（高森显彻等 2011：176）

"今天"不是一个可以一劳永逸地确定意义的词语，它随着说话人在时间进程上落脚点的变化而随时发生变化。说话人在何时，今天就在哪里。因此，对于那位立志戒酒的男子来说，他永远都不应该喝酒，"明天就可以喝酒了"的想法不过是空欢喜一场。

这就好像有一天，你走进教室，准备听一堂你觉得特别无聊的课，却看到黑板上写着：今天的课程取消。先不要高兴得太早哦，说不定只是昨天的什么时候有人写在黑板上的字呢。

小指

　　言语与手势密不可分。人在说话时都会或多或少地使用手势，打电话或自言自语时也不例外。手势是体态语境的重要组成部分，语义的传递离不开手势。大部分的意义表达要靠表情、动作、手势、姿势等身势语完成（贾玉新 1997：456）。

　　曹禺先生的戏剧《蜕变》中有这样一段：

　　　　孔秋萍：我就讨厌这种欺软怕硬的势利小人。他认为他是"这个"（伸小指示意）介绍来的，我就怕他。哼，我还是照样给他一个难堪！（鼻里拖出一声长的——）嗯，"这个""这个"是个什么东西！

　　　　况西堂：老弟，嘴上不要这么缺德。院长夫人就院长夫人，不必"这个"、"这个"叫的这么难听。

　　　　孔秋萍：她本来是"这个！"院长原来的太太我见过，现在还在怀宁。（忽然得意地笑出声音）这叫"伪组织"。她不是"这个"，是什么？

　　看得出来，孔秋萍伸出的小手指带有非常明显的贬损的意思，暗讽院长的小老婆。五指中小指最小，孔秋萍的手势符合汉语的语言习惯，比如《二刻拍案惊奇》中：

　　　　文姬是先娶的，须让他做大；这边朱家，又是官家小姐，料不肯做小，却又两难。

　　孔秋萍口中的"这个"因为手势而获得意义。话语依赖手势，如果用于其他的语境，"这个"就不会是"小老婆"的意思；另一方面，手势也依赖话语，如果没有孔秋萍的言语表述，单单小指的手势也可能用来表示"胆小孬种"的意思。

　　我们再来看一个日语中手势和言语互动的例子。东野圭吾的《浪花少年侦探团》中有一段：

　　　　"别管出没出事，总之刚才有个奇怪的女人敲了福岛家的门。"

"奇怪的女人？什么样子的？"

"很年轻，打扮得花里胡哨的。会不会是凶手的那个呢？"

德子竖起小指，歪了歪脑袋。

原来，在日语中，小指的读音和恋人的读音很相近，因此日本人常用小指来表示恋人。

肢体语言

喜剧大师卓别林深受人们敬仰，塑造的形象深入人心。尽管他出演的影片大都是无声电影，却仍旧令人捧腹大笑，原因在于他充分运用了肢体语言，而他的肢体语言为全世界人民所接受。

很多时候，肢体语言在不同文化之间是相通的。季羡林老先生讲述过这样一件轶事：

> 这当然是一个极端的例子，然而确实是事实。50年代我随中国科学院代表团赴东德开会，在莫斯科旅馆中碰到一位中国民主妇联的领导人，她是位著名的国际活动家。她是从中国到日内瓦去开会的，孤身一人，一个翻译也没有带，连外语的"这个"也不会说。然而竟能行万里路，从容不迫。我们私下议论，实在猜不透她在路上是怎样生活的。这也是一个事实。

(2008：146)

我猜想这位领导一定是做了很多手势吧。

不过，肢体语言同语言一样，也存在跨文化差异。比如在美国大部分地区，人们交谈时要双眼直视对方，这是应该采取的礼貌行为，若眼望别处，可能表明在掩饰什么。而对于土著印第安人来说，直视对方双眼才是无礼的。再比如，在美国代表 OK 的手势，在日本则代表"钱"，而在意大利及拉丁美洲则可能是侮辱性的动作（罗莎莉·马吉欧 2014：9）。在很多国家，拍小孩儿的头被认为是亲切的表示，但在信奉伊斯兰教的国家，千万要避免这个动作，因为他们认为头是身体的神圣部位，不能被陌生人触摸。

既然有差异，误解便在所难免。下面的笑话能够说明手势造成的误解：

> 一位正在法国旅行的英国太太带着一条很漂亮的小狗走进一家餐馆吃饭。由于语言不通，她对着服务员指了指自己的嘴，又指指小狗的肚子。服务员拉走了小狗，放了几盘点心在她面前，又打手势叫她等一会儿，她似懂非懂地点点头。过了一会儿，菜上来了，太太吃得很满意。临走，她打手势要回自己的小狗，懂英语的经理赶过来问道："太太，不是您刚才要求我们为您代做狗肉吗？"

肢体语言从不说谎（罗莎莉·马吉欧 2014：7）。肢体语言常常使得人们在第一时间里感觉到一个人是否友好、可靠或者诚实。因此，我们不仅需要注重语言的跨文化差异，还需留意手势的跨文化差异。

东风还是西风

不同的地理环境要求言语表达者采用不同的言语表达方式与之相适应。

熟悉莎士比亚的人一定知道那首著名的爱情十四行诗，以下是开头的四句：

> Shall I compare thee to a summer's day?
> Thou art more lovely and more temperate;
> Rough winds do shake the darling buds of May,
> And summer's lease hath all too short a date;
>
> 我能把你比作夏日的璀璨吗？
> 你不独比它可爱也比它温婉；
> 狂风把五月宠爱的嫩蕊作践，
> 夏天出赁的期限又未免太短；

　　据说，该诗的翻译曾引发争议，有人认为将 summer's day 译为"夏日"实在有欠妥当。因为在中国，尤其是南方地区，夏天往往酷热难耐，确实谈不上"可爱"，更无"温婉"可言。那么，形容恋人比"夏日"还要"可爱"或者"温婉"似乎就没什么意思了。相反，英国的夏季气温平均约 26 摄氏度，非常舒适，把爱人比作夏日的确可以烘托其与众不同的温柔可爱。因此有人提出，考虑到中国和英国的地理差异，不妨将 summer's day 翻译成"春日"。这种说法倒也不无道理。

　　我们再举个例子，来进一步说明中国和英国地理环境的差异所造成的语言差异。辛弃疾有一首词《青玉案·元夕》：

> 东风夜放花千树，
> 更吹落，星如雨。
> 宝马雕车香满路。
> 凤箫声动，玉壶光转，一夜鱼龙舞。
>
> 蛾儿雪柳黄金缕，
> 笑语盈盈暗香去。
> 众里寻他千百度。
> 蓦然回首，那人却在，灯火阑珊处。

　　这首词的上半阕写元宵之夜的盛况。由于中国大陆所处的位置，西伯利亚的寒流带来冬天，东部沿海的气流带来温暖。因此，诗中的"东风"吹来代表着春天的到来。这与英国诗人雪莱著名的《西风颂》形成了鲜明对比。《西风颂》里的名句"冬天来了，春天还会远吗？"正说明在英国"西风"才是春天来临的信号。

时令

　　一个国家所处的地理位置必然决定它的季节更迭，或者说，它的时令特点。

苏东坡有诗如下：

惠崇春江晚景

竹外桃花三两枝，春江水暖鸭先知。

蒌蒿满地芦芽短，正是河豚欲上时。

看得出来，诗人描写"桃花"和"鸭子"是为说明春天来了。可为什么要把"蒌蒿""芦芽"和"河豚"写到一起呢？原来它们的生长期十分接近，北方三四月就能看到蒌蒿和芦芽，南方则更早些，此时正是河豚上市的季节；而河豚肉里有毒，蒌蒿和芦芽为解此毒之佳品。显然，具备相关的时令知识有助于深入地理解此诗。

可见，时令信息常隐藏于语言现象之后，若不仔细考虑就会忽视它。比如，为什么我们把历史称为"春秋"，而不叫成别的什么呢？直到读了南怀瑾老先生的文字，我才恍然大悟：

> 只有我们中国！从远古开始就建立历史观念，这个历史叫春秋。青年人注意啊！中国文化历史叫春秋，不叫冬夏，这有它的道理。天地之间只有一个现象，一个冷，一个热，这是太阳、地球跟月亮的关系。冷到极点是冬天，热到极点是夏天。秋天是夏天进入冬天的中间，是最舒服的时候，不冷也不热。春天呢！正是由冬天进入暖和天气的中间，不冷也不热。所以在我们的季节上，一年有二十四个节气。春分与秋分那两天，白天夜里一样长短，不差一毫。夏至是白天最长，夜里最短；冬至是夜里最长，白天最短。只有春分跟秋分一样长短，这个太阳下去，刚刚地球面一半，夜里也一半，我们穿的衣服不冷也不热，刚好。所以春秋是世界最和平、最公平，持之平也！而历史是个"持平"的公论，所以叫春秋，不叫冬夏，春秋的道理是如此。

（2007：179）

要是中国位于赤道或是北极，恐怕根本不会有所谓"春秋"之说。如果不注意时令知识，就要闹出笑话，比如《水浒传》中的以下片段：

> 林冲见那八百里梁山水泊，果然是个陷人去处！但见：山排巨浪，水接遥天。

这一段引起了人们的质疑。因为林冲上山的时候，已经大雪纷飞，天寒地冻，位于山东的梁山泊居然不结冰，"山排巨浪，水接遥天"，还能坐船过去，而且整部《水浒传》中，梁山泊居然从来没有冰冻过，难道是个天然的"不冻港"？为什么梁山泊会有这样奇怪的气候呢？原来施耐庵从来没有到过北方，不知道北方的湖泊冬天会结冰，还以为梁山泊也和西湖一样，冬天依旧可以划船呢！（吴越 2007：172）

地域

地域环境不仅包括自然的地理环境，还包括人文的地域环境。

有趣的是，不同地域的语言常常被赋予特殊的文化色彩，各地方言确有各自的特点。我们完全可以通过说话判断说话人的家乡，比如张承志的小说《北方的河》中有这样一段：

> 他追了两步，赶上那个红脸小伙子，在他肩头上拍了一下："后生。"那小伙儿朝他转过晒得红红的脸来，清澈单纯的大眼望着他。"吃饭嗑么，后生？"他问。那次来陕北，他一共学会了三句陕北话：嗑、解下、相跟上。前两句一个是"去"，一个是"懂"，第三个和普通话意思一样，因为这说法又淳朴又文雅，所以他也一并记住了。这时他兴致勃勃地试验了第一句。
>
> 那后生又憨憨地笑了，赤裸的粗脖颈闪着健康的黑红色。"嗯。"他不好意思地答道。
>
> "相跟上——咱们一块儿去吧！"他只说了半句陕北话，库存就空了。"我的话，你解下解不下？"他干脆把最后一句也抛了出来。幸好那后生宽容地说："解下了。"于是他俩相跟上顺着土巷子往前走。

显然，这位后生是陕北人。

我们再来看一段北京方言的例子，以下文字来自林海音的《城南旧事》：

"人都是一个样儿，谁脑门子上也没刻着哪个是贼，哪个又不是。"

"所以我不明白！"我心里正在纳闷儿一件事。

"你不明白的事情多着呢！上学去吧，我的洒丫头！"

妈的北京话说得这么流利了，但是，我笑了："妈，是傻丫头，傻，'尸丫'傻，不是'厶丫'洒。我的洒妈妈！"说完我赶快跑走了。

普通话里并没有 [θ] 这个音，所以很多中国的英语学习者会觉得发这个音有些别扭。不过，北京方言中却有一个比较接近的音，当然，该音用普通话的"洒"标示还有欠妥当，因为"洒"是 [s] 音开头的。

看下面这个段落，您不妨猜猜《城南旧事》中的人物来自哪些地区：

我们家的人，口音都不一样。宋妈说："惠难馆"，妈妈说"灰娃馆"，爸爸说成"飞安馆"，我随着胡同里的孩子说"惠安馆"。到底哪个才对，我也不知道。

社会体制

语言的意义很多时候取决于社会体制。

熟悉《水浒传》的读者想必都了解梁山好汉们"大碗喝酒，大块吃肉"的豪爽气概吧。不过他们的"喝酒"多为"吃酒"；他们的"吃肉"多指"吃牛肉"：

宋江见李逵把三碗鱼汤和骨头都嚼吃了，便叫酒保来分付道："我这大哥想是肚饥，你可去大块肉切二斤来与他吃，少刻一发算钱还你。"酒保道："小人这里只卖羊肉，却没牛肉。要肥羊尽有。"李逵听了，便把鱼汁劈脸泼将去，淋那酒保一身。戴宗喝道："你又做甚么！"李逵应道："叵耐这厮无礼，欺负我只吃牛肉，不卖羊肉与我吃！"

原来，一直到三国时期，所谓的"酒"其实都是"醪糟"，一般都是加温以后才能用筷子扒拉着"吃"的，所以叫"吃酒"而不叫"喝酒"（吴越 2007：17），《水浒传》中的"吃酒"显然有此前的遗风。

不过，"吃牛肉"倒有几分令人费解了，这实际上涉及当时的法律制度。

古代最隆重的祭祀都要使用牛肉，如皇帝祭祀祖先、天地时的供品就要用全牛。而且，按照明朝的法律，屠宰耕牛是犯罪行为。凡故杀他人牛马，杖七十徒一年半；私宰自己马牛，杖一百。耕牛伤病死亡，不报官府私自开剖，答四十。所以那时的大多数小说家有意让自己描写的人物"循规蹈矩"，不吃牛肉：《西游记》只有一处提到"杀牛宰马"；《金瓶梅》全书具体描写吃食种类的有41处，其中只一处指明为牛肉；《醒世姻缘传》吃食描写中没有一处指明为牛肉；《警世通言》提到吃食活动22处，指明为牛肉的才两次；《醒世恒言》的比例为31:3；《喻世明言》为20:2；《初刻拍案惊奇》为16:2；《二刻拍案惊奇》为15:0（郭建2007：168）。

而《水浒传》一书以描写草根举义为中心，为渲染好汉天不怕地不怕的造反气概，描述了大量"杀牛宰马"的事例：如九纹龙史进上少华山落草，山寨"杀牛宰马"以示欢迎；花和尚鲁智深在桃花山为魁，"椎牛宰马"结盟；晁盖等火并王伦，梁山聚义，"杀牛宰马"；宋江上清风山，山寨"杀牛宰马"；清风山与对影山联盟，"杀牛宰马"；二龙山和桃花山合伙，"杀牛宰马"；为救宋江劫法场反江州后，梁山再聚义，"连日杀牛宰马"；一百零八将大聚义，又是"杀牛宰马"；等等。

习俗

语言反映着社会习俗。

我们来看一首《诗经》中的《国风·唐风·椒聊》：

> 椒聊之实，蕃衍盈升。彼其之子，硕大无朋。椒聊且，
> 远条且。

椒聊之实，蕃衍盈匊。彼其之子，硕大且笃。椒聊且，远条且。

译文：
花椒的果实，生长众多，满满一升。花椒的果实，大不可比。花椒的果实呀！香气远扬！
花椒的果实，生长众多，满满一捧。花椒的果实，大而厚重。花椒的果实呀！香气远扬！

这首诗似乎在极力地赞美花椒，赞美它的果实、它的香气。在现代人的眼中，花椒可能不过是一种调味料，对花椒如此大声又激昂的赞美多少让人有些摸不着头脑。

原来，在吟唱《诗经》的年代，花椒喻指女子多子多福。这应该和现在的人们在新房里撒花生、桂圆、莲子、枣子的习俗差不多，这些果实在婚俗中意味着早生贵子。

显然，"花椒"在婚俗的历史中拥有特别尊贵的地位。今天的人们会撒花生、桂圆、莲子、枣子，但应该不会为花生之类的坚果唱一首歌吧。

我们不妨大胆地想象一下，在《诗经》的时代，男女结婚时，由主持祈福的神汉巫婆，对着一张新人的大床，一边散着花椒籽，一边大声吟唱这首《花椒》之歌，仿佛掌握生育的鬼神因此获得提醒，降福这对新婚男女，使这个家庭从此能够多子多福（深圳一石 2007：154）。

语言承载着社会习俗，每个时代的风俗习惯编码在当时的语言使用当中，我们通过解码语言就可以了解那时人们的生活方式，想象他们的日常生活场景，走进他们的精神世界。

时代

时代与语言有着千丝万缕的联系，语言表达无时无刻不被打上时代的烙印，每个时代都具有自己的语言。

下面的文字来自胡西淳的小说《我们都是木头人》，它描写的是什么时代我们一眼便知：

> 大脑袋白天和眼有点瞎的妈妈照顾他爸，晚上才能出来疯玩一阵。他兴致极高，此时一手叉腰一手高扬，模仿时下流行的腔调喊道：知道吗？你们是无处藏身的，你们这帮牛鬼蛇神听着，你们就是藏耗子洞里，我也把你们一个一个揪出来，再踏上一只脚！

"文革"时期的语言充分说明，有什么样的时代背景就有什么样的语言面貌，即使是一般的语言使用者也只有加入时代的"语言大潮"，才能对付这种情况。

"大跃进"时代的语言也能反映当时的时代背景：

> 一锤落地一朵花，一锹就叫山搬家。
> 一滴汗珠一吨钢，百万吨钢挑上肩。
> 贫下中农坐卫星，亩产粮食五千斤。
> 公社棉花高过天，流星擦落一朵棉；
> 飘飘飞到银河边，织女拾起织一年。
>
> （冯广艺 1999：82）

大跃进时期，社会浮夸风盛行，语言表达上也常常使用大量的夸张、拟人和比喻。

现如今，世界又发生了翻天覆地的变化。网络语言、手机语言已经成为人们生活的重要部分。有趣的是，由于交流工具的便捷性，语言的流行常常呈现席卷之势，仿佛一夜之间某个词就会成为一种全民词汇。一方面，流行词或横空出世或赋予旧词以新意，丰富了原有的词汇体系；可是另一方面，流行词被广泛地使用，以至于在表达相近意义的同义词中表现出绝对的优势，严重抑制了其他词语的使用。所以，这究竟是丰富了词汇系统，还是令表达更为贫乏呢？语言的确在与时俱进，可我们要不要追随语言的潮流而与时俱进呢？

就是那一只蟋蟀

语言与文化密不可分。

英国诗人约翰·邓恩（John Donne）说：谁都不是一座岛屿，自成一体；每个人都是那广袤大陆的一部分。我想，正是共同的文化背景使我们彼此相连。而另一方面，我们独特的文化又使得我们与众不同。下面是唐代画家吴道子的《送子天王图》的局部：

《送子天王图》又名《释迦降生图》，描绘了释迦牟尼降生后，他的父母抱着他去拜谒天神，天神向他施礼的情景。这是个外来的宗教题材，画中本来应是外国人，但我们看到的却是汉民族风格的人物白描（何宝民 2006：21）。可见，文化之间的差别显而易见，当外来文化输入中国时，不可避免地被赋予了中国文化的特点。

不同文化会赋予同一事物完全不同的内涵。下面是流沙河先生的诗歌《就是那一只蟋蟀》的片段：

就是那一只蟋蟀

钢翅响拍着金风

一跳跳过了海峡

从台北上空悄悄降落

落在你的院子里

夜夜唱歌

……

这首诗描写的是诗人好友、海峡对岸余光中先生的思乡之情。可为什么乡愁会以"蟋蟀"为意象呢？原来，在中国文化中，秋天的蟋蟀常代表幽婉哀伤。这刚好与西方文化中"蟋蟀"的文化内涵相反，英文成语 as merry/lively as cricket 说明蟋蟀是活泼开心的象征。

形、神

语言体现民族思维。

仔细观察中西方绘画，就会发现一个有趣的现象：在表现神话人物飞入云天时，中国绘画往往给人物配上飘带或脚下添上云彩，而西方绘画则往往给人物添上鸟类的翅膀，这其中也能折射出中西方绘画之间不同的"形神观"（陈世宁 2007：148）。

　　上图是顾恺之的《洛神赋图》局部，下图是达·芬奇的《天使报喜》。《洛神赋图》中，画家通过飘起的衣袂表现洛神在飞，至于为什么能够飞起来，似乎一点儿都不重要，因为最关键的是要抓住洛神在飞的"神"。相反，在西方绘画中，天使会飞是因为他们有翅膀，"翅膀"这个"形"才是天使飞翔的合理的逻辑前提。

　　绘画上的细节反映民族思维的差异。汉民族偏重于意合，西方倾向于形合。这显然在语言上也有所体现：

　　　　枯藤老树昏鸦，小桥流水人家。古道西风瘦马，夕阳西下，断肠人在天涯。

　　　　It was what sentimentalists, who deal in very big words, call a yearning after the ideal, and simply means that women are not satisfied until they have husbands and children on whom they may center affections, which are spent everywhere, as it were, in small change.

　　马致远的《天净沙·秋思》没有使用任何表连接的语言手段；萨克雷（Thackeray）《名利场》中的一句话却用了九个连接词。正如王力先生所说：

　　　　西洋语的结构好像连环，虽则环与环都联络起来，毕竟有联络的痕迹；中国语结构好像无缝天衣，只是一块一块的硬凑，凑起来还不让它有痕迹。西洋语法是硬的，没有弹性的；中国语法是软的，富有弹性的。

（见连淑能 1993：57）

语域

　　语域是指某一特定的人群在某一特定场合下所使用的言语变体（杰克·理查兹 2000：392）。

语域取决于三个重要因素，即：话语范围（field）、交流方式（mode）以及谈话人关系（tenor）（Halliday 1978：32）。

话语范围就是指话语的场合，涉及谈论的话题和当事人所从事的活动。《论语》有云：

> 孔子于乡党，恂恂如也，似不能言者。其在宗庙朝廷，便便言，唯谨尔。

意思是：孔子在家乡时显得温和恭敬，好像不善言谈的样子；但他在宗庙里、朝堂上却很善于言辞，只是小心谨慎罢了。

可见，在家乡、宗庙、朝堂这些不同的场合，孔子讨论的话题不同，从事的活动不同，谈话的内容和状态也就很不一样。

交流方式就是指不同的表述途径，比如口语和书面语就属于不同的表述模式。《论语》中亦有云：

> 子所雅言，《诗》《书》、执礼，皆雅言也。

意思是，孔子诵读《诗》《书》、执守礼制时，都要使用标准话。

看来，人们会采取不同的方式进行交流，标准话的交流模式应该和方言的交流模式有所不同，否则孔子也不会在特定情况下刻意地使用标准话。

谈话人关系即交谈双方的社会角色以及他们彼此间的关系。《论语》中有这样一段话：

> 邦君之妻，君称之曰夫人，夫人自称曰小童；邦人称之曰君夫人，称诸异邦曰寡小君；异邦人称之亦曰君夫人。

意思是：国君的妻子，国君称她为夫人，夫人自称为小童；国内的人称她为君夫人，在其他国家的人面前就称她为寡小君；别的国家的人也称她为君夫人。

总之，随着话语双方关系的变化，称呼也在不断地变化。也就是说，语言能够反映出谈话人之间的关系。

爱就一个字

张信哲有一首歌《爱就一个字》，里面有两句歌词：

> 爱就一个字 我只说一次
> 你知道我只会用行动表示

我有时候想，为什么这首歌一定要强调"我只说一次"这件事情，会不会是男性同胞们实在是被女朋友问烦了，用"我只说一次"这样的话来搪塞，也算是一次性地解决所有麻烦了呢。

> 女：你爱我吗？
> 男：我爱你。

这恐怕是男女情侣之间最常见的对白吧。一般来说，人们的理解是不断提出同样问题的女性明显缺乏安全感，她们总是需要向爱人确认对方爱自己这样一个事实。然而，作为语言学的研究者，也许我们可以提出另外一种视角，因为"爱"这个字的意义并不是固定不变的，对于不同的说话人而言，"爱"的意义也可能是存在差异的。

王晓升就曾经说，人们不能一劳永逸地确定字词在语言中的地位和作用。"'你爱我吗？''我爱你。'在这个对话中'爱'的意义完全一样吗？"。我们似乎并不能肯定（1999：70）。

日常生活中，男人对于女人总在问"你爱我吗？"这样的问题感到很困惑。或许根本的原因在于，男人和女人在说出"我爱你"的时候总是存在着意义上的差别吧。女人动不动就说出"你爱我吗？"这样的话，会不会是一直在衡量着两个"爱"字的分量呢？

或许，张信哲歌词中的下一句"我只会用行动表示"比"我爱你"三个字更靠谱吧。"爱"这个字的意思由于说话人的不同而程度不一、变幻莫测，确实不如行动来得实在。

当然，"爱"字的意义差别不仅仅体现在情侣之间。不妨回想一下，你的爱人、妈妈、朋友对你说"我爱你"的时候，他／她们的意思是一样的吗？

那么，其他的字是不是也是同样的道理呢？

游戏论

试想，你的朋友邀请你参加一种扑克游戏，在场的其他人都很熟悉这种游戏，唯有你不会。通常的情况是，你的朋友首先会详细地向你讲解游戏规则，然后就会建议大家先玩两次，帮你找找玩牌的感觉。了解游戏规则固然重要，但是亲身参与游戏往往帮助更大。我们需要在参与游戏的过程中践行规则，否则只会是纸上谈兵。

意义的获得依赖于游戏而非规则。同样，语言意义的获得依赖于语言游戏而非语言规则。什么是语言游戏呢？

维特根斯坦把由语言和行动（指与语言交织在一起的那些行动）所组成的整体叫作"语言游戏"。简而言之，就是语言的具体使用。维特根斯坦有句名言：The meaning of a word is its use in the language.（2001：31）意思是说，一个词的具体使用而不是它的使用规则决定了它当下的意义。

维特根斯坦的语言游戏观是其语言哲学的基础。在这个基础上，维特根斯坦对于意义问题进行了重新理解。按照他的理解来看，"意义不是在语言游戏之外的某种东西，而是在语言游戏之中，是它在语言游戏中的用法。"（王晓升 1999：87）

维特根斯坦认为，传达游戏规则无法教会学习者一种语言游戏；正确的途径是训练学习者按照一定的方式行事。这样的训练并不是逐字进行的，因为那样一来，所学的东西就变成这个词的用法标准。训练内容就是教学习者玩一个纯粹的语言游戏（贾可·辛提卡 2002：59）。

在维特根斯坦看来，语言游戏不只是语言—世界这一关系的中介，而且还是我们进入语言之门的途径。

我们可以想象一下母语学习者和二语学习者学习语言的情形。前者一生下来就融浸在语言的游戏当中，而后者只有机会去反复学习语言的规则，没办法参与到语言的游戏当中，这恐怕是二语学习者致命的缺憾。

gavagai

gavagai 是哲学家蒯因提出的非常有名的思想实验：

> 当一个语言学家在没有任何译员的帮助下，力图翻译一种迄今未知的语言时，其任务就是通过说此语言者的当下可见反应去复原这种语言。这个语言学家所能凭借的客观材料只是他所观察到的土著人表面所感受到的外在作用力及其可见的发声行为和其他行为。这些材料仅仅显示最具客观经验性的或与刺激相联系的那种土著的"意义"。

> 语言学家兴奋地憧憬着这项工作，开始着手记录土著语言中不同词语的意义。第一个要定义的词是 gavagai。每次看到兔子，语言学家和他的助手都会听到这个词，于是语言学家打算把它定义为兔子，但是他的助手却坚决反对。

> 助手的理由是，难道 gavagai 不可能是其他什么意思吗？比如："看！是兔子。"或者，gavagai 只是被看到的兔子，而未被看到的兔子有别的叫法。

（2012：27）

我们倾向于将词汇当作概念或物品的标签，在这样的思维模式下，词语与词语的指称对象之间有着一一对应的关系。然而，gavagai 这个故事告诉我们，词语与事物及观念之间并不是一对一的关系，词语与词语之间以及词语与说话者的应用之间是彼此关联的。意义是整体的，你永远不能孤立地理解一个单独的词语（朱利安·巴吉尼 2016：149）。

蒯因设想了一种情形：假如土著村落有一种兔蝇（rabbit-fly），它长着长长的翅膀，运动有些不规则。语言学家并不认识兔蝇，土著居民却能从很远的地方就认出兔蝇。只要土著居民看见一只兔蝇在一个模糊可见的动物周围，他马上就会意识到那个动物是只兔子。模糊不清的兔子和清晰可见的兔蝇令土著居民说出 gavagai，但是当随行的语言学家顺着土著居民的目光看过去时，他会真正理解土著居民的意思吗？（2012：36）

可见，语言需要动态地适应交流，语言的意义存在于语言的实践中。

年龄

说话者的年龄会影响语言的使用。

中国社会长期受到儒家思想的浸染，十分注重尊老和行孝。这一点我们可以从明朝内阁首辅张居正身上体察一二：

> 按明代朝廷规矩，凡在朝为官者，父母去世必须立即卸去官职，回家守孝三年，称为丁忧。而张居正的父亲过世，皇上慰留他继续担任首辅，此举称为夺情。张居正为天下计，为初见成效的"万历新政"考虑，亦同意皇上的安排，但反对新政的官员们借此大做文章，纷纷攻击张居正夺情之举是贪恋禄位，一时谤议汹汹。

（熊召政 2008：155）

同样，儒家思想也要求人们对年龄长者在语言上有所谦敬。我们看曹禺先生的戏剧《雷雨》中的一段：

鲁贵　（真心地）这可一句瞎话也没有。

四凤　（故意揶揄地）那我实实在在地告诉您，我也没有钱！（说毕就要拿起药碗）

鲁贵　（着急）凤儿，你这孩子是什么心事，你可是我的亲生孩子。

四凤　（嘲笑地）亲生的女儿也没法把自己卖了，替您老人家还赌账啊？

鲁贵　（严重地）孩子，你可明白点，你妈疼你，只在嘴上，我可是把你的什么要紧事情，都处处替你想。

四凤　（明白地，但是不知他闹的什么把戏）您心里又要说什么？

鲁贵　（停一停，四面望了一望，更近四凤，佯笑）我说，大少爷常跟我提过你，大少爷，他说——

四凤　（管不住自己）大少爷！大少爷！你疯了！——我走了，太太就要叫我呢。

鲁贵和四凤是父女关系，实际上，四凤根本就不喜欢她的爸爸，甚至很讨厌鲁贵的行为，可她对鲁贵仍然尊称为"您"，这符合我们对长辈要讲礼貌的文化心理。不过，最后四凤还是忍不住用了"你"，原来，鲁贵用四凤和大少爷之间的暧昧关系要挟四凤，这一招击中了四凤的痛处，令她忍无可忍，才生气地说出"你疯了！"的话。

Whatever

It's, like, totally, you know, like, whatever.

这看起来并不是一个句子，似乎只是词汇短语的胡乱堆叠，却真的可能出现在日常的口语会话当中。曾经在百度贴吧上读到一则消息：美国某高校对千余名受访者进行调查，评出英文中最令人反感的词汇，结果 whatever 高居第一，like 位列第二，you know 排名第三。

美国的年轻人"超爱"like（我国台湾地区的年轻人喜欢用"超"这个字，而且他们把"超"读成平舌），动不动一句话里就冒出一两个甚至更多的 like 来。很多时候，like 并没什么特殊的功能，只表示一种停顿：

Do you, like, go swimming in your, like, spare time?

显然，年轻人使用的语言和标准英语之间存在差别，这也是年轻人频繁使用的某些词汇令很多人反感的原因之一。如果你接受的是标准英语的训练，看到下面这些句子多半会感到不适应（Martinez & Pertejo 2012）：

Yeah it was *right* embarrassing.

There's a new boy in it and he's *well* nice.

It's *enough* funny man I'm telling ya!

We're impressed. Your diet's *super* healthy.

Everyone has at least one *mega* embarrassing moment!

I got into a *massive* argument with him last night.

It was *bloody* peaceful while you were away.

Miss Alex is back with another *super* cool collaboration.

Pop superstar Mika sings the title track to the *ultra*-cool movie.

以上句子中的斜体词并不带有多少它们本来的意思，这些词相当于台湾地区的青年所说的"超 / 超级"，语言学上称之为加强成分（intensifier）。研究显示，与成年人相比，青少年在口语表达中倾向于使用更多的加强成分，他们往往更加喜欢夸张的表达（Martinez & Pertejo 2012）。

身份与年龄

《阿 Q 正传》中有段话：

"老 Q。"赵太爷怯怯的迎着低声的叫。

"锵锵，"阿 Q 料不到他的名字会和"老"字联接起来，以为是一句别的话，与己无干，只是唱。"得，锵，锵令锵，锵！"

"老 Q。"

"悔不该……"

"阿 Q！"秀才只得直呼其名了。

阿 Q 这才站住，歪着头问道，"什么？"

"老 Q，……现在……"赵太爷却没有话，"现在……发财么？"

"发财？自然。要什么就是什么……"

"阿……Q 哥，像我们这样穷朋友是不要紧的……"赵白眼惴惴地说，似乎想探革命党的口风。

"穷朋友？你总比我有钱。"阿 Q 说着去了。

短短的几句话中，阿 Q 竟然获得了三个不同的称谓：老 Q、阿 Q 和阿 Q 哥。阿 Q 的身份也跟着上下起伏，尽管阿 Q 对此并未察觉。

一个人身份的获得竟然与己无关，这是个有趣的现象，不过这种情形在日常生活中倒是十分常见。比如经常有女性朋友愤愤然说："今天居然有人叫我阿姨！""今天居然有人叫我奶奶！"不管女人多么无法接受岁月赋予她们的身份，阿姨和奶奶的称谓终有一天会在她们耳畔响起。

好笑的是，很多时候"阿姨"或"奶奶"恰恰是说话人为抬高对方身份而使用的称谓，因为在中国文化中，越是年长的人越应该受到尊敬。

在上文《阿 Q 正传》的选段中，赵太爷称阿 Q 为老 Q，通过"老"字抬高阿 Q 的身份，而赵白眼称阿 Q 为阿 Q 哥，通过"哥"字抬高阿 Q 的身份。

中国文化中，年龄显然是一个人身份的一部分。孟子提出"父子有亲，君臣有义，夫妇有别，长幼有序，朋友有信"的"五伦"道德规范。"长幼有序"是儒家思想重要的组成部分，并至今反映到普通人日常的话语行为当中。

我的身份谁做主

小说《牧羊少年奇幻之旅》的引子里有这样一段话：

炼金术士知道这个关于水仙花的传说。一个英俊少年，天天到湖边去欣赏自己的美貌。他对自己的容貌如痴如醉，竟至有一天掉进湖里，溺水身亡。他落水的地方，长出一株鲜花，人们称之为水仙。

奥斯卡·王尔德却不是这样结束故事的。他写道，水仙少年死后，山林女神来到湖边，看见一湖淡水变成了一潭咸咸的泪水。

"你为何流泪？"山林女神问道。

"我为水仙少年流泪。"湖泊回答。

"你为水仙少年流泪，我们一点也不惊讶。"山林女神说道，"我们总是跟在他后面，在林中奔跑，但是，只有你有机会如此真切地看到他英俊的面庞。"

"水仙少年长得漂亮吗？"湖泊问道。

"还有谁比你更清楚这一点呢？"山林女神惊讶地回答，"他每天都在你身边啊。"

湖泊沉默了一会儿，最后开口说："我是为水仙少年流泪，可我从来没注意他的容貌。我为他流泪，是因为每次他面对我的时候，我都能从他眼睛深处看到我自己的美丽映像。"

"好美的故事啊！"炼金术士感慨。

这个故事确实很美，美丽的少年爱慕自己的美丽，然而让人意想不到的是，湖泊也如少年一般，甚至更有过之而无不及。少年专注于自己的美，以致不幸落水，追随自身的美丽而逝；而湖泊同样专注于自己的美，竟至从未注意到面对面的少年的容颜。

不过在我眼里，这个故事有两面性。故事的一面是，少年与湖泊只在乎自己，他们看不到对方，只看到自己，他们似乎完全不需要别人来确定自己的美丽。可另一方面，他们恰恰是从对方的眼中看到了自己。实际上，他们如此真切地需要对方，以至于少年投入到湖泊的怀抱，而湖泊则因为失去少年的目光而痛哭不已。

"我是谁"这个问题很多时候并不取决于自己，而需要在他人的目光中求取意义。

性别

在语言使用中，我们也不能忽视性别问题。

《诗经》中有一首《国风·周南·桃夭》：

> 桃之夭夭，灼灼其华。之子于归，宜其室家。
> 桃之夭夭，有蕡其实。之子于归，宜其家室。
> 桃之夭夭，其叶蓁蓁。之子于归，宜其家人。

> 译文：
> 桃花怒放，花朵鲜艳。女子出嫁，和顺室家。
> 桃花怒放，果实肥大。女子出嫁，和顺家室。
> 桃花怒放，叶子茂盛。女子出嫁，亲善家人。

这是一首祝贺女子出嫁的诗歌，其中"于归"指姑娘出嫁。我们不免要问，既然是"出嫁"，为什么又叫"于归"呢？原来，古代把丈夫家当作女子的归宿，故称之为"归"。

当然，随着社会的进步，女子的地位有所提高，比如王力先生的散文《夫妇之间》：

> 在老爷的字典里是"妇者伏也"，在太太的字典里却是"妻者齐也"。从前有一个笑话说，老爷提出"天地""乾坤"等等字眼，表示天比地高，乾比坤高；太太提出"阴阳""雌雄"等等字眼，表示阴在阳上，雌在雄上。

不过，尽管男尊女卑的思想在逐步改变，可性别歧视仍时时影响语言使用。有研究表明，人们常常使用主动式描写男人，描写女人却经常使用被动式（毕恒达 2007：120）。

男性视角渗透于我们生活的方方面面，而我们也许根本没有意识到。比如说汉字"好"：

这个汉字中有女子和孩子，唯独没有男子，说明这是男性眼中的场景。而这种女子与孩子拥于眼前的样子就是男子心中的好。

职业

说话人的职业常常决定了他所使用的语言风格。
《新南威尔士警察机关警察指南》中有这样一个例子：

> If you are required to attend premises used for prostitution in the course of your duty, avoid allegations of impropriety by making an entry in your notebook, diary or duty book showing the purpose of the visit.

这段话的意思是，如果你在执行公务的过程中需要出入风月场所，那么应在你的笔记本、日记或公务簿中的某页记下你此次拜访的目的，以防别人对你的不当行为提出投诉意见。

这段话里使用了十分复杂的词汇和语法，不过最基本的意思就是：Make sure to write down why you went there.

警察作为国家机器的一部分，是社会的执法者，这就要求他们保持正式的风格。人们发现：他们说 "How did you remove the items?"；而不说 "How did you take the clothes?"。他们说 "I was proceeding down the highway in a south easterly direction."；而不说 "I was walking down the road."。他们说 "I was unable to maintain the light being illuminated."；而不说 "I was unable to keep the torch on."。

有时，所谓的"警察语言"会正式到一种近乎幽默的程度。我们看调查者 Olivia 和年轻警官 Michael 的一段对话：

> Olivia：有一个很好的例子……哦，是什么来着？像是说某个人中枪死了。
>
> Michael：哦，他被一颗从一件威力强大的武器中射出的子弹击中，这样多次直到他的身体机能停止运转。
>
> Olivia：这是一句很好的"警察语言"（大笑）。
>
> Michael：（大笑）诸如此类。他们告诉我尽管使用正常的英语，但它总是冒出来。
>
> Olivia：你从哪里学的？你知道我的意思吗？
>
> Michael：知道……只是……当你进行警察陈述时，你觉得应该正式些。

（约翰·吉本斯 2007：103）

说话对象

说话不是一味地自说自话，说话人总会或多或少地考虑到听话人，根据说话对象调整话语特点，即便小孩子也不例外。

龙应台提到了她混血儿子安安的趣事：

> 五岁的表哥对三岁半的表弟说：
> "那辆白色的警车给我！"
> 表弟不放手，急急地说：
> "Nein, nein, das gehört mir!"
> "你已经玩很久了嘛！"表哥不高兴了。
> "Du hast auch ein Auto."表弟也不高兴了。
> 妈妈忍不住将报纸放下，仔细听起表兄弟俩的对白。这又是一个新发现：安安竟然和龙行说德语！
> 为什么？他和外公外婆舅舅舅妈都说汉语呀！
> 这还是他们回到台湾的第一天。观察了两天之后，妈妈就恍然大悟了：在德国，安安每天上幼稚园。在他的世界里，所有的小人儿都是说德语的；德语就是沙坑、秋千、小汽车、吵架的语言。龙行也是个小人儿……

（2014：60）

由此可见，很小的孩子就明白说话要考虑听话人。安安小朋友根据以往的会话经验，认为和像妈妈一样的大人说话时需要使用汉语，而跟小朋友说话时一定要使用德语。因此，在跟台湾地区的小朋友说话时，安安仍然使用了德语，尽管他明明知道怎么说汉语。

有句话叫"见人说人话，见鬼说鬼话"，虽然这句话是用来贬损人的，却不无道理。其实，我们本来就是在见人说人话，见鬼说鬼话，而且从安安的例子看，这种根据说话人调整话语方式的本领我们从小就会了。

如果一个人不管对谁都只采取一个腔调说话，或者从来不考虑听话人，只自顾自地表达自己，那恐怕是件非常可怕的事情，他／她也很快就会成为社会生活中的一座孤岛。

到什么山唱什么歌

俗话说：到什么山唱什么歌。这句话可以理解为，我们需要根据不同的说话对象，采取不同的表达方式；否则就容易带来麻烦，造成误解，甚至制造对立。

战国时期，著名的纵横家鬼谷子曾经精辟地总结出与各种各样的人谈话的方法：

> 与智者言依于博，与博者言依于辩，与辩者言依于要；与贵者言依于势，与富者言依于豪，与贫者言依于利；与战者言依于谦，与勇者言依于敢，与愚者言依于锐。说人主者，必与之言奇；说人臣者，必与之言私。

在生活中，每个人的身份、职业、经历、性格等都不相同，需要针对不同的对象采取不同的语言策略和说话技巧，才能达到说话目的。比如，对知识分子用语要文雅委婉，对工人师傅要直接爽快，对老大娘要通俗朴实。只有符合人物特点，才有可能达成充分交流。

有这样一个故事：

> 有一个秀才去买柴，他对卖柴的人说："荷薪者过来！"（担柴的人过来！）卖柴的人听不懂"荷薪者"三个字，但是听得懂"过来"两个字，于是把柴担到秀才面前。
>
> 秀才问他："其价如何？"卖柴的人听不太懂这句话，但是听得懂"价"这个字，于是就告诉秀才价钱。
>
> 秀才接着说："外实而内虚，烟多而焰少，请损之。"（你的木材外表是干的，里头却是湿的，燃烧起来，浓烟多而火焰小，请减些价钱吧。）卖柴的人因为听不懂秀才的话，担着柴就走了。
>
> （潘鸿生 2017a：25）

这个例子说明了只生活在自己的世界中而全然不考虑他人的恶果。

秀才不考虑卖柴人的接受能力，给对方的理解造成障碍，双方的交易无果而终也是意料之中的事情，尽管这位秀才很有可能并不是故意卖弄，只是没有弄清楚状况而已。

权力游戏

　　《好好说话》这本书中有一句话：每句话，都是权力的游戏（马薇薇
等 2017：12 ）。

　　话总是说给人听的，说者和听者总会构成某种关系。而在特定的关
系中，总会存在谁主动谁被动，谁需要争取谁的问题，这就是我们说任
何话的时候都必然要身处其中的"权力关系"。

　　关于维多利亚女王有这样一则故事：

　　　　维多利亚女王很晚才结束工作，当她走回卧房门前时，发现
　　房门紧闭，于是她抬手敲门。卧房内，她的丈夫阿尔伯特公爵
　　问："是谁？"

　　　　"快开门吧，除了维多利亚女王还能是谁。"她没好气地回答。

　　　　没有反应。

　　　　她接着又敲，阿尔伯特公爵又问："请再说一遍，你到底是谁？"

　　　　"维多利亚！"她依然高傲地回答。

　　　　还是没动静。

　　　　她停了片刻，再次轻轻敲门。"谁呀？"阿尔伯特公爵又问。

　　　　这回维多利亚轻声应答："我是你的妻子，给我开门好吗，
　　阿尔伯特？"

　　　　门开了。

（朱凌、常青 2016：8 ）

　　这个故事中，女王除了调整自己的声音之外，还调整了对自己的称
呼，从"维多利亚女王"到"维多利亚"再到"你的妻子"。实际上，调
整称呼的实质是调整着对话双方的权力关系，女王的强势身份在一次次
的调整中逐渐削弱。

　　美国作家爱默生（Emerson）曾经说过：看看别人是如何称呼你的，
你便能够知道对方是怎样一个人，以及他的道德修养究竟达到了什么样
的水平。

　　很多人见面打招呼时，会直接说"好久不见！"，而有礼貌的人会说：
"李姐，好久不见！"当别人有事请教的时候，很多人会直接说"您有什

么事情吗？"而有礼貌的人会说："是张阿姨啊，您有什么事情吗？"虽然说话的内容是一样的，但加上称呼，别人就会觉得更为亲切，更有教养。究其原因，是因为称呼更加清楚地确定了权力关系。换句话说，称呼表明，说者和听者原本是有关系的，并不是不相干的两个人；而如果使用的称呼是尊称，则进一步加深了礼貌的程度，说者通过尊称确立了听者在权力关系中的主导地位。

称呼

《红楼梦》中有这么一段，坠儿偷了东西，晴雯要撵坠儿，坠儿的娘跑到怡红院去找晴雯讨说法：

> 宋嬷嬷听了，只得出去唤了他母亲来，打点了他的东西，又来见晴雯等，说道："姑娘们怎么了，你侄女儿不好，你们教导他，怎么撵出去？也到底给我们留个脸儿。"晴雯道："你这话只等宝玉来问他，与我们无干。"那媳妇冷笑道："我有胆子问他去！他那一件事不是听姑娘们的调停？他纵依了，姑娘们不依，也未必中用。比如方才说话，虽是背地里，姑娘就直叫他的名字。在姑娘们就使得，在我们就成了野人了。"晴雯听说，一发急红了脸，说道："我叫了他的名字了，你在老太太跟前告我去，说我撒野，也撵出我去。"

"他母亲"就是坠儿的娘，在与晴雯理论的过程中，她一下子抓住了晴雯言语上的空子，那就是晴雯居然敢对宝玉直呼其名。坠儿娘的逻辑是，我闺女偷了东西是不对，可你竟敢直呼主子名讳，也是有罪的。既然都有罪，为什么不惩罚你，单惩罚坠儿。

可见，称呼是一场权力的游戏。

一方面，坠儿娘指出，晴雯是怡红院里有头有脸的大丫头，对宝玉有相当的影响力甚至控制力，要不然晴雯怎么敢直呼主子的名讳，而别人（如她自己）根本不敢如此。

另一方面，坠儿娘提醒晴雯，晴雯并不该称呼宝玉名讳，这不符合规矩。尽管晴雯地位高些，说到底还是奴才，和坠儿娘以及坠儿没有本质的差别。奴才以主子的名字称呼主子自然逾矩，破坏了主子和奴才之间的权力关系。奴才想当主子，这可是大逆不道的，倒是多少呼应了《红楼梦》中对晴雯"心比天高，命比纸薄"的定位吧。

坠儿娘的一席话确实对晴雯形成打击，她无疑在暗示晴雯，你不是主子，做一身正气的维护纲纪者尤为可笑，奴才帮助照应奴才才对。晴雯一发急红了脸，要坠儿娘去老太太那里告自己，恐怕有着几分恼羞成怒的意思，她无法理直气壮地予以回击，而坠儿娘明确指出的权力关系让她有了几分心虚。

人贵言重

心理学上有一个概念，叫作"权威暗示效应"，是指一个人如果身份和地位较低，他说的话就不易引起他人重视；相反，要是地位高，有威信，受人敬重，那么他所说的话及所做的事就容易引起别人的重视，并更加有说服力，即"人微言轻，人贵言重"（潘鸿生 2017b：82）。

有心理学家曾做过一个实验，充分证明了权威效应。心理学教授给一所大学心理学系的学生上课时，向学生介绍一位从外校请来的俄语教师，说这位俄语教师是从俄罗斯来的著名化学家。在试验中，这位"化学家"煞有介事地拿出一个装有蒸馏水的瓶子，说这是他新发现的一种化学物质，有些气味，并请在座的同学闻到气味时举手，结果大多数同学都举起了手。对于本来没有气味的蒸馏水，这位"权威"的心理学家的语言暗示，使得多数学生认为它有气味。

在现实生活中，我们常常利用权威效应支持自己的行动或观点，小孩子就已经深谙此道。比如哥哥拒绝弟弟的要求，弟弟可能会理直气壮地说："妈妈答应了！"尽管妈妈和孔子比没什么权威性，在母子关系中还是有着压倒性的权威性的。

航海家麦哲伦（Magellan）曾经利用权威效应成功说服西班牙国王资助他环球航行的壮举（潘鸿生 2017a：68）。当时很多人借着航海的名义骗取皇室的信任和金钱，这让西班牙国王对所谓的航海家都很怀疑。麦哲伦知道在这种情况下，自己一人很难说服国王获得支持，于是他请了当时著名的地理学家路易·帕雷伊洛和自己一起劝说国王。正是由于帕雷伊洛的权威性，国王同意支持麦哲伦的航海计划。有趣的是，麦哲伦的航海发现很大程度上推翻了帕雷伊洛的地理学认识，麦哲伦成了新的权威。

看来，权威性越高的人就越应该注意自己的言行，他们的一举一动从小的层面来说会影响周围的人，从大的层面来讲甚至会影响整个历史进程。

互动

俗话说：有奶便是娘。然而，真是这样吗？

心理学家哈洛（Harlow）的猴子实验是心理学依恋理论最为著名的研究（李娟娟 2016：147）。实验中用到了铁丝、厚纸圆筒和绒线布等，哈洛使用这些材料制成了两只"猴子"：一只是用铁丝缠绕而成的模拟躯干，有形似乳房的物体，并配有钢制的乳头，可以让奶水流出；一只是把绒线布套在厚纸圆筒上做成的触感柔软的"猴子"，这只"猴子"身上安装了灯泡，可以提供温暖，却没办法提供奶水。

哈洛把刚出生的幼猴放在装着两只代理母猴的笼子里，发现幼猴很快将对妈妈的爱转移到布制母猴身上：肚子饿的时候会跑到铁质母猴身上吸奶，一旦喝饱就会回到布制母猴温暖的怀抱。

哈洛的实验挑战了斯金纳幼儿行为的强化观点（劳伦·斯莱特 2017：125）。后者认为，如果我们想让孩子不哭，就不应该去抱他们，这样才不会强化哭的行为。这个冷酷无情的心理学主张如今看来纯属荒诞。正如哈洛所验证的，爱源于接触，而非食物。

不过，这并不是故事的全部。哈洛的猴子长大后，在与其他猴子共处时，表现出极度反群体的行为，甚至出现了自闭自残的倾向。哈洛不得不黯然承认自己的错误。

哈洛的学生罗森布拉姆（Rosenblum）改进了哈洛的实验，让幼猴每天与一只真的猴子游戏半小时，这样一来，长大的幼猴就是完全正常的。这表明爱与三个变量有关：接触、动作、游玩（劳伦·斯莱特 2017：131）。没有同伴互动的接触只会造就畸形的个体，个体的成长离不开与同伴在身体上和心灵层面上的互动。

合作原则

《大家的经济学》中有一则寓言：

> 从前，有一个幸运的人被上帝带去参观天堂和地狱。他们首先来到地狱，只见一群人，围着一大锅肉汤，但这些人看来都营养不良，绝望又饥饿。仔细一看，每个人都拿着一只可以够到锅子的汤匙，但汤匙的柄比他们的手臂长，所以没法把东西送进嘴里。他们看来非常悲苦。
>
> 紧接着，上帝带他进入另一个地方，这个地方和先前的地方完全一样：一锅汤、一群人、一样的长柄汤匙。但每个人都很快乐，吃得也很愉快。上帝告诉他，这就是天堂。
>
> 这位参观者很迷惑：为什么情况相同的两个地方，结果却大不相同？最后，经过仔细观察，他终于看到了答案。原来，在地

狱里的每个人都想着自己舀肉汤；而在天堂里的每一个人都在用汤匙喂对面的另一个人。结果，在地狱里的人都挨饿而且可怜，而在天堂的人却吃得很好。

（茅于轼 2005：1）

这个寓言有助于说明语言学的合作原则。在言语交际中，说话人必须考虑听话人，双方需要彼此合作，以达到信息的有效传递。

明星出场的时候，一般都会对观众喊："你们好吗？"这差不多是句必备的台词，而且明星往往会反复地喊上好几遍。没错，类似这样的寒暄式问候，真的有点"废话"的嫌疑，却颇有效果。不然，明星们也不会如此地乐此不疲。

不管观众多么喜欢明星，毕竟明星和观众是有距离感的，通过对"你"的问候，两者的心理距离被拉近。"你们好吗？"以最简单的寒暄方式缔造了合作关系，并不是废话。

人们经常说细节决定成败，请问表示感谢的时候，你习惯说"谢谢"还是"谢谢你"呢？

在"谢谢"后面加上"你"或者对方的名字，会比单说"谢谢"更能让对方感受到你的诚意和友善（朱凌、常青 2016：12）。"谢谢"是泛指，没有明确的指向性，话语开放度更大。而"谢谢你"是特指，更大程度地锁定了"我"与"你"之间的合作关系。

因此有人说：说话不是打高尔夫球，而是打网球。

我

蔡康永曾经说：与人聊天时，每个人都想聊自己。

小孩子表现得尤为明显，常常听到小孩子说："这是我的。""我要去。"之类的话，强烈的自我意识在单纯的儿童世界中还显得有点可爱，然而在复杂敏感的成人世界中似乎就不尽然了。

亨利·福特二世（Henry Ford II）在描述令人厌烦的行为时说：一

个满嘴 "我" 的人，一个独占 "我" 字、随便说 "我" 的人，是一个不受欢迎的人。

在人际交往中，"我" 字用得太多，会给人以突出自我、标榜自我的印象，从而在人际关系中筑起防线，形成障碍，影响别人的认同感。

比如下面这个例子：

> 有个工厂的厂长，在上级领导来工厂检查工作开座谈会的时候，他认认真真地汇报了工厂的宏伟计划和目前存在的困难。他说："我今年的产值一定要超过 x 万元，我的利润一定要达到 x 万元，但是我的困难很多……" 汇报时，他的副手、中层骨干和工人都在场。
>
> 　　　　　　　　　　　　　　　　　　（潘鸿生 2017a：63）

我想，那些副手、中层骨干和工人应该会觉得厂长口中的 "我" 有点刺耳吧。把集体的成就说成 "我的"，只会招来反感。

《福布斯》杂志上一篇名为《良好的人际关系的一剂药方》的文章中，总结出与人交际时最不重要的一个字，就是 "我"。不会聊天的人永远在说 "我"：我觉得、我建议、我做了……而会说话的人，总是会有意识地避开容易让人产生独裁者印象的 "我"，而更多地使用 "我们" 来制造彼此间的共同意识。

我们也经常听到这样的发言：

> 我没有做什么，同事们和我一起奋战在工作岗位的第一线，尤其是领导，经常亲临现场检查工作并提出诸多宝贵的指导意见，为我们做出了榜样。我们每一个人都在努力，功劳是大家的。所以，今天大家给我的荣誉，不能简单地归于某一个人，这是属于我们大家的荣誉。
>
> 　　　　　　　　　　　　　　　　　　（朱凌、常青 2016：11）

其实，这些话多半言不由衷，但是把 "我" 说成 "我们"，既让同事们舒服，又没有抢了领导的风头。

量

量的准则指的是：所说的话应包含交谈目的所需要的信息；所说的话不应包含超出需要的信息。

我们不妨先来看一下话剧《茶馆》的结尾：

小刘麻子：报告处长，老裕泰开了六十多年，九城闻名，地点也好，借着这个老字号，作我们的一个据点，一定成功！我打算照旧卖茶，派（指）小丁宝和小心眼作招待。有我在这儿监视着三教九流，各色人等，一定能够得到大量的情报！

沈处长：好！

（丁宝由宪兵手里接过骆驼牌烟，上前献烟；小心眼接过打火机，点烟。）

小刘麻子：后面原来是仓库，货物已由处长都处理了，现在空着。我打算修理一下，中间作小舞厅，两旁布置几间卧室，都带卫生设备。处长清闲的时候，可以来跳跳舞，玩玩牌，喝喝咖啡。天晚了，高兴住下，您就住下。这就算是处长个人的小俱乐部，由我管理，一定要比公馆里更洒脱一点，方便一点，热闹一点！

沈处长：好！

丁宝：处长，我可以请示一下吗？

沈处长：好！

丁宝：这儿的老掌柜怪可怜的。好不好给他作一身制服，叫他看看门，招呼贵宾们上下汽车？他在这儿几十年了，谁都认识他，简直可以算是老头儿商标！

沈处长：好！传！

小刘麻子：是！（往后跑）王掌柜！王掌柜！我爸爸的老朋友，老大爷！（入。过一会儿又跑回来）报告处长，他也不知怎么上吊了，吊死啦！

沈处长：好！好！

　　沈处长的回答严重违反了量的准则，"好"字过于简短，内容远远不够丰富，没有形成一个正常的对话。

　　当言语表达过于简短以致故意违反量的准则时，其中一定携带着某种语用信息。老舍先生仅用了几个"好"字，就清清楚楚地呈现出沈处长傲慢、贪婪、残忍、冷漠的形象。

说多说少

　　看过一个有关曾国藩的故事：

　　　　有一次，曾国藩去参观一座寺庙，寺里的僧人看他相貌平平，以为他只是一个普通的游客，就淡淡地招呼他："坐""茶"。

　　　　第二次，曾国藩再去参观这座寺庙的时候，他的穿着比较华丽，能看得出比较富有，寺里的僧人才稍稍礼遇他，吩咐小和尚："请坐""泡茶"。

　　　　第三次，曾国藩又去到这座寺庙，这时大家都知道他就是名震一方的两江总督，所以寺里的僧人都毕恭毕敬地迎接他，而且再三热情地招呼："请上座""泡好茶"。

　　　　僧人们还拿出文房四宝，想请曾国藩题字留念。

　　　　曾国藩想了一下，提笔写道：

　　　　"坐，请坐，请上座。"

　　　　"茶，泡茶，泡好茶。"

　　　　看得僧人无地自容。

（宗豪 2013：130）

　　这是一个劝诫人们不可以以貌取人的故事。其实，以貌取人的想法会很自然地反映在语言上。

　　虽然三次都完成了同样的动作，但是言语显然泄露了不同的态度。第一次，僧人说"坐""茶"，说明他不愿为来人多废话，对他而言这两个字已经达到了交际的目的，没必要再附加超出需要的额外信息。

而且，"坐""茶"二字甚至多少有点命令的语气，如果采用简短有力的吐字方式，恐怕完全没有给听者犹豫迟疑或者拒绝的时间，听者似乎别无选择，只能被动接受对方的"好意"了。或者说，说者用"坐、茶"二字为交流定好了速度，不出所料的话，一轮交际的互动估计会草草完成。

故事中僧人碍于职责不得不交际，但不愿为普通人浪费时间的想法在语言中体现得淋漓尽致。

沉默是金

西方有句谚语：雄辩是银，沉默是金。

据说爱迪生发明了发报机之后，因为不熟悉行情，不知道能卖多少钱，就和妻子商量。妻子说："卖两万。""两万？太多了吧？""我看肯定值两万，要不，你卖时先套套口气，让他先说。"在与买家进行关于发报机技术买卖的谈判中，买家问到价位时，爱迪生认为两万太高，不好意思说出口，于是沉默不答。对方终于耐不住说："那我说个价格吧，10万元，怎么样？"这真是太出乎意料了，结果当场成交。

可见，此时无声胜有声，爱迪生竟然不自觉地运用沉默，取得了奇妙的谈判效果。沉默在这里有着扰乱对方心理的作用，因为没有说话，所以对意义的解读就是完全开放的，对方不得不考虑有关沉默的所有理解方式，而额外的信息处理可能会让对方变得急躁，失去耐心。

沉默在谈话中的作用相当于零在数学中的作用，尽管是"零"，却很关键。没有沉默，一切交流都无法进行。说话与沉默具有同样的表现力，就好像音乐中的音符和休止符，二者一样重要，它们的相互作用才会产生更完美、更和谐、更强烈的效果（肖祥银 2013：64）。

可以说，我们了解"要怎么说话"的同时，还要了解"如何不说话"。而且，似乎"不说话"有时会更重要，更有影响力。

学会用心倾听往往是成功交际的秘诀。因为我们可能都有表现自我、显示存在感的强烈欲望。一般来说，如果有人表现出喜欢听你讲话的样子，而不是急着跟你抢话或强迫你听他／她说话，那么你就容易获得表达的满足感，从而对对方产生好感。

不知道这是否能给寻找伴侣的男士们一点启发：倾听女孩子的诉说恐怕比表现男孩子自己的博学更重要。沉默似乎代表着一种不易觉察的奉献精神，即便你并没有真正付出什么。

当然，敷衍的沉默并不会起到预期的效果，在敷衍的沉默中，交际没有真正发生，专注的沉默才是美德。

填充词

在交谈中冷场是件尴尬的事。也许你已经注意到了，在很多聊天的场合，你需要时不时地使用一些"空"的表达，以迅速填补对话的空白。

对话中穿插一些比较独立的短语来保持对话节奏，可以让对方知道你感兴趣、很投入（罗莎莉·马吉欧 2014：42）。比如"当然！""真的？""嗯。""真难以置信。""没错。""那一定很难。""哎呀！""没想过。"等。或是鼓励对方继续说下去，比如"然后呢？""接下来呢？""哦？""你的意思是……""比如说呢？""后来呢？""这很棒，继续说。"等。

单独看有些字眼好像有点虚伪造作，但其实它们就像电影配乐一样，可能成为对方讲话的美妙背景。不过，如果只是机械地每次都使用"真可怕！""哇，太可怕了！""是呀，真可怕！"等千篇一律的反应，很可能会让人厌烦（罗莎莉·马吉欧 2014：43）。而且如果语气过分夸张，也会让人觉得缺乏真诚。

其实，有时对方会特意留出空白时间来听你反应，以确保意思没有落空，听众仍然在线。这种时候，填充词也是必不可少的。比如"说得对。""我同意。""我了解。""哇！""一定是。""对极了！""真有趣。"等。

冷场当然很可怕；但永远进行的对话更可怕。如果想引导对方结束交谈，我们该怎么办呢？

撤销填充词显然是一种有效的策略。作家亨利·哈斯金斯（Henry

Haskins）曾建议：当对方坚定地点着头却什么话也没说时，你就该闭嘴了（罗莎莉·马吉欧 2014：45）。我尝试过这个策略，的确非常有效，一边点点头，一边保持沉默，大多数人都会理解你的暗示，你不妨也试一试吧。

冗余

在日常生活中，我们很多时候说话啰唆是不自知的。比如经常听到"大批莘莘学子"的说法，其实"莘莘"本身就有大批的意思，再加上"大批"岂不成了"大批大批的学子"，这显然是个语言冗余的例子。

文学创作中，有很多化冗余为简洁的故事。周国珍在《忆伍蠡甫先生》中说起他读书时代印象最深的一件事：周国珍翻译高尔基小说，第一句译成"大海正在笑着"，伍先生提笔圈去两字，改成了"海在笑"。这让周国珍惊叹不已，很多年后都不能忘记（常建国 2010：77）。

还有一个故事是有关高尔基和契诃夫的：

> 高尔基曾经把自己的一篇小说寄给契诃夫看，契诃夫看完回信说：你写了一个头发蓬松的、眼圈发红的、身材细长的人，坐在被秋天的霜染红的、被行人的脚踏得倾斜一边的草地上，这样一段长长的话，要是让我来写，我只写一句，就是"一个人坐在草地上"。接着，契诃夫写下一句意味深长的话："因为文学就是要立刻生出形象。"
>
> （冯骥才 2007：92）

作家叶兆言在谈到朱自清先生的散文《背影》时，认为"我与父亲不相见已二年余了，我最不能忘记的是他的背影。"这句话中的"我"略显重复，或许可以写成"我与父亲不相见已二年余了，最不能忘记的是他的背影。"

可见，力求语言的简洁是很多文学家追求的目标，甚至一个字也不愿放过。不过，我们也得意识到，有些时候并不是语言越简单、用字越少越好。

　　周作人先生翻译日本作家江马修的小说，题目初定为《小的一个人》，自觉有些别扭，等拿到《新青年》发表的时候，陶孟和加了一个"小"字，变成了《小小的一个人》，文字似乎立刻珠圆玉润（常建国 2010：78）。

　　这当然与汉语的特点有关。单音节虽然可以成词，但在古汉语中更为常见。而在现代社会，如果你请示领导一件事情，领导回复"可以"很正常，回复"可"就会显得有些奇怪。所以有些外来词不能完全直译，比如 car 如果翻译成"卡"恐怕很难被汉语接受。

性别与冗余

　　地球上的男人和女人谁说话比较啰唆呢？

　　在很多人眼里，如此殊荣恐怕非女人莫属，甚至还有人特意为此编了一则笑话：

　　（女子篇）

　　女子 1：呵，你理发了！真漂亮！

　　女子 2：真的吗？可是我一照镜子就觉得特难看。你觉得这个发型会不会显得有点傻呀？

　　女子 1：哪能呢，不会的！看着挺好的呀！我也想理成你这样的发型，但我的脸太宽了一点。要是真的理成了你这种样式，就真是献丑了。

　　女子 2：言重啦，我觉得你的脸很可爱呀！你现在随便换一个发型，都会很漂亮的！其实我也想理成你这种样式。可我担心这样显得我的脖子太长。

　　女子 1：哪会呢？我就喜欢你这样的脖子！如果我有你这样的脖子，就没人会注意到我两个肩膀不太对称了。

　　女子 2：说什么呢？我知道有个女孩很羡慕你的肩膀。什么披在你肩上都好看！你看我的手臂，看上去多短，要是我有了你那样的肩膀，买到适合我的衣服就容易得多了。

（男子篇）

男子 1：理发了？

男子 2：是。

这个笑话显然有点夸张，不过类似的情形倒是每天都在上演。笑话中的女人们花费大量的唇舌夸赞对方，这或许是女人唠叨的原因之一，或者还有其他原因？我们还是再来看一则笑话吧：

> 山姆正在向他妻子阐明女的比男的唠叨的观点。为了证明他的这一观点，他向她出示了一份学术研究报告。该研究结果显示，平均说来，男人一天对女人说话只用 1500 个单词，而女人对男人至少使用 3000 个单词。他妻子听后沉思了一会儿说："女人用的单词是男人的两倍之多，这是因为她们得重复她们说过的每一件事情。"

文体与冗余

作为一名英语教师，我很清楚自己多少有些啰唆。实际上，语言的学习过程需要反复的刺激反应，从而在学生头脑中形成固化的言语习惯，所以英语老师的啰唆恐怕是必然的。这听起来像是在为自己开脱。不过，啰唆也有啰唆的艺术。记得我上大学的时候，有一位老师让我佩服得五体投地。讲课时每当遇到一个生词，她就会一口气列出一大串儿的同义词，那副信手拈来的自信让那时词汇贫乏的我艳羡不已，至今还惊叹于她的词汇联想能力。

当两个或两个以上的同义词并列出现时，语言学上称之为双项表达式（binomial expression）或二项式（binomials）。语言学家发现法律文体中这样的情况出现频率尤其高，法律英语中二项式的使用比其他叙述性语篇中要高出 4 到 5 倍，可以说它们在法律英语中绝对是一种文体的标志（约翰·吉本斯 2007：51）。以下是一些例子：

> of sound mind（古英语）and memory（拉丁语）精神健全
> give（古英语）devise（法语）and bequeath（古英语）赠与
> will（古英语）and testament（法语 / 拉丁语）遗嘱
> goods（古英语）and chattels（法语）财产
> final（法语）and conclusive（拉丁语）最后的
> fit（古英语）and proper（法语）合适的
> new（古英语）and novel（法语）新的
> save（法语）and except（拉丁语）把……除外
> peace（法语）and quiet（拉丁语）安宁

这些表达式的使用可以追溯到这样一个时代，那个时候最好能使用各种不同来源的词语，或是为了让来自不同语言背景的人们更好地理解词语的含义，或更可能是为了将先前来自于早期英语或诺曼法语的法律用法或法律文献包含在内。这自然不可避免地造成了语言的冗余。可见，语言的冗余并不能完全等同于啰唆，有时它是出于某种文体的需要。

还好我的英文老师没有像律师那样把 and 说成 and additionally，or 说成 or alternatively，for 说成 for the purpose of，by 说成 by virtue of，until 说成 until such time as。这些表达在追求语言精确的同时，实在为法律文体增加了刻板的印象。

啰唆？

要说啰唆，恐怕谁都比不过《大话西游》里的唐僧，电影中唐僧和孙悟空拉扯月光宝盒的时候是这样说的：

> 你想要呀？你想要说清楚就行了嘛，你想要我会给你的，你想要我当然不会不给你啦，不可能你说要我不给你，你说不要我偏给你嘛……

说了一大通，意思一句话就能说明白：想要的话，说了就给你。

唐僧和孙悟空是师徒关系，老师多少都有些唐僧的特点，很多时候为了强调重点，同样的意思说上好几遍，不知道学生们是不是像孙悟空一样，内心是崩溃的。

然而，啰唆真的一无是处吗？

人类学家发现，在只有口语传播的时代，大家都习惯用很多赘词，用一大堆没什么意义的语气词和形容词，这是做什么用的呢？就是有意冲淡信息密度，给听众留下想象的空间和喘口气的时间。现在我们听评书、听相声，如果把人家说的话一句句写下来，就会发现有很多的赘词，可是如果把这些赘词都去掉再念一遍，整个神韵就没有了。为什么呢？就是因为去掉了听众的反应时间（马薇薇等 2017：224）。

看来，适当的啰唆是必要的，但希望不要到唐僧的程度。

另外，啰不啰唆也因人而异。比如对一个女孩子说："你这个包很漂亮，是不是很贵？"也许她会回答"贵"或者"不贵"。可是，如果这个女孩子很喜欢包，也可能说出这样的话来：

> 好看吧？原价买的，明星同款，花了我两个月的工资。我同事前两天还买了一个更贵的呢。你千万别告诉我妈，不然她一定会杀了我。之前她就数落我乱花钱，后来我都不告诉她了，根本不能让她知道其实要花掉两万多啊……
>
> （马薇薇等 2017：229）

那么，你觉得女孩儿的回答很啰唆吗？回答很可能是肯定的。不过，如果你也喜欢包，而且恰恰和女孩儿一样有个因此而批评你的老妈，恐怕你就不会觉得啰唆，可能反倒来了交谈的兴趣。

可见，说话的时候，我们需要根据听众的特点来决定省略什么、保留什么，啰唆是一个相对的概念。

礼貌原则

18—19 世纪之间，我国文学家李汝珍写了一本小说，名叫《镜花缘》。

书中讲述了一个叫唐敖的人，由于求官受挫，就跟他的妻弟林之洋到海外去旅游。他们途中经历了许多国家，见识了很多奇风异俗。

这天，他们来到一个名叫"君子国"的地方。在集市上，他们看到了一次奇怪的买卖。

> 买东西的是一个士兵，只见他拿着要买的东西在跟货主讨论。
>
> "老兄的东西这么好，价钱又这么低，真是价廉物美。"士兵感叹着说，"你一定要把价钱加一倍，我才能买。要不然买了我也不心安。"
>
> 卖主连连摆手："我开的价钱已经太高了，自己都觉得不好意思。想不到老兄还说我价廉物美，实在让人惭愧。你不但客气，还要加倍给钱，我无论如何不能接受。"
>
> "明明是价廉物美，你反而说我客气，这不是颠倒黑白吗？"士兵愤愤不平地说，"凡事都要讲究公平合理，你可别把我当傻瓜。"……

接下来，士兵要加倍给钱，但货主怎么也不答应，两个人争执起来。最后，士兵赌气，照货主的开价给钱，但只拿了一半的东西就要走。货主急了，一边嚷着"给多了，给多了"，一边拦住他不让走。无奈之下，只好请路边的一个老人来评理。好说歹说，最后决定让士兵以八折的价钱把东西拿走，才算平息了纠纷。

这可真是名副其实的"君子国"，因为这里的人个个以自己吃亏、别人得利为乐事。

按照利奇（Leech）的礼貌原则，礼貌的核心就是尽量使他人得益，自己吃亏。听话人得益程度越大或说话人受损程度越大，话语就越有礼貌。比如（Leech 1983：107）：

Hand me the newspaper.

Sit down.

Look at that.

Have another sandwich.

第一个句子听话人受损程度最大，因此礼貌级别最低；第四个句子听话人受益程度最大，因此礼貌程度最高。

礼貌与替死鬼

日常生活中不乏这样的情形：你的一位朋友对你说，那谁说你怎样怎样……

如果没猜错的话，那个怎样怎样后面大概不是什么褒奖的内容。你的那位朋友也许扮演着告密者的角色，真心替你打抱不平，或是表面同情实则幸灾乐祸，或者干脆是在挑事儿，唯恐天下太平。另一种猜测是，根本就是这位朋友想要对你提出批评，又不好意思直接说，所以故意说成是那谁说你如何如何。

这就是所谓拿第三方当"替死鬼"的情形。

以下是《蔡康永的说话之道》中提到的两个例子：

> 比方说，老板做出了很蠢的决定，你想提醒老板这个决定很蠢，你就可以把你要问的问题推给老板"比较没辙"的第三方势力。例如："老板，全省的经销商他们叫我来请问您，如果您海报印这么大，他们要贴在哪里？"

> 我访问过一堆大官，当我要问这些大官某些尖锐的问题，比方说贪污的传闻，性骚扰丑闻，等等，我也会抬出这种第三方势力来提醒受访的大官，例如："您就任即将满三年了，媒体记者们在报道您的政绩时，恐怕也一定会提到，一直都没有得到您亲口澄清的，有关两年前那则受贿事件的传闻……"

（蔡康永 2014：54）

第一则例子中，明明是员工自己的意思，他却故意说成是经销商的反馈。第二则例子中，明明是说话人自己想要提出的问题，却有意说是记者们的想法。这显然是在拿别人当"替死鬼"。这种拿别人当"替死鬼"

的做法对"替死鬼"有失公平，却能够有效地保护说话人，并且能够缓解说话双方的正面冲突。

　　一般来说，表扬来得越直接越好，而批评则来得越间接越好。

　　如果是说话人直接提出尖锐的批评意见，听话人就好像在短距离内正面中枪，杀伤力当然最大。而如果把第三方当成"替死鬼"，让批评意见从相对遥远的第三方，尤其是身份模糊的第三方传来，就可以把批评变得更加间接，加大了听话人与批评话语的心理距离，从而减轻了批评话语对说话人可能造成的伤害，在一定程度上保全了听话人的面子。

批评越间接越好？

I'm sorry but I already have plans for that night.

I wouldn't go out with you if you were the last person on earth.

　　一个女孩子拒绝别人邀请时说的是第一句话，可心里面想的却可能是第二句话。当然，第二句话绝对不能说出口，因为它太直接、太伤人。很多时候，直接的话不管多么真实，最好都只让它在脑海中飘过。同样的信息间接地表达出来，杀伤力就要小很多。

　　传统的礼貌研究在讨论间接性与礼貌性关系的时候，往往会指出：一句话说得越间接，也就越礼貌（Grainger & Mills 2016：149）。可是，这种看法是不够全面的。一个明显的例子就是，如果你跟你最亲近的朋友还动不动"I'm wondering whether it is possible for you to kindly..."，那么可以肯定，这一定不是你最亲近的朋友。

　　可见，间接与礼貌的关系是动态的，它随着话语情境的变化或说话人的变化而变化。

　　研究显示，不同语言的话语方式（speech pattern）间接程度是不一样的。比如冯·戴伊克（van Dijk）认为，日语的话语方式与英语的话语方式相比较，日语更加间接；而英语的话语方式与希伯来语的话语方式相比较，英语则更加间接（1997：235）。不同语言的间接性存在程度上的差别。我们不妨想一想，从间接性的角度看，汉语应该处在一个怎样的位置呢？

不同语言的使用者对间接性和礼貌性关系的看法也是不同的。比如，当 20 世纪以色列人建国的时候，当地人的话语风格偏向直接，人们喜欢自然简单的而不是繁复的、修饰性强的语言风格，反映了当时的人们热衷行动而非言辞的社会现实（Grainger & Mills 2016：149）。

不同文化对间接性的价值判断是不同的。一种文化可能认为直接体现诚实与真诚，而另一种文化可能认为直接表示唐突和粗鲁。我们再来问一个问题，中国文化相较于其他文化对间接性的价值判断又如何呢？

表扬越直接越好？

时下的儿童教育提倡鼓励。鼓励教育认为，经常性得到赞赏的孩子要比那些得不到赞赏，甚至时不时被批评的孩子自我感觉更好，更加乐于与人交流，更勇于接受生活的挑战，拥有更为积极的人生态度。

我想，得到赞赏总归是件令人高兴的事情。不过，当面赞赏本身也隐藏着问题，除了感觉不错以外，可能还会使得到赞赏的人有以下反应：

赞赏可能会让被赞赏的人产生怀疑："他真的觉得我很会做饭？他要么在撒谎，要么就是不懂美食。"

赞赏可能会让我们关注到自己的弱项："才华横溢？开玩笑吧？我连把表上的数字加起来都还不会！"

赞赏还可能会感觉被控制："这个人想从我这儿得到什么好处呢？"

当面赞赏如若不够适度，恐怕会让人感到你别有所图。

（阿黛尔·法伯等 2012：182）

因此，表扬的最高境界似乎不一定是劈头盖脸式的甜言蜜语，直接的表扬如不得当，反而会适得其反。

《99 种最讨人喜欢的说话方式》中讲了一个有趣的故事——"故作不识夸对方"：

　　古时候，有个叫彭玉麟的官员，一次路过一条狭窄的小巷。一个女子正在上面用竹竿晾晒衣服，不小心掉下来正好打在彭的头上。彭大怒，破口大骂起来。

　　那女子认出是当地武将彭玉麟，不禁冷汗直冒，但她急中生智，正色道："你这副腔调，这般蛮横无理，你可知彭宫保就在我们此地！他清廉正直，爱民如子，如果我去告诉他老人家，怕要砍了你的脑袋！"

　　彭玉麟一听，不禁高兴起来，意识到自己的失态，马上心平气和地走了。

（邢群麟 2006：90）

　　这位女子简直是天生的语言大师，语言学家也未必有她的机智。试想一下，如果女子当场表示认识彭玉麟，并当面称赞"你清廉正直，爱民如子"，彭很可能会认为女子是在极力弥补过失，实则虚情假意。女子用"他"而不是"你"，表面上让表扬"绕道而行"，却反倒可以直抵听话人心里，因为听话人此时已经卸下防备，说话人的话语因此变得畅通无阻。

避讳

长恨歌

汉皇重色思倾国，御宇多年求不得。

杨家有女初长成，养在深闺人未识。

······

　　我们知道，《长恨歌》写的是唐玄宗和杨贵妃，可为什么一开头却要说是"汉皇"而不是"唐皇"呢？

　　《春秋公羊传·闵公元年》上说：为尊者讳。这也是孔子编纂删定《春秋》时的原则和态度。"所谓'为尊者讳'，也就是有地位的人做了不光

彩的事，别人应该给予遮掩。"（许嘉璐 2013：108）

子为父讳，臣为君讳。父亲做了不好的事，儿子应该为他遮掩；国君做了不好的事，臣下应该为他遮掩。那些威胁面子的不光彩的事情能不提就不提，如果非要提到的话，那就得变个说法。

杨贵妃本是唐玄宗的儿子寿王李瑁的妃子，唐玄宗把她召到宫里，度为女道士，后来还了俗，被封为贵妃。这并不是一件光彩的事情。用"汉皇"代替"唐皇"，正是为了避免直接威胁尊者的面子。

避讳要求不可直称君主或尊长的名字，凡遇到与君主或尊长名字相同的情况，就需以改字、缺笔等办法回避。比如：

> 汉文帝名恒，"恒"改为"常"，恒山被称为"常山"。
>
> 唐太宗名世民，"世"改为"代"或"系"，"民"改为"人"。"三世"称为"三代"，《世本》改成《系本》，柳宗元《捕蛇者说》把"民风"改为"人风"。
>
> 唐高宗名治，"治"改为"理""持"或"化"。韩愈《宋李愿归盘谷序》把"治乱不知"写成"理乱不知"，李贤把《后汉书·王符传》"治国之日舒以长"改成"化国之日舒以长"。
>
> 清圣祖（康熙）名玄烨，"玄"均改为"元"，如玄鸟、玄武、玄黄都写成了"元"。
>
> 由于避讳，甚至改变别人的名或姓。汉文帝名恒，春秋时的田恒被改成田常；汉景帝名启，微子启被称微子开；汉武帝名彻，蒯彻被改为蒯通；汉明帝名庄，庄助被改成严助。

（王力 2012：73-74）

隐晦

原本可以说清楚的话却故意表达得隐晦不清，这种做法在日常对话中是很常见的。

日本作家宫部美雪的推理小说《理由》中有这样一段：

康隆斜眼看着父亲，不知该说什么。他很清楚此刻父亲想到的是谁。

"绫子还和那家伙纠缠不清吗？"

对！"那家伙"，就是"那家伙"。

"不知道，好像是吧。"

"那家伙"没有明确的前指词。很明显，康隆的父亲通过"那家伙"释放出一种愤怒的情绪。可见，隐晦可以标示出说话人与指称对象的人物关系，他们也许因为敬畏、不满、不屑，或是特别亲近等原因，而宁愿冒着令人费解的风险都不愿直接提及所指的对象。

恐怕对康隆一家来说，"那家伙"是个禁忌的话题，是他们无法面对的心理障碍。所以在小说中：

> "那家伙"是宝井家除了绫子外其他三人嘴里的代名词。他其实有名有姓，叫八代佑司，比绫子大三岁，今年二十一岁，或许在这样的年龄做父亲确实年轻了些。

不过，有趣的是，他们一方面恨不得"那家伙"根本不存在，而另一方面，"那家伙"却时常纠结在他们心头，否则康隆也不会立刻理解他父亲嘴里的"那家伙"。绫子是这一家中唯一不会使用"那家伙"指代八代佑司的人，我们来看小说中的两句：

> "我说了，他讨厌回家嘛。"
> 从刚才到现在，绫子一直叫八代佑司为"他"。

显然，绫子与八代佑司的关系和绫子家人与八代佑司的关系是不一样的，后者完全是恨，前者可能有恨，但或许有无奈、遗憾甚至是爱。所以，尽管两方面都避免直接提及八代佑司，都运用了隐晦的方式，但绫子使用的是语义色彩趋于中性的"他"，而绫子家人则采用了直接宣泄情绪的"那家伙"。

推己及人

曾经看过一个故事：

有一个盗窃团伙在山里聚餐。不用说，席间所有的东西都是他们偷来的，其中最引人注目的是一个闪闪发光的金杯。大家轮流着拿着这个漂亮的金杯喝酒，可是一转眼的功夫，这只金杯竟然不见了。只见团伙头目怒气冲冲地站起来，大声吼道："这里有小偷！"如果他没有忘记自己本身就是盗窃团伙的头目的话，肯定说不出这样的话来，因为当时在座的每一位其实都是小偷。

（高森显彻等 2011：133）

忘记自己其实并不容易，因为其实我们差不多时时刻刻都是把自己摆在第一位的。如果你真的能偶尔地放弃自己，从自己的立场跳出来，站到别人的立场上去，那么在大家眼中你一定是一位非常有礼貌的人。

比如说，求职的时候，如果面试官把面试的时间定在早上八点，这多少是一件让人不爽的事情。面试者不仅要早起，还要在高峰期的人流中奔赴面试的战场，这也许不是一件可以从容应对的事情。

我们设想一下你走进面试房间的场景：一般的情况下，面试官都会例行公事地礼貌性地问一声："早。"你该如何回答呢？

选择一：你也回一句："早。"

选择二：你还多加上一句："您这么早到公司来面试我，真是麻烦您了。"

第一个选择基本上是有礼貌的，我们似乎也不应该苛求太多了。不过第二个选择无疑是更好的，你说出这句话，说明你没有站在自己的角度，而是完全从对方的角度考虑问题，这会让人感觉你非常有礼貌。我相信面试官在接下来的面试过程中，都会对你十分亲切。（蔡康永 2014：92）

日常生活中，我们都太容易从自己的角度考虑问题，太容易抱着"你活该"的心情，连偶尔说上一句贴心的问候，都那么吝啬。

当然，推己及人做过了头似乎也不大好。比如，不必自作多情地凌晨三点发信息给老板：睡觉时把被子盖好，小心着凉……（蔡康永 2014：93）

言外之意

林语堂先生的《幽默人生》中有一段关于罗斯福总统的故事：

> 罗斯福总统是大政治家，也是大政客。某个星期一，有客去见他，赞成某项处置办法。罗斯福说："You are right（你说的不错）。"星期二，又有客人去见他，所说的话，意见完全相反，罗斯福也说："你说的不错。"星期三晚上，他的太太 Eleanor 跟他谈起来时说："第一位客人赞成，你说'说的不错'。第二位客人完全相反，你也说'说的不错'。"罗斯福说："太太，你说的不错。"

看了这个故事，我们大概和罗斯福太太的疑问是一致的：罗斯福总统到底是什么意思呢？

在日常对话中，我们时不时就需要想一想对方到底是什么意思，这就是我们常说的"弦外之音"。

同事看似在鼓励你，其实却否定了你的行为；朋友答应马上帮你做事，其实却是在推辞……为弄清对方的真正意图，我们需要学会听出弦外之音。有这样一句话：如果你想了解一个人，不要去听他说了什么，而要去听他没说什么（潘鸿生 2017b：64）。很多时候，一个人不会轻易把自己真实的意见和想法直接地表达出来，但他的主张总会在语言表达中体现得清清楚楚。

有这样一个例子。小杨大学毕业进入广告公司后，参与了一个设计项目，创意总监要求小组的每个成员提交一份设计方案。看过小杨的方案后，总监评价说："这个嘛，还挺有意思的。"这句话给了小杨很大信心，以为总监很看好他的方案，于是加班加点地予以完善，还不时地找总监讨论。可没想到，一周后的会议上，采纳的并不是小杨的方案，而且此后似乎还有些冷落他。困惑不已的小杨在同事的点拨下才意识到，原来总监并不看好小杨的方案，之所以用"还挺有意思的"打发过去，只是顺便给小杨一个鼓励而已。

只单纯地理解字面意思，不体察言外之意，就无法保证有效沟通。创意总监口中的"挺有意思的"大概跟英语中的 interesting 有点相似吧，英国人说 interesting 的时候也许是觉得一点都不 interesting。

言辞达意

外出旅游，有时得坐很久的巴士，导游可能会事先跟旅客说：中途如果有人内急，必须要方便一下的话，大家就告诉我要去唱歌吧。

不知从什么时候起，"唱歌"似乎成为国内旅游的行业术语，虽然其字面意义同实际意图相去甚远，但是因为有了谈话双方的规约，在特定的语境下，听话人总能够第一时间理解说话人的意向。

试想，在同样的语境下，说话人如果一时忘记双方所约定的"唱歌"一词，糊里糊涂地说出"跳舞"二字，即便意向保持不变，听话人肯定仅仅把它理解成字面意思，因而一头雾水。由此可见，当一个人使用语言传达某种意义时，他不仅要有达到某种目的的意图，而且他选择的语言表达式应该和他的意向一致，这就需要他遵守规则和习俗（徐友渔等1996：87）。

哲学家约翰·塞尔举过一个很有趣的例子：

> 设想在第二次世界大战期间，意大利部队俘获了一名美国军官，他想装成德国人以便脱身，他的办法是讲德语，并把希望寄托在意大利士兵不懂德语上。可是这位美国军官把自己曾学过的德语基本上忘光了，只记得中学时曾学过的一句德文诗，于是就把这句诗念了出来：
>
> Kennst du das Land,
> Wo die Zitronen blühen?

显然，美国军官意图制造意大利人以为他在讲德语从而认定他是德国人的效果。但问题在于，美国人口中诗句的意思是：你可知道那一片国土，在那里柠檬树花茂果盛？

意大利人会把它理解成"我是一名德国军官"吗？根据以往看战争片的经验，如果导演旨在刻画敌人的愚蠢，那么美国军官的想法，即"我是德国人"的意向，多半可以顺利传达。相反，如果导演意欲表现敌人的狡猾，这种意图就必然遭遇失败。

总之，尽管说话人的意图是实现其话语含义的重要因素，但若不结合语言规范及约定习俗，将很有可能造成说话人意图跟语言表达脱节的情况。

意义的拢集

　　魔幻小说《哈利·波特》中有一个叫作"速速前"的咒语 Accio，又名召唤咒，可以把任何东西从任何地方召唤而至，小到太妃糖，大到火闪电。我有时傻想，不知道这个咒语能不能召唤得来语言的意义呢？哈利·波特会不会觉得这是个挑战呢？

　　在哲学家海德格尔眼中，这似乎并不是什么难事儿，语言有着不可思议的魔力，可以召唤外物，将存在拢集。

　　言语的意义何以拢集呢？海德格尔曾经引用《冬夜》一诗的首句来阐明他的观点：

> 当雪絮拂窗飘落，
> 晚祷的钟声悠悠鸣响。

　　海德格尔认为，雪絮飘落与晚钟鸣响此时此地在诗中向我们说话，它们在召唤中到场。

　　诗人笔下的"雪絮"不只是为了指称雪絮，"晚钟"也不只是为了指称晚钟。落雪把我们带到暮色苍茫的天空之下，晚钟将凡夫俗子带到神圣面前。落雪和晚钟构成一幅画面，被指称的事物在画面之中，没有被指称的事物也来到画面之中，所有关联事物都纷纷然应召临场。

　　"雪絮钟声"向我们述说着冬夜，述说着温暖的家宅，述说着尚在雪中行路的浪游人。在言语的召唤中，各种关联的意义得以拢集（徐友渔等 1996：153）。

　　海德格尔认为，言语是一种邀请：它邀请诸物，使物之为物与人相涉。当所邀之物飘然而至便构成了一种存在，我们因语言与这个存在发生关联，这个存在也完全因我们而获得意义。这样，也许就不难理解海德格尔那番富含哲理的名言了：

> 存在在思中形成语言。
> 语言是存在的家。
> 人栖居在语言所筑之家中。
> 思者与诗人是这一家宅的看家人。

第四部分

意义在身、心

"

人类作为地球上的高等生物，独特的身体结构和思维方式都会对语言的表达和意义产生影响。假如我们生活在没有重力的星球，不必直立行走，或者假如我们的身体是飞鸟一样的存在，我们的认知模式是否会发生改变？我们的语言又是否还会是现在的模样？

"

身体的哲学

认知语言学家乔治·莱考夫（George Lakoff）和马克·约翰逊（Mark Johnson）出版了一本著名的哲学读本：*Philosophy in the Flesh—The Embodied Mind and its Challenge to Western Thought*。其中的 Flesh 指的是人的身体，强调以身体经验为基础探究人类的认知，认为概念是通过身体对世界的体验和互动而形成的。

早在古希腊时期，哲学家普罗塔戈拉就说过：人是万物的尺度。人类往往从自身出发，通过认识自己而认识世界，或者说，人类以自身为依据去给周遭的世界赋予意义。例如，古代印度人第一圣典《梨俱吠陀》里有首诗叫作《原人歌》，下面是其中两段：

> 把原人分割开来，
>
> 有几种变现呢？
>
> 他的嘴是什么？
>
> 他的胳膊怎样？
>
> 他的腿怎样？
>
> 他的两足叫什么名字？
>
> 他的嘴是婆罗门，
>
> 他的胳膊是王族，
>
> 他的腿是吠舍（平民），
>
> 从他的双足里生出首陀罗（最低阶级）。
>
> （季羡林 2008：96）

整个《原人歌》把宇宙幻想成一个巨人：太阳是他的眼睛，风是他的呼吸，空界从肚脐里长出，天界由他的头化成，而地界就是他的足。婆罗门利用这个原始神话，把当时社会上存在的四个阶级的来源也神化了，说自己是从原人嘴里生出的；阶级愈低，生出的地位也就愈低，到了首陀罗，就只好从原人的脚下面产生了。

印度教经文《奥义书》有云：只有变成它，才能理解它。在众多古老的创世神话中，世界各处的人们无不以生命机体去认同世间万物，用自己的肉体去认领宇宙。亚洲、美洲、非洲、欧洲、大洋洲都流传着身化万物的创世神话（耿占春 2007：54-58）。比如在中国，盘古的肉身化作万物的传说就是生命和宇宙融合的颂歌。

身体与体验

动物拥有与人类不同的身体，也拥有与人类不同的感官。

鸟几乎没有嗅觉，但它们可以看到人类无法看到的紫外光。事实上，许多鸟都拥有四色视觉系统，这使它们能够比拥有三色系统的人类看到更为丰富的颜色。看到人类看不到的颜色会有怎样的体验？我们甚至难以想象这种情形，因为我们得利用大脑的视觉系统来进行想象，但这个系统缺乏对紫外光的表征（苏珊·布莱克莫尔 2013：255）。

与鸟类相同，昆虫也能看到紫外光。不过，与鸟类和哺乳动物只有单一的眼球不同，昆虫的复眼包含了成千上万独立的镜片。我想，人类大概也很难想象昆虫的复眼所能感知的世界吧。

许多昆虫都有敏锐的嗅觉，它们用带有气味的臭迹将同伴引到有食物的地方，或用信息素进行交流，并通过触角探测这些化学物质。用敏感的触角嗅到腐烂的老鼠尸体会是怎样的一种体验呢？对那些将卵产在动物尸体上的苍蝇来说，这种臭味大概极具吸引力。

在对其他动物感觉器官的了解过程中，我们一定会做出这样的论断：在那遥远的森林里，每一种造物都会有完全不同的体验，它们各自都栖息在一个完全不同的环境或客观世界中（苏珊·布莱克莫尔 2013：256）。毫无疑问，动物的世界人类根本不懂，我们确实无法体会一只苍蝇的快乐。

人类与动物虽然共同生活在地球上，却生活在不同的世界中，似乎并不存在一个绝对客观的世界。因为世界是我们体验的对象，而我们的体验很大程度上取决于我们的感官和身体，身体结构的不同造就了纷繁多样的世界。不同的世界有其自身的逻辑，我们似乎无法也不必了解一个动物的世界。

此时的你也许和我一样坐在窗前凝视窗外，窗外高大的槐树正随风摇曳，枝叶伸展投射在蔚蓝的天空，空气中弥漫着春天的气息，鸟儿在树枝间跳跃飞舞，耳边传来啾啾的啼鸣。多么美好的一天！这就是窗外的景色对于你我的意义，它来自我们的体验，窗外高大的槐树仿佛为我们而存在。

然而，同一棵槐树对于飞翔其间的鸟儿来说一定有着截然不同的意义，那是鸟儿的世界，基于鸟儿的体验。除非我们像庄子那样化身于自然，否则无法体会鸟儿的快乐。

身体的偏见

我们在用英语列出两种不同想法的时候，经常会说：on the one hand …on the other hand … 很显然，这种用法有着更深层的身体原因，它恰好代表了人体构造中左手跟右手的差别。

美国内战期间，罗伯特·李（Robert Lee）的爱将托马斯·杰克逊（Thomas Jackson）严重受伤，李将军说：He has lost his left arm. I have lost my right arm. 为什么李将军没有说 I have lost my left arm, too 呢？

显然，这是因为对大多数人来说，右手更加重要（贝蒂·艾德华2006：25）。左手和右手不仅在身体功能上不相对称，在语言使用上也是如此。例如，英语中的 left-handed 表示"笨拙的""难以使用的""虚假的""恶毒的"，如 a left-handed compliment；而 right-handed 则表示"正确的""不可缺少的""可靠的"，如 a right-handed fellow。甚至当下，这些针对左手的古老偏见还在促使着家长和老师不断强制孩子使用右手写字、吃饭。

全世界很多语言中都有各种词汇暗示"右"代表好的事物，而"左"代表坏的。

在拉丁语中，"左"的单词是 sinister，这个词还有"坏的""不吉利的""背信弃义的"等意思；而"右"的单词是 dexter，英文中的dexterity 就是从这个词来的，它还有"巧妙""熟练"等意思。

在法语里，"左"的单词是 gauche，意思是"笨拙的"，英语中的gawky 就出自这里，表示"迟钝的"意思；法语里"右"的单词是 droit，意思是"好的""正确的""公正的""适当的"。

在英语中，"左"来自盎格鲁－撒克逊人的单词 lyft，意思是"软弱的""无益的""道德薄弱的"；而盎格鲁－撒克逊人"右"的单词 reht 或 riht，意思是"正直的""公正的"，英语单词 correct 和 rectitude 就来自 reht 和它的拉丁词源 rectus。

有趣的是，右手受到左脑的控制，而左脑正是人类语言功能的主要控制区域。这样说来，右手得到语言的青睐似乎是天经地义的。

左脑和右脑

卡尔·萨根（Carl Sagan）说：人类的文明就是胼胝体的功能（1982：153）。

大脑左右半球的统一是大脑正常运行的保障，表现为两个半球的相互联系、相互协同和相互制约。胼胝体是连接左右半球的横行神经纤维，起连接左右半球全部皮质的作用，负责传递两侧的信息。大脑通过胼胝体的连接沟通，构成一个完整的统一体。解决复杂的问题时需要两半球共同活动，通过胼胝体沟通大脑两半球。因此，胼胝体是人类精神完整性的重要和唯一媒介（罗建平 2008：221）。

研究表明，人脑两半球表现出高度的差异性：左半球是处理言语信息，进行抽象逻辑思维、复合思维、分析思维的中枢。它主管人们的说话、阅读、书写、计算、排列、分类、言语回忆和时间感觉，具有连续性、有序性、分析性等功能。右半球是处理表象信息，进行具体形象思维、发散思维、直觉思维的中枢。它主管人们的视知觉、复杂知觉、模型再认、形象记忆、认识空间关系、识别几何图形、想象做梦、发现隐蔽关系、模仿、音乐、节奏、舞蹈及态度、情感等，具有不连续性、弥散性、整体性等机能（俞国良 1996：93）。

美国心理生物学家斯佩里（Sperry）博士通过著名的割裂脑实验，证实了大脑不对称性的"左右脑分工理论"，因此荣获 1981 年诺贝尔生理学或医学奖。在正常的情况下，大脑是作为一个整体来工作的，来自外界的信息经胼胝体传递，左、右两个半球的信息可在瞬间进行交流（每秒 10 亿位元）。人的每种活动都是两半球信息交换和综合的结果，大脑两半球在机能上有所分工：左半球感受并控制右边的身体，右半球感受并控制左边的身体。

有趣的是，一个割裂脑的患者手术后表现出一种惊人的行为，她的左手扇右脸的耳光，右手扇左脸的耳光。在手术后的录像中，我们清晰地看到这种现象持续了相当长的时间，而这当然不是出于患者的个人意志。奇怪的是，她完全没有办法控制自己的行为。虽然大脑的左右半球是相对独立的，但这并不代表它们是平等的。正所谓"不是东风压倒西风，便是西风压倒东风"，两个大脑半球只能有一个具有压倒性的优势。而那位患者行为奇怪的原因在于，在脑部手术之后，两个大脑半球都试图获得这种优势。

手指与进位制

小孩子初学算数总离不开手指，那样子真是又呆萌又可爱。一边厢小孩子奋力地跟有限的手指头较劲，一边厢大人们还可能揶揄：看看手指头够不够用啊，实在不行就把鞋子袜子脱掉，加上脚趾头吧。

中国人有一个说法叫"屈指可数"，实际上这个成语从侧面表现出，人类计数最原始、最方便的工具是手指。

数的进位制的产生便与人们的手指有关。

五进位制逢五进一。五进制以罗马数字为代表，用大写字母 V 表示五，实际上是一个手掌的形象（四指合并，大拇指分开）。十的符号是 X，表示两只手，起初写作 V V，后来又改为一上一下，合并成 X，这就是五进制数码的雏形。一直到 1800 年，德国的农民日历还在使用五进制；至今部分法属玻利维亚群岛的居民也仍在使用五进制（徐品方 2013：32）。

十进位制逢十进一。关于十进制的产生，大家公认是因为每个人有十个指头。虽然数的进位制有多种，但世界大多数地区还是采用十进位制的。"科学家易勒斯曾做过调查，美国原始亚美利加各族的 307 种计数

系统中，有 146 种是十进制，有 106 种是五进制或二进制，其余则采用其他进位制。"（徐品方 2013：34）

二十进位制逢二十进一。二十进制以玛雅人的计数法为代表。"玛雅地处热带，人们喜欢赤脚，计数时手指不够就用脚趾，于是产生了二十进制。"（徐品方 2013：32）

十二进制逢十二进一。关于十二进位制的起源有多种说法。其中的一种说法是："这可能与人的一只手的关节有关。除大拇指外，其余四个手指有 12 个关节，十二进制可能由此而来。"（徐品方 2013：32）

身体与汉字

古希腊德尔菲神庙的入口处刻着：认识你自己。

作为万物之灵，人类的自我意识是其认识世界的基础，这在中国人的造字方式上也有所体现。许慎在《说文解字》中指出了汉文字"远取诸物，近取诸身"的构字特点。所谓"近取诸身"，就是画出最熟悉的身体构件，创设出人人见而可识的文字，并以此作为其他汉字的零部件。

我们来举几个明显的例子。首先看"大"字，它源自正面站立之人，以线条勾勒上古男子健壮的身姿，因此有些方言至今仍将父亲、叔父、伯父称为"大"。

您能猜出下面的象形文字吗？ 这些都表示我们身体的零部件。

第一个当然非常明显，"目"完全按照眼睛的轮廓造字；第二个是"爪"的金文，表示从上往下的抓拿之手，手指和手臂清晰可见；第三个是"止"的甲骨文，来自行走留下的足迹，有脚板和脚趾两个部分，后

来"止"字写作"趾"。

与身体有关的汉字字根占到汉字常用基本字根总数的百分之二十左右（唐汉 2007：1），这些字根又和其他字根进一步组合，形成很多具有新意义的汉字。比如：

这个字表示坐在地上留下的屁股印迹，或可视作屁股的象形描摹。后来在下面增加"十"字，转注为"阜"，还进一步衍化出"追""官"等汉字。"追"表示瞄准前面一人的屁股紧紧追赶之义，而"官"表示出征打猎途中为临时休息而建的棚屋，引申为政府在管辖区建造的官府。

汉字与身体息息相关，难怪我们与汉字如此亲近。

居井之眉

妈妈单位的一位阿姨提起自己儿子的时候，总会饱含深情地用"我的心肝大宝贝儿"来代替。配上阿姨的天津方言腔调，自带一种特殊的喜感。

盲人歌手萧煌奇有一首歌叫《你是我的眼》。眼睛是我们认识世界的基本途径，是人体的重要组成部分。因此，"你是我的眼"说明了你对我无与伦比的重要性。

2011 年默多克媒体集团涉嫌非法窃听，执行官欣顿（Hinton）和布鲁克斯（Brooks）数小时内相继辞职，当时搜狐新闻网上给出的标题是"默多克一天之内痛失'左膀右臂'"。

一个人如果失去心或肝，是无法继续生命的，"心肝大宝贝儿"足见妈妈单位的阿姨对儿子的爱之深切，就算生命也无法比拟；一个人失去眼睛，虽然也是非常可怕的事情，但仍然可以持续生命。"你是我的眼"代表，"我"虽然非常依赖"你"，但"我"在"你"的爱面前仍然保持一定的独立性；一个人失去臂膀，一定会感到特别痛苦，会遭遇各种不便，但臂膀与眼睛相比，对人的重要性似乎又稍逊一筹了。

从"心肝"到"眼睛"再到"臂膀"，我们用身体衡量着爱的分量，衡量着我们对别人的依赖，衡量着别人对我们的重要性。无论如何，"心肝""眼睛"和"臂膀"都是相当重要的身体部件，没人会把爱人形容成自己的头发或者眉毛什么的，因为就算我们完全剃掉头发和眉毛，也不会对我们产生本质上的影响。

鉴于"眉毛"在身体部件中的地位，它常常用来表示边缘的意思（许嘉璐 2013：28）。

比如：

> 观瓶之居，居井之眉。（《汉书·陈遵传》）

这里"眉"的意思是住在井边。

再比如：

> 所谓伊人，在水之湄。（《诗经·蒹葭》）

这里的"湄"通"眉"，是水和草相交的地方，也就是岸边。

语言与思维

总有刨根问底的人执着于这样一个问题：究竟是语言决定思维，还是思维决定语言？这可是个复杂得不得了的问题，就好像有人问你：究竟是先有鸡，还是先有鸡蛋？

明代书画家赵孟𫖯的夫人管道升，自小受文学熏陶，是一个富于独创性的女诗人。她与丈夫志同道合，婚姻原本美满，但丈夫曾一度要纳妾，夫妻争吵时她作过一首《我侬词》：

> 你侬我侬，忒煞情多，情多处，热如火。
> 把一块泥，捻一个你，塑一个我。
> 将咱两个，一齐打破，用水调和。

> 再捏一个你，再塑一个我。
> 我泥中有你，你泥中有我。
> 与你生同一个衾，死同一个椁。

　　语言与思维之间正是这种你中有我，我中有你，互为因果，不可分割的密切关系。一方面，思维需要语言作为表达工具；另一方面，语言在表述思想的过程中塑造着我们的思维方式。而且，二者在相互作用中已经成为对方的一部分，很难再把它们看成完全独立的存在。

　　一味追究先有鸡还是先有蛋大概会害人抓狂的，倒是唐代诗人张若虚的长诗《春江花月夜》很有些味道，以下是其中的几句：

> 江畔何人初见月，
> 江月何年初照人。
> 人生代代无穷已，
> 江月年年只相似。

　　世界上哪个人先看到月亮？天上的月亮是几时开始照人的？这可不是简单的文学意境，它蕴藏着深奥的哲学问题。

欲辨已忘言

　　语言与思维相互影响，但也常常不相匹配。陶渊明有诗曰：

> 结庐在人境，而无车马喧。
> 问君何能尔？心远地自偏。
> 采菊东篱下，悠然见南山。
> 山气日夕佳，飞鸟相与还。
> 此中有真意，欲辨已忘言。

　　我们在生活中会时常遭遇"得意忘言"的情形，就像村上春树在《挪威的森林》中写到的：

　　"表达不好。"直子说，"这些日子总是这样。一想表达什么，想出的只是对不上号的字眼。有时对不上号，有时还完全相反。可要改口的时候，头脑又混乱得找不出词来，甚至自己最初想说什么都糊涂了。好像身体被分成两个，相互作追逐游戏似的。而且中间有根很粗很粗的大柱子，围着它左一圈右一圈追个没完。而恰如其分的字眼总是由另一个我所拥有，这个我绝对追赶不上。"

　　有了思想，未必能找到匹配的语言；同样，有了语言，也未必能传递想表达的思想。例如裴山山在《绝境突围》中的一段话：

　　　　周洪许给我讲述这段经历时，感觉语言已无法表达，就拿起桌子上的录音笔和本子当模型，摆来摆去，告诉我他们当时处在一个什么样的境地：前面是堰塞湖，左边是悬崖，后退又是堰塞湖。而我，无论他怎么比划怎么讲述，也无法身临其境。我知道灾难是无法靠想象抵达的。

　　这不禁令我想起老子的话：知者不言，言者不知。可见，"知"和"言"之间并不总是对应的关系。以下鲁迅在《论"他妈的！"》中的一段话更是生动地表现出这一点：

　　　　我曾在家乡看见乡农父子一同午饭，儿子指着一碗菜向他父亲说："这不坏，妈的你尝尝看！"父亲回答道："我不要吃。妈的你吃去罢！"则简直已经醇化为现在时行的"我的亲爱的"的意思了。

　　语言和思维有时竟是相反的。柏杨先生有言：外国夫妻昵称"蜜糖""打铃"，中国人却冒出"杀千刀的"。若整日和真正的"杀千刀的"住在同一个屋檐下，必是十分恐怖的一件事情。

文化相对论

语言相对论是在文化相对论的基础上提出的。

文化相对论是 20 世纪上半叶人类学家及语言学家博厄斯（Boas）提倡的一种人类学观点，也称文化决定论。他认为任何文化都有自己的特征和个性，在过去、现在和将来，任何文化在价值上都是平等的，不能用普遍、绝对的标准去衡量一种文化的价值他还强调，每种文化都有独特的价值标准，一个社会的文化是该社会与其特定环境相调适的产物，只有理解了这一特定的环境，才能理解文化的结构和内容（卢克·拉斯特 2008：37）。

文化相对论与当时盛行的社会达尔文主义相对立。后者的盛行是由于达尔文进化论的兴起，我们从法国象征主义画家奥迪隆·雷东（Odilon Redon）的作品中可窥见一斑。雷东曾经画过两幅画，看上去并没有美感，甚至有些惊悚，这两幅作品的标题是《微笑的蜘蛛》和《蝌蚪》。

《微笑的蜘蛛》里让人吃惊的地方在于，蜘蛛的背部呈现出人脸的样子，隐约可见它的毒牙和狰狞的笑意。画家为什么要描绘这样一个让人生厌的怪物呢？有人认为，画家的灵感来自 19 世纪后期的科学和社会思潮，当时达尔文的进化论已经普及，人们认为高等生物是由低等生物进化而来的，这样才有了画家笔下蜘蛛和人脸的结合。同样道理，《蝌蚪》中那个古怪的生物体只是在尾巴的构造上与蝌蚪相似，而从整体上看，它更像个胚胎，这幅画也反映出当时人们对生命起源的兴趣（胡建斌 2002：14）。

达尔文的进化论应用于社会研究，便形成了社会达尔文主义，它的主要观点是：人类的生活方式经历着进化过程，处于不同的发展阶段；或者说，不同的文化有着优劣之分。当时的美国人甚至普遍相信，祖先来自北欧与西欧的白人美国人，具有更好的智力因子，天生就是有教养的文明人；相反，非洲人和印第安人则天生低等。

然而，博厄斯发现，被认为"野蛮和简单"的因纽特人在处理地形方面，有着让人难以置信的复杂方式，与同时代的欧洲人相比，他们所做的北极地区的地图要复杂很多。实际上，复杂的地形知识与因纽特人的种族并没有什么必然联系，而更多地与北极恶劣的生存环境相关。

总之，若不能相对地看待他人的文化，就很难真正理解那个文化。

萨丕尔-沃尔夫假说

萨丕尔-沃尔夫假说（Sapir-Whorf hypothesis）比较强硬的支持者认为，语言决定思维。

《左传·齐国佐不辱命》中有这样的记载：宾媚人致赂，晋人不可，曰："必以萧同叔子为质，而使齐之封地内尽东其亩。"

意思是：（齐晋之战后，齐国大败。）派宾媚人送上礼物。晋人不答应讲和，提出了新的附加条件："一定要拿萧同叔的女儿作为人质，而且要让齐国境内的田垄全部改成东西向。"

为什么要让田垄全部改成东西向呢？原来，中国早期战车速度快，机动性强，冲击力大。但也有弱点，就是极易翻车，对地形适应性差。齐国的亩向是南北向，道路和沟渠也是南北向；晋国的亩向是东西向，道路和沟渠也是东西向。前者叫"南亩"，后者叫"东亩"。兵车开进，是顺着亩向走。晋国打败齐国后，要求齐国把南亩改成东亩，就是为了便于兵车的开进（李零 2006：78）。

可见，道路决定了车辆的走向。有趣的是，萨丕尔曾经指出：语言像一条现成的路或车辙（1921：10）。言外之意就是语言好比一条现成的道路，决定着思维的走向，而我们只能沿着语言所设定的方式思考。这一结论似乎过于极端，但语言的确有着影响我们思维的非凡力量。

我们来看一个例子：

实验对象先看一段撞车录像，再回答：

How fast were the cars when they hit into each other?

How fast were the cars when they smashed into each other?

实验对象的回答从每小时 25 英里到每小时 55 英里以上不等，取决于问题中用哪个动词来描述这一动作。不出所料，用"撞毁"（smashed）一词问及的实验对象所回答的速率要比用"碰撞"（hit）一词问及的实验对象高得多。

在一周后的一次跟踪调查中，同一批人被问及"你们看到任何碎玻璃了吗？"其实在拍摄的事故录像中根本就没有什么玻璃。然而，那些在一周前曾经被用"撞毁"和"碰撞"询问过的实验对象报告的说法截然不同，前者说他们看到过碎玻璃的频率是后者的三倍。

（约翰·康利、威廉·奥巴尔 2007：167）

镜像论

《红楼梦》中的贾宝玉出过一个谜语：

> 南面而坐，北面而朝。
> 像忧亦忧，像喜亦喜。

这个谜语的谜底是镜子。

镜子是哲学家和美学家喜欢的一个意象（孔新苗、张萍 2002：117）。柏拉图在《理想国》中谈到艺术家创造形象的方法时曾反复提及镜子或水中影像；达·芬奇也曾说过：我们首先应当将镜子拜为老师。人们之所以如此喜欢谈论镜子，是因为镜子同现实的特殊关系：镜子原本地反映现实，镜像地映照现实，机械地摹仿现实。

那么，语言是否也是对世界的直接摹仿呢？语言与世界之间是否也存在着镜像关系呢？早在两千多年前，亚里士多德曾经说过：文本与世界的关系是摹仿的关系。其背后的逻辑在于，人的内在思维是对外部世界的镜像反应，而语言是对思维的直接表现，因此，语言是对世界的摹仿。

然而，思维是对外部世界的镜像摹仿吗？答案当然是否定的，否则我们的思维岂不都是千篇一律的了？

雷尼·马格利特有一幅著名的画，叫作《错误的镜子》：

　　画面描绘了一只巨大的人眼以及投射到视网膜上的蓝天白云。之所以命名为《错误的镜子》，是因为视觉并不是思维对外部对象的被动摹写，而需要经过大脑的抽象、概括、选择和加工。我们眼睛所看到的"真实"，是自然投射到视网膜上的幻影经过认知的处理所得到的结果。因此，人们的视觉感受不单是感官的刺激，还要有认知方式的参与。

　　镜像论强调语言跟世界的直接联系，否定人类的认知能力，太过片面。

镜与灯

　　西方文学理论大师艾布拉姆斯（Abrams）1953 年出版了一本经典著作——《镜与灯》。书名将两个形容心灵的隐喻放到了一起："镜"把主体比作外界事物的反映者；而"灯"把主体比作发光体，认为心灵也是它所感知到的事物的一部分（梅尔·艾布拉姆斯 2004：2）。

　　英国诗人华兹华斯（Wordsworth）在《序曲》中写下这样的诗句：

> 另有一种光，
> 从我心中发出，它把异样的光辉
> 披洒在落日身上。

　　"另一种光辉"不是自然之光，而是人的光芒，这种光芒甚至可以为太阳增添光彩。另一位英国诗人柯尔律治（Coleridge）第一次听别人朗诵《序曲》之后，立刻写出以下诗句：

一会儿在你心中，一会儿又出来，

当你的身上渗透出力量，你的灵魂

得到了折射出的光，也发出了自己的光。

"灯"是光之源泉，也是智慧的象征，它为外在事物赋予特色，同时也与外在事物相融合。当光透射于客观实在时，已经给予了外物其本不具备的某种色彩，或者说在创造性地改变外部世界，所以主体感知的世界是经历过主体自身洗礼的存在，已非事物的本来面目。我们的理智不是镜子，不会照搬自然，也不会忠实地反射一切。正如小说家奥斯卡·王尔德所说：艺术真正反映的是旁观者，而非生活本身。

柯尔律治在《文学生涯》中有这样一段话：形象无论多么美，总不能代表诗人，尽管它们是自然的真实写照，尽管它们被诉诸同样精确的语言。独创性天才所创造的形象，已经受到一种支配一切的激情或由这种激情所生发出的有关思想和意象的修改，注入了一个人的智慧的生命，这生命来自诗人自己的精神，其形体透过大地、海洋和空气而出现。

认知主体

毕加索在《法兰西文学报》上发表的一篇文章里有这样一段话：你以为艺术家是什么？一个低能儿？如果他是一个画家，那就只有一双眼睛？如果他是音乐家，那就只有一双耳朵？如果他是一个诗人，那就只有一具心琴？如果他是一个拳击家，就只有一身肌肉吗？

离开艺术家丰富的内心，再真实的作品也没法引发人们的共鸣。而作为独立的认知主体，人们的内心世界将不可避免地为客观世界附加额外的意义。

《罗丹艺术论》中有一段罗丹（Rodin）和葛塞尔（Gsell）的对话：

罗丹：总之，我服从自然，从来不想命令自然。我唯一的欲求，就是像仆人似的忠实于自然。

葛塞尔：可是，你在作品中所表现的绝不是原来的自然。

罗丹：是原来的，是原来的自然。

葛塞尔：你不可能不改变自然。

罗丹：绝对不会！如果我这样做，我要咒骂自己的！

葛塞尔：但是机械翻制的像和你的雕塑给人的印象迥然不同。这就证明你改变了自然。

罗丹：这是对的。可是机械翻制的像不如我的雕塑真实。我强调最能传达我要体现的那种心理状态的线条。你看，我使肌肉的起伏更加突出，用以表现哀痛。这儿，那儿，我夸张了肌肉的收缩伸张，来表示祈祷的热诚。

葛塞尔：这下子可给我抓住了。什么突出、强调、夸张，这都是你自己说的，可见你改变了自然。

可见，我们无法抛开人去谈论意义，认知主体不是一台纯粹客观观察和记录的机器，必然参与意义的构建。正如泰戈尔所说：客观的东西由于人心的接触，就成为人心的东西。

苏轼的哲理诗《听琴》说的正是认知主体和客观世界的互动关系：

> 若言琴上有琴声，
> 放在匣中何不鸣？
> 若言声在指头上，
> 何不于君指上听？

错觉

女孩子们往往对服装的款式格外在意，似乎过分执着于细节。但你可能未曾想过，也许这种在意其实是有心理学原因的。

比如，以下两款裙子你会选择哪一款呢？

心理学上有个著名的缪勒-莱尔错觉。下图中两条等长的线段，仅仅因为线段两头画有不同方向的箭头，就使得右边的线段看起来比左边的线段长。

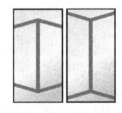

或者说，正 V 的衣领和倒 V 的衣领对身高所造成的视觉效果是不一样的。

在哲学家眼中，"这或许是人的认识的悲剧，人不能不通过他自己的感官，他的身体，通过他对于时空的特定感觉，通过他的思维方式去认识世界，因而他所认识的世界总是一个打上人的印记的世界，一个人所看到的世界，人的世界；当然，这一悲剧也可以说是一个喜剧，全凭你怎么看，因为我们所获得的知识对于我们功能性的日常实践已经足够；或者，这就是一个正剧：人类就是如此"（周国平 2005：33）。

的确，人类就是如此，当我们面对这一现实，就会变得坦然。我们也必须接受这样的现实，那就是我们常常被自己的感觉欺骗，出现完全不符合客观事物本身特征的失真或扭曲的知觉反应，产生错觉。

哲学家布雷克曾经说："当知觉之门一尘无染时，人们才能毫不受限地洞察事物的真面目。"可是，知觉之门不可能一尘不染，错觉不能归咎于个体观察的疏忽，因为它是社会中每一个体都可能发生的正常反应。错觉现象表明，人的知觉中主观与客观之间存在不可救药的不一致。

知觉

看着窗外的白玉兰，我能感知它的花是白色的；如果窗是开的，我能感知它淡淡的花香；如果花朵已然打开，我能感知它花瓣的形状；这就是"感觉"。当感觉得到的信息组合起来，唤起过去的经验，我可以得出结论——"白玉兰开花了"，这个判断的过程在心理学上叫作"知觉"。或者说，依靠感觉器官得到的信息被传达至中枢神经系统，这个过程所获得的就是"感觉"；而依靠传达进来的信息对事物进行认识就是"知觉"（深掘元文 2007：40）。

人们可以通过感官获得外部信息，但这些信息都是零散的，必须经过大脑的加工，才能形成对事物整体的认识，产生知觉。知觉是对感觉获得的信息进行综合判断的过程。

由于知觉离不开个体的综合判断，这就决定了知觉并不是纯粹客观的过程，而可能受到众多主观因素的影响，包括个人的需求、动机、偏好等。

美国心理学家杰罗姆·布鲁纳（Jerome Bruner）和莱利尔·古德曼（Lelile Goodman）为了证明知觉过程中主体因素的存在，进行了如下实验：

> 他们召集了 10 名智力水平相当的孩子，孩子们有的在富裕的家庭中长大，有的在贫困的家庭中长大。他们先让孩子们看 1 美分、5 美分、10 美分、25 美分、50 美分这 5 种硬币，然后让他们画出和这五种硬币同样大小的圆。结果贫困家庭的孩子画的所有硬币都比实际的硬币要大，而富裕家庭的孩子所画的硬币比贫困家庭的孩子画的要小一些。
>
> 实验者认为，贫困家庭的孩子之所以把硬币画得比实际尺寸大，是因为他们对于金钱的需要更加迫切。
>
> （深掘元文 2007：41）

由此可见，感觉与客观的外部信息相关，而知觉被主观需要所左右，这也是造成客观世界与主观世界存在差异的原因之一。

比较

人类有几种基本的认知能力，比较就是其中重要的一种。

有这样一则幽默小故事：

> 一天，一个富裕家庭的男主人带着他的儿子去乡下旅游，目的很明确，就是让他的儿子看看穷人是怎样生活的。
>
> 他们在一个穷人家的农场花了一整天时间。旅游回来后，父亲问儿子："你对这次旅游的感受怎样？"
>
> "非常好，爸爸。"
>
> "你看到了什么是穷人吗？"
>
> "是的。"儿子回答，"我看到我们家只有一条狗，他们家却有四条；我们有一个半个园子大小的游泳池，他们家旁边却有一条看不到头的小河；我们在园子门口有一盏灯，而他们的园子却有无数的星星照耀；我们园子前面有一块空地，而他们家前面却能看到地平线，一望无边。"

我们总是在不停地比较，不管是有意识还是无意识的。虽然父亲和儿子比较的结果有所不同，但显然两个人都在比较。

在比较的时候，人们往往以熟悉的事物为参照，以方便认识陌生的东西。泰戈尔《新月集》中有这样一段对话：

> 我不过说："当傍晚圆圆的满月挂在迦昙波的枝头时，有人能去捉住它么？"
>
> 哥哥却对我笑道："孩子呀，你真是我所见到的顶顶傻的孩子。月亮离我们这么远，谁能去捉住它呢？"
>
> 我说："哥哥，你真傻！当妈妈向窗外探望，微笑着往下看我们游戏时，你也能说她远么？"
>
> ……　……
>
> 但哥哥还是笑着说："你真是我所见到的顶顶傻的孩子！如果月亮走近了，你便知道它是多么大了。"
>
> 我说："哥哥，你们学校里所教的，真是没有用呀！当妈妈低下脸儿跟我们亲嘴时，她的脸看来也是很大的么？"

对于小孩子来说，妈妈是再熟悉不过的了，因此"我"会拿妈妈跟其他事物包括月亮两相比较。泰戈尔准确捕捉到小孩子的这一认知特点，令整篇文字童趣盎然。

选择

帕斯卡在《思想录》中写道：

> 我们在各方面都是有限的。……我们的感官不能察觉任何极端：声音过响令人耳聋，光亮过强令人目眩，距离过远或过近有碍视线。

德国哲学家叔本华（Schopenhauer）也曾经说过：每个人都因为他自己视野的局限而仅能看到有限的世界。

我们的感官不可能全面把握这个无限丰富的世界，因此只能有选择地感受世界。选择性是人类重要的认知能力之一。

比如加拿大的国旗，在枫叶的左右上方好像有两个长鼻子的人在吵架，在加拿大他们被叫作 Jack 和 Jacques。当关注人脸时，枫叶就消失了；当关注枫叶时，人脸也就不见了。

心理学家将此类图形称为可逆图形。另一张著名的可逆图形是英国漫画家希尔（W. E. Hill）于 1915 年创作的《妻子与她的母亲》：

　　你看到的是一位老妇人还是一位年轻的少妇？实际上，她们都存在于图中，但你不可能同时看到老妇人和少妇。当图中少妇的脸部轮廓变成了妇人鼻梁的轮廓时，脸部的其他部分也就随之发生相应的改变。造成这类可逆图形的原因是大脑为同一静止图像赋予了不同意义的解释，注意力在两种不同的形象之间来回转移（杨锐 2007：IV）；或者说，老妇人和少妇的形象是两种可能的选择，我们的视觉选择一方的同时也就忽略了另外一方。

完形

　　心理学界有一个格式塔心理学派，格式塔系德文 Gestalt 的音译，即"完形"。格式塔心理学 20 世纪初兴起于德国，主要创始人有韦特海默（Wertheimer）、考夫卡（Koffka）和库勒（Kühler）。

　　格式塔心理学派的著名论点是：整体大于部分之和。他们认为思维是整体的，人对事物的看法具有整体性，认识绝非感觉的简单集合；整体不是各个部分的机械相加，而是经过主体知觉活动重新建构、使之完形的结果。

　　格式塔心理学家米勒（Miller）曾拟想过一个对话：

　　　"你在桌子上看见了什么？"
　　　"一本书。"

"不错，当然是一本书。可是，你'真正'看见了什么？"

"你说的是什么意思？我'真正'看见什么？我不是已经告诉你了，我看见一本书，一本包着红色封套的书。"

"对了，你要对我尽可能明确地描述它。"

"按你的意思，它不是一本书？那是什么？"

"是的，它是一本书，我只要你把能看到的东西严格地向我描述出来。"

"这本书的封面看来好像是一个暗红色的平行四边形。"

"对了，对了，你在平行四边形上看到了暗红色，还有别的吗？"

"在它的下面有一条灰白色的边，再下面是一条暗红色的细线，细线下面是桌子，周围是一些闪烁着淡褐色的杂色条纹。"

这个对话在格式塔心理学家眼中无疑是荒谬的，因为"书"是直接得到的不容置疑的知觉事实，人们不会把知觉还原为零散的元素。每个人都看得出是一本书，而不是一些暗红色的斑点。

在格式塔心理学家看来，经过知觉处理的东西要大于眼睛真真切切见到的东西。任何一种经验的现象都不是感觉元素的简单复合，因为每个成分都牵连到其他成分；各个成分之所以有其特性，是因为与其他部分之间存在关联。也就是说，整体并不决定于其中的个别元素，而局部却取决于整体的内在特性。

完形趋向律

格式塔心理学家认为，面对一个不完整的"形"，大脑会自动产生把它恢复完整的冲动，力求将其还原得和谐对称，这就是"完形趋向律"。比如，尽管下面的图片中只是些散落的圆圈和线段，但我们仍看得出一个白色边框的正方体。

语言也是如此，读者总是通过零散的语言表达构建出宏观的语义图景。女诗人吕约写过一首有趣的诗歌《助手》：

在黑洞洞的走廊上　助手们跑来跑去
带着他们摇晃不定的光亮
他们敲开　趋近　递上　等候　送呈　转报
退出　带上　小跑　解释　安慰　送走
他们的手传递着　报告　申请　诉状　证词　材料
手术刀　文件　合同　聘书　图章
这些不知疲倦的信使　活动在
塔底塔尖　上下级　不同部门　甲方乙方
甚至完全是两个世界之间

无法喊住他们　谁也无法
让他们停下来　与他们片刻谈　尽管他们
那么年轻　温和　活泼　乐于助人
几乎是邻居家的儿子　但当他们
匆匆忙忙　互相叫喊　用别人听不懂的术语　暗话
简短对答　一种陌生的气息
在弥漫　摇荡　游移　扩散
一道朦胧的光柱　将我们和
他们之间的唯一联系　投向虚无
……

　　诗人的目的并不在于描述助手的行为，而在为官僚主义者的集体画像。诗人的语言繁复不堪，可表达的总体意思却十分简单明了。一般来说，描述越复杂，概念越复杂，理解也就越困难。但在完形模型中刚好相反，组成部分在认知上可能会更加复杂，而整个完形的理解与其组成部分相比，往往更为简单（王寅 2007：207）。

完形与曲线

　　说到美女你会想到什么呢？凹凸有致的身材曲线是美女的重要指标，一个拥有迷人曲线的女子无疑是一道美丽的风景。

　　心理学实验发现，人们更喜欢那些呈现曲线轮廓的物体而不是锋利有棱角的物体（查尔斯·布鲁克斯、迈克尔·丘奇 2011：3-4）。哈佛医学院的 Moshe Bar 和 Naital Neta 让 14 名实验者观察了 280 对物体，其中半数为真实物体，半数为毫无意义的图形。无论是否为真实物体，每一对中的两个物体各种视觉特征表现均一致，仅有曲率不同；配对中的一方具有尖锐的棱角，另一方则具有曲线轮廓。结果显示，无论对象是真实物体还是毫无意义的图形，实验者均对具有曲线的对象表示出了偏好。如今的汽车设计中增加了柔和的曲线，想必也是考虑到了顾客的偏好。

　　格式塔心理学家提出了许多关于知觉的组织原则，其中一条为连续性原则，即如果一个图形的某些部分可以被看作是连接在一起的，那么这些部分就更容易被我们的知觉作为整体处理。

　　例如，看到下面这个图形的时候，我们更倾向于将它看作 ab 和 cd 两个线条的交叉，而不是 ac 和 bd 的组合，或者 ad 和 cb 的组合，虽然在逻辑上完全可以是后两者，也确实存在那样的可能性。但由于 ab 和 cd 是平滑的曲线，而其他的两种组合都会出现分明的棱角，因此不太容易被看成整体。

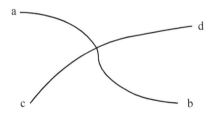

　　当然，对于整体性的认识是需要发展的，并不是与生俱来的。对一些年龄很小的孩子来说，从 a 到 b 不像我们想象中那样简单，他们可能在由 a 到 b 的路线上突然转弯，画到 c 点或者 d 点。这在儿童迷宫游戏中体现得比较明显，他们时常在识别大人设计的迷宫路线上表现出困难。小孩子对世界的认识没有建立起所谓的原则，因而世界对小孩子来说充满了更多的可能性。

抽象

2008 年 1 月 26 日《新京报》A22 版上有一条很有趣的新闻：

据报道，由日本京都大学灵长类研究协会宋则者郎教授带领科研小组日前做了一项有趣实验，让被测试者按照从小到大的顺序触摸屏幕上闪现的阿拉伯数字 1 至 5。每个数字只在屏幕上闪现 1/5 秒，然后被白色正方形方块覆盖。对阵双方是一只名叫"阿育姆"的 7 岁雄性黑猩猩和英国"记忆大王"普利德莫尔。结果"阿育姆"以高达 99% 的准确率力挫它的人类对手，后者的准确率仅为 33%。

大比分落后的普利德莫尔沮丧地告诉记者："在记忆测试中输给一头黑猩猩，还有什么比这更跌份的。如此奇耻大辱我将没齿难忘。"

专家认为，幼年黑猩猩能够在记忆力测试中战胜人类的秘诀可能与"遗觉象"现象或"相片式记忆"有关。这种记忆能力是在刺激停止作用后，脑中仍继续保持异常清晰、鲜明的表象。"相片式记忆"对于黑猩猩在野生环境中生存非常重要。我们可以猜测一下，当几只雄性黑猩猩接近附近的黑猩猩群落时，他们如果匆匆扫视一下就能了解到附近有多少只充满敌意的黑猩猩，这将是很重要的。还有这样的情况，当黑猩猩在一棵无花果树下，只瞟一眼就能分辨出哪些果实可以食用，哪些不能食用。

在人类中，这种现象多见于儿童，随着年龄的增大，这种能力逐渐减弱。

的确，儿童的"相片式记忆"优于成人，以往的研究也验证了这一点。BBC 纪录片 *The Human Mind* 里介绍了一项心理学实验，证明不到一岁的小孩可以识别不同的狒狒图像，对电视屏幕上走过的不同狒狒作出相应的反应，而这对成人来讲是非常困难的。

我有一个同事的儿子也表现出类似的能力，他居然能够飞快地辨识出不同地区的麻雀。对于成年人来说，这真是一种不可思议的本事。显然，儿童拥有的这种能力已经在我们的成长过程中消失殆尽，这确实让人倍感沮丧。

不过，在每个人的成长过程中，虽然具体的辨识能力会有所下降，但抽象思维能力逐渐增长。我们能够轻而易举地把握狒狒的抽象形象，自然不必费力地去认识每一只狒狒；而黑猩猩永远得依赖它的具象观察，没办法培养出抽象的能力。这样看来，我们还是会获得些许安慰吧，"记忆大王"普利德莫尔也没必要因败给黑猩猩而耿耿于怀了。

抽象概括

诗人顾城有一首诗《弧线》：

> 鸟儿在疾风中
> 迅速转向
> 少年去捡拾
> 一枚分币
> 葡萄藤因幻想
> 而延伸的触丝
> 海浪因退缩
> 而耸起的脊背

这首诗构建了四个场景。表面上看，它们毫不相干，之所以可以并列铺陈，是因为它们都构成弧线，因而具有相似性。弧线是对四类不同事物存在轨迹的抽象概括，由此，"鸟儿""少年""葡萄藤"和"海浪"才得以在诗歌中共处一堂。

我们的语言为世界营造秩序，常常需要舍弃许许多多个别事物具体的、细节的、差异性的东西，而去把握不同事物间的共性。假使给不同大小、不同形状、不同颜色的事物都各取一个单独的名称，那么语言的负荷将大得难以想象。因此，抽象的认知能力也是人类语言系统的客观需要。

对事物共性的概括能力是人类思维发展的产物（董为光 2004：6），我们的语言或多或少表现出概括程度的不同。比如，有的语言几乎没有一般概念的属名，缺乏抽象表达，非常形象具体。拿已消亡的澳大利亚原住民塔斯马尼亚人来说，虽然他们对每种灌木、橡胶树都有专门的称呼，但他们没有"树"这个词。他们也不能抽象表现硬的、软的、热的、冷的、圆的、长的、短的等性质。他们把"硬的"说成"像石头"，"长的"说成"像大腿"，"圆的"说成"像月亮"（列维·布留尔 1981：163-164）。当然，这种原始部落的"简单语言"并不能真正说明使用者的思维能力。套用孟子的话，"是不为也，非不能也"。然而，这种所谓"原始"的语言似乎跟人类儿童时代的思维特点有着某种共通之处。

拒绝细节

在《像艺术家一样思考》一书中，贝蒂·艾德华（Betty Edwards）采取了一种教授绘画的特别方法：将未知的绘画对象颠倒过来，在不知所画为何的情况下画出看到的图像。我本人亲身体验了这种绘画任务，它让我完全理解了"绘画是视觉的艺术"这句话。

贝蒂·艾德华说：我们会自动为感知到的事物指定顶部、底部和边线，并且期望看到事物像平常那样朝正确的方向放置，因为朝正确的方向放置时我们能够认出熟悉的事物，说出它们的名字，或者说，把它们归到与我们存储的记忆和概念相符合的类别中去（贝蒂·艾德华 2006：40）。当一个图像被颠倒放置时，所有的视觉线索与已有的不符。由于得到的信号比较陌生，大脑就会被难住，我们无法为视觉信息命名，无法利用我们以往已经形成的抽象概念。

有趣的是，对于像我这样一个绘画的门外汉，倒着画的作品竟然会比正着画的作品好得多。这似乎是一件有悖常识的事情，连我自己都大吃一惊。下面的两幅图你大概猜得出哪张是正着画出来的吧。

当词汇系统拒绝"阅读"那些颠倒着的图像时，这意味着大脑无法像平常那样完成抽象。不过，视觉系统对此并不在意，反倒因为抽象的概念过程的缺失，给了视觉系统专注于细节的机会。

想象

作家王安忆听她的母亲讲过这样一个故事：

> 说一个女孩子，患深度近视，因家中十分贫穷，无法为她配一副眼镜，所以她便生活在迷蒙中。后来她的姑母应允她，给她配一副眼镜，她对姑母生出了极其感激的心情，有几次姑母为什么事责打她，她也不生怨。盼了多年的眼镜终于到手了，可是她戴上眼镜，却惊怵地看见千疮百孔的贫民窟景象。这真是可怕的一幕，世界突然在清晰中破裂开来。

（2007：10）

可见，在女孩的世界中，想象和现实存在巨大差异。在现实模糊缺失的情况下，女孩可以凭借自己的想象力描绘出一个理想化的美好世界，现实的丑陋和残酷也变得可以忍耐。从另一个角度看，这个故事说明了想象是人类必不可少的认知能力，小女孩正是依靠想象支撑着生命。

想象是自由的，是不受限制的，人们运用想象创造了与现实的距离，其中有些想象沉淀成为人类的经典。比如，卡夫卡的《变形记》是这样开头的：

一天清晨，格雷戈尔·萨姆沙从一串不安的梦中醒来，发现自己在床上变成一只硕大的虫子。他朝天仰卧，背如坚甲，稍一抬头就见到自己隆起的褐色腹部分成一块块弧形硬片，被子快要盖不住肚子的顶部，眼看就要整个滑下来了。他那许多与身躯比起来细弱得可怜的腿正在他眼前无助地颤动着。

作家蒙田（Montaigne）说：如果我请人做向导，我的脚步也许跟不上他。这便是我阅读这一段的最初印象，我深深为作者超凡的想象力所折服。卡夫卡的想象力显然远远超乎普通人的想象范围。

然而，很快作者"强劲的想象力"开始冲击读者的想象（余华 2004：117），甲虫这个意象进一步激发出读者的想象力。试想，如果格雷戈尔那天早晨醒来，发现自己变成了一朵鲜花，并且花瓣上布满露珠，还折射着太阳的光芒，那么读者的心情就会变得完全不同。可是，对于格雷戈尔来说，甲虫和鲜花没什么两样，他都失去了身体，失去了双手，失去了双腿，失去了原来的一切。变成甲虫的悲惨境遇和变成鲜花的美好际遇实际上均来自读者的想象。我们因为自己的想象而心情沉重，因为我们预感到自己正在了解一个悲剧的命运。作者和读者的想象相互纠缠，彼此叠加，而语言成为了不同个体的想象的接口。

figure（人物）成为 figure（图形）

单身的年轻人常常感到困惑，不知如何在茫茫人海中找到自己的另一半。当那个人在茫茫人海中时，他 / 她只是背景的一部分，让人有种寻寻觅觅不得所踪的感觉；而当他 / 她成为你的另一半后，就会成为你的"图形"，茫茫人海不过是你们的背景而已。

我有一位亲戚，虽然上了年纪，仍然保持着对老婆的甜蜜。比如，他把手机里老婆的名字写作"阿美"。甜腻的程度几乎让人不敢直视。

手机电话簿里几十个上百个名字里，你的爱人在什么位置呢？或许那只是众多姓名中普通的一个。可是"阿美"却成功地占据了电话簿的首位，当仁不让地从背景中脱颖而出，成为图形。

现在，让我们设想，如果你是作家，你会怎样让你的人物成为图形，甚至在整个文学的星空上熠熠发光？比如，狄更斯宏大的小说中常常会有几十甚至上百个有名有姓的人物。"一个次要人物从这次到下次出现，往往会间隔好几个月，如何保证人物不被忘记的确是个关键。"（托马斯·福斯特 2015：14）

那么，如果你是狄更斯，你会怎么做？

《远大前程》中的文米克先生总是在担忧他的老父亲，称他的父亲为"老爸爸"。

而《远大前程》中的另一位人物郝薇香小姐一直穿着她五十年前的婚纱，坐在从未开场的婚宴废墟里。

《大卫·科波菲尔》中的米考伯太太几乎每次出场时都要说："我永远不会离开米考伯先生。"

"从来没有人真的要求他们这么做，那么他们为什么要如此？答案是为了我们。"（同上：15）

作家赋予人物奇怪的名字、异常的癖好、怪诞的相貌以及滑稽的口头禅，这些都是为了让人物从背景中凸显出来，给读者记住他们的理由，也就是将他们塑造成为图形。

侧写−基底

"All right," said the Cat; and this time it vanished quite slowly, beginning with the end of the tail, and ending with the grin, which remained some time after the rest of it had gone.

"Well! I've often seen a cat without a grin," thought Alice; "but a grin without a cat! It's the most curious thing I ever saw in my life!"

这段话里描写的猫是《爱丽丝梦游仙境》里有名的柴郡猫，它动不动就一下子出现，又一下子不见，让人感觉神秘莫测，难以捉摸。令人惊讶的是，它竟然会"先从尾巴尖消失，最后只剩下笑嘻嘻的嘴巴，空荡荡地在空中停了好一会儿才不见"。

为什么我们会产生惊讶的感觉呢？

认知语言学中有一对概念——侧写-基底（profile-base）。比如，下图中直角三角形的"斜边"是侧写，"三角形"是基底。"斜边"这一概念基于"三角形"，如果没有了三角形，斜边将不能够再称为斜边，而只是一条从 A 到 B 的线段。或者说，侧写本身不能决定自身的意义，侧写必须在与基底的关系中体现自身的意义。

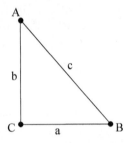

爱丽丝心想："真奇怪！有猫没有笑看多了，有笑没有猫却是头一回看到！"的确，"笑容"是侧写，"脸庞"是基底，如果"脸庞"消失掉而只剩下"笑容"，的确会让人匪夷所思，因为"笑容"必须基于"脸庞"。

在我们说"笑容"这个词的时候，尽管根本没有提到"脸庞"，但它已经隐含在"笑容"的背后了。没有了"脸庞"，"笑容"也就无法成为"笑容"。

框架

有这样一则小故事：

　　一个出租车司机正驾车行驶在一条繁华的商业大街上。坐车的乘客从背后轻轻地拍了一下司机的肩膀，想要问他一个问题。

　　司机忽然地尖叫起来，汽车随即失去了控制，差一点撞上一辆公交车。最后，出租车冲上了人行道，在一家商店橱窗旁大概只有几厘米的地方才停下来。霎时车内一片寂静。几秒钟后司机说："你看，哥们！今后千万别再这样做了。你把我吓了一跳！"

乘客道歉说，他没有想到一次轻拍竟让司机吓得如此厉害。

司机回答："对不起，这并不是你的过失。今天是我第一次开出租车，过去25年里我一直在开殡仪车。"

读到"殡仪车"三个字时，我们一下子就理解了司机的过度反应。可见，一个词语并不局限于它本身的词义，它可能会激活其所涉及的一整套背景经验。而被唤起的知识体系，语言学家称之为框架。

哲学家伽达默尔（Gadamer）说：语言是对话双方产生理解和在谈话对象上取得一致看法的中间地带。如若不了解词语承载的背景信息，将很难跨越语言的中间地带。

美国马萨诸塞州曾经发生过一次著名的法律事件：一名医生因为做过堕胎手术而被控谋杀。当时原告和被告律师使用了不同的词语来指称剥离母体的夭折物，原告方称其为 baby，而被告方称之为 fetus。baby 和 fetus 建立的框架不同，baby 调出的概念体系是"人类""生命的延续"等；而 fetus 突出的语境知识则与"哺乳动物""未成熟生殖物"等相关。双方各执一词显然是为了确立不同的框架——Human 框架和 Mammal 框架，从而在审判中取得有利于自己的结果。

一方面，词语激活框架；另一方面，词语以框架为依托。如果框架所代表的知识体系消失，词语可能也会跟着消失。语言学家查尔斯·菲尔默（Charles Fillmore）举过一个例子：17 世纪，化学家史塔尔（Stahl）认为，在一切可燃物体中都含有一种特殊的物质，叫作燃素（phlogiston）。燃素在燃烧过程中散发出去，等到燃素完全跑掉后，燃烧也就停止了。事实证明，那时对燃烧的理解是错误的。随着人们认识的进步，"燃烧"的整个框架发生了变化，依附于原有框架的 phlogiston 一词也很少在语言中出现了。

框架转移

　　语言首先激活的是最典型的背景知识。下面这段泰戈尔的文字之所以有趣，是因为小孩子头脑中的框架全然不同于典型的经验认识。

　　　　早晨，钟敲十下的时候，我沿着我们的小巷到学校去。
　　　　每天我都遇见那个小贩。他叫道："镯子呀，亮晶晶的镯子！"
　　　　他没有什么事情急着要做，他没有哪条街道一定要走，他没有什么地方一定要去，他没有什么规定的时间一定要回家。
　　　　我愿意我是一个小贩，在街上过日子，叫着："镯子呀，亮晶晶的镯子！"

　　　　下午四点钟，我从学校里回家。从一家门口，我看见一个园丁在那里掘地。
　　　　他用他的锄子，要怎么掘，便怎么掘，他被尘土污了衣裳。如果他被太阳晒黑了或是身上被打湿了，都没有人骂他。
　　　　我愿意我是一个园丁，在花园里掘地，谁也不来阻止我。

　　　　天色刚黑，妈妈就送我上床。从开着的窗口，我看见更夫走来走去。
　　　　小巷又黑又冷清，路灯立在那里，像一个头上生着一只红眼睛的巨人。
　　　　更夫摇着他的提灯，跟他身边的影子一起走着，他一生一次都没有上床去过。
　　　　我愿意我是一个更夫，整夜在街上走，提了灯去追逐影子。

　　"小贩""园丁"和"更夫"是很辛苦的职业，这几乎是人们的共识。由于小孩子的框架异于成人的典型认识，因而突显出儿童的天真和单纯。
　　有时在语言理解过程中，我们可能不得不放弃最先激活的框架知识，重新分析语言表达，建立另一个非典型的框架。比如下例中"你要跳舞吗？"激起的典型框架是发出邀请，而当男孩对女孩的椅子表示出兴趣时，我们不得不放弃原有的框架，进行第二轮考虑，这种现象语言学家称之为框架转移（frame-shifting）。

> "你要跳舞吗？"一个帅气的小伙儿愉快地问道。
> "是的。"玛丽讷讷而语。
> "好极了，"他说，"我能坐你的椅子吗？"

框架转移常常出乎读者的意料，由此可以产生幽默的"笑"果。比如：

> 一位女士告诉她的女友："正是我把我的丈夫变成了一位百万富翁。"
> "那么，在你和他结婚以前他是什么样的人？"女友问她。
> 女士回答："他是个千万富翁。"

认知模型

> As she said these words her foot slipped, and in another moment, splash! She was up to her chin in salt-water. Her first idea was that she had somehow fallen into the sea, "and in that case I can go back by railway," she said to herself. (Alice had been to the seaside once in her life, and had come to the general conclusion, that wherever you go to on the English coast you find a number of bathing-machines in the sea, some children digging in the sand with wooden spades, then a row of lodging-houses, and behind them a railway station.) However, she soon made out that she was in the pool of tears which she had wept when she was nine feet high.

这是《爱丽丝梦游仙境》中一段有趣的话。里面的 the pool of tears 是爱丽丝身高长到三米时哭出来的眼泪池，爱丽丝变小后不小心淹在了自己的泪水里。因为眼泪也是咸的，所以爱丽丝觉得自己掉进了海里。

让人费解的是，爱丽丝居然说，"这样就可以搭火车回家了。"原来，爱丽丝曾经去过一次海边，根据这次经验，她形成了有关沙滩的某些认识，并且以为所有的沙滩都一样。

在爱丽丝的眼里，海滩一定有 bathing-machines、children digging in the sand、wooden spades、lodging-houses 以及 railway station。以上这些事物构成了爱丽丝有关海滩的认知模型（cognitive model）。

认知语言学家认为，认知模型有以下几个特点（Lakoff 1987：126）：

一、它是一种对经验的简单化的理解方式。爱丽丝所看到的海滩应该不只有游泳车、出租房等，一定还有其他的东西，可爱丽丝只把海滩理解为一部分事物的总和。

二、它是对个体经验的总结概括。尽管爱丽丝只去过一次海滩，但这一次经验已经帮助她形成了对于海滩的概括性认识。

三、它在不同个体之间存在某种共性。我们知道，不同年代不同地方的海滩都会有孩子拿沙铲玩沙子；但恐怕爱丽丝那个年代的人们才能理解游泳车（bathing-machine）为何物，知道那是一种马拉到海滩浅水处给游泳者换衣服直接下水的小车；至于火车更让人感到十分费解，因为并不是所有沙滩旁边都有火车站。

理想化认知模型

有一部电影叫《谎言的诞生》，讲的是这样一个故事：

有这么一个小镇，没有任何人说谎。有趣的是，大家直来直去，没有任何人有一丝不悦，因为这个世界上的人不知道谎言是什么。

有一天，男主角去银行取钱，但银行电脑坏了，银行职员就直接问他要取多少钱。本来他户头里只有三百元，但他脱口而出要取八百元，银行职员完全不检查资料，就给了他八百元。这下男主角大吃一惊，他竟然意外发明了说谎！

接下来，男主角的妈妈在病床上快死了。妈妈很绝望，因为医院的人都只会说实话，告诉她死了就什么都没了。男主角看妈妈这么绝望，又脱口而出，安慰妈妈："死后天上有美好的住所，不必悲伤。"

男主角这么一说，轰动了整个医院，所有人都来问他天上的居所是怎么分配的，大小如何，建材如何。第二天新闻也报道了天上有美好居所的事，全镇沸腾，大家都来请教男主角这件事。男主角只好想象出更多谎言，来应付大家各式各样的疑问。

这个故事很有意思，因为小镇的人们根本不知道谎言为何物，所以他们设定所有陈述均为真。

那么，在我们的世界里，谎言为何物呢？最简单的认识是判断真假。如果陈述为真，则不是谎言；如果陈述为假，则必是谎言。

然而，事实没有这么简单。比如电影中男主角对他病危的妈妈所说的话，按照真值条件判断，这句话毫无疑问是谎言。但是显然它与单纯意义上的谎言并不相同，我们把它称为白色谎言（white lie）。

认知语言学家认为，以真值条件为标准划分范畴的方法并不可行。实际上，人类对知识进行范畴化的过程中，并不完全依赖真值条件，我们往往有意无意地进行某些自我调整，在某一范畴中排除或吸纳某一概念。比如，"单身汉"这一范畴并不包括"教皇"，尽管从真值条件的角度，"教皇"符合"单身汉"的界定，即没有结婚的成年男子。

认知语言学家将类似的概念范畴称之为理想化认知模型。

"不靠谱"的类比

我曾在《魔鬼数学》这本书上读到这样一段文字：

乔治敦大学反恐专家丹尼尔·毕曼在《外交》（*Foreign Affairs*）杂志上给出了一些冷冰冰的数字："以色列军方报告，从 2000 年的'第二次巴勒斯坦大起义'至 2005 年 10 月底，有 1074 个以色列人死亡，7520 人受伤。对以色列这样一个小国而言，这两个数字已经大得惊人了，按照比例换算的话，相当于有 5 万个美国人死亡，30 万个美国人受伤。"

（乔丹·艾伦伯格 2015：43）

　　以色列与美国人口的类比显然是为了说明中东矛盾的严重性，不过这种"按比例换算"的措辞也存在着推理上的问题。假设你和你的同学打架，一个人一拳把另一个人打昏在地，这和一半的中国人脸上挨了一拳是两码事儿。所以"按比例换算"显然是个不靠谱的类比。

　　不过，不靠谱的类比在生活中并不少见。我们来看日本作家村上春树的一组隐喻：

　　　　她和她的耳朵混融一体，如一缕古老的光照滑泄在时光的斜坡上。

　　　　衣服简直如破散的彗星尾巴上下翻舞。

　　　　可怜的宾馆！可怜得活像被十二月的冷雨淋湿的三条腿的狗。

　　　　我像孵化一只有裂纹的鸵鸟蛋似的怀抱电话机。

　　　　他一直用手指摆弄着耳轮，俨然清点一捆崭新的钞票。

　　一般说来，相似的东西才能用于类比，也就是说，相似性是可比性的前提。可是村上的比喻非常特别，完全一反常规，像衣服和彗星、宾馆和狗、鸵鸟蛋和电话机、耳轮和钞票，这一对对几乎找不出什么相似点，差异性倒很巨大。而村上妙就妙在越过了这些巨大的差异性。读者经过他一番巧妙的整合和点化，非但不会感觉牵强附会，反而可以体察细微处的相似点，甚至会因此漾出会意的微笑。一般比喻是"似是而非"，而村上的比喻则"似非而是"（林少华 2007：11）。

　　我们知道，隐喻是以事物间的相似性为基础的。如此说来，倘若事物之间没有相似性的话，也就没办法使用隐喻了。可实际上，事物间的相似性是普遍存在的，无论多么不同的东西，总找得到相似的地方。

意象叠加

　　美国诗人庞德的名作《在一个地铁车站》只有两句话：

　　　　人群中这些面孔幽灵一般呈现；

　　　　湿漉漉的黑色枝条上的许多花瓣。

庞德本人承认这首闻名遐迩的诗歌脱胎于唐代诗人崔护的《题都城南庄》：

> 去年今日此门中，
> 人面桃花相映红。
> 人面不知何处去，
> 桃花依旧笑春风。

不过，庞德和崔护在意象的运用上显然有别。崔护的诗中，"人面"和"桃花"还有距离；而庞德笔下，两者则叠加融为一体。

意象叠加指一个意象上投影着另一意象，两个或多个意象渗透交融，构成视觉的和弦，因结合而暗示着一个崭新面貌的意象（林骧华 1987：33）。

我们看美国诗人希尔达·杜丽特尔（Hilda Doolittle）的诗歌《山岳女神》（"Oread"）：

> Whirl up, sea—
> Whirl your pointed pines,
> Splash your great pines
> On our rocks,
> Hurl your green over us,
> Cover us with your pools of fir.
> 翻腾吧，大海——
> 卷起你那峰顶的松涛，
> 将巨大的松浪
> 重重地甩向我们的岩石，
> 将你的绿色砸向我们，
> 用你那一池的冷杉将我们淹没。

诗中"大海"和"松树"合二为一，营造出气势磅礴的松涛意象，排山倒海，震动人心。

通感隐喻

冯骥才曾经说：音乐是激发绘画冲动的电击火花。

著名画家齐白石 91 岁时曾为老舍先生画了一幅画，画的题目是老舍先生指定好的——《蛙声十里出山泉》。这个要求可不容易，因为美术是视觉艺术，如何表现得了蛙声呢？

然而，大家不愧是大家，寥寥几笔，就将听觉和视觉沟通起来，完成了从视觉向听觉的奇妙转换。

无独有偶，俄罗斯画家康定斯基（Kandinsky）也常常将视觉和听觉对应起来。他认为，蓝色是典型的天堂色彩，它所唤起的最基本的感觉是宁静。当它变深时，会发出一种仿佛非人类所有的悲哀；当它变浅时，对人的感染也会变弱。因此他断言：淡蓝色是长笛，深蓝色是大提琴，更深的蓝色是雷鸣般的双管巴松，最深的蓝色是深沉凝重的管风琴，当蓝色和黄色调和而成绿色，就是平静又富有活力的小提琴。

钱钟书先生说过，在日常经验里，视觉、听觉、触觉、嗅觉、味觉往往可以彼此打通或交通，眼、耳、舌、鼻、身各个官能的领域，可以不分界限。

不同知觉经验的相互融合称作通感，通感基于人体的生理现象。人体各个知觉系统相互连通，一种刺激可以同时激起多种感官的不同感知，在大脑中引起共鸣，撩拨起多种感官的思绪和情感；于是，声音产生了形象，颜色有了深度，气味也有了锋芒。

通感是一种感官范畴向另一感官范畴的投射，体现在语言运用上，便形成通感隐喻，比如朱自清先生《荷塘月色》中的一句：

> 微风过处，送来缕缕清香，仿佛远处高楼上渺茫的歌声似的。

"歌声"乃听觉，"清香"乃嗅觉，以前者比后者，造成感官的跨越，运用了通感隐喻，这说明隐喻离不开人的身体经验。

死喻

有人说，在文学作品中第一个把女人比作鲜花的是天才，第二个把女人比作鲜花的是庸才，第三个这样比喻的则是蠢材。

然而，这世上的庸才和蠢材毕竟远多于天才。因此，一个隐喻往往一用再用。久而久之，人们对其习以为常，隐喻可能完全丧失了原有的新奇感，就成为死喻。

达尔文曾经说：语言是自然有机体，其产生不以人们的意志为转移；语言根据确定的规律成长起来，不断发展，逐渐衰老，最终走向死亡。如此看待语言有失偏颇，但这样看待死喻似乎是正确的。

哲学家黑格尔说，每种语言本身包含无数的隐喻，它们的本义涉及感性事物，后来又被引申到精神事物上去。但是用久了，就逐渐失去隐喻的性质，引申义变成本义，意象不再使人联想起一个具体的感性观照对象，而使人直接想到它的抽象意义。

就像我们说"山脚"时，大概不会联想到人的脚吧。隐喻的实质是认知域之间的投射，即人们以一种事物为参照理解另一种事物。如果能够完全忽略参照事物，而直接达成隐喻所指向的意义，便形成了死喻。正如古罗马哲学家西塞罗（Cicero）所说：对于习见之物，就不再欣羡，也不再追究其所以然。所以，当隐喻理解固化为常规操作时，隐喻就变为了死喻。

实际上，隐喻绝不是"非死即活"，隐喻性有程度之分。隐喻是一个连续体，一端是隐喻性极高的新鲜隐喻，另一端是已经失去隐喻性的死喻（束定芳 2000：73）。对不同的语言使用者来说，隐喻性的程度有所区别。比如，"加油"原指"添加燃料或润滑剂"，属于隐喻。如今我们并不需要为理解"加油"而付出额外的认知努力，隐喻的反复使用消解了原本存在的语义冲突。但是，试想外国人第一次接触这个用法，恐怕对于他来说，"加油"的隐喻性是很高的。

死喻还可"复活"。隐喻性程度的判定比较主观，因此在适当的语境下，即使是死喻，也会重获隐喻性。在激烈的比赛中，我们高喊"加油"，可对手却在嘘叫"加水""漏油"。此时，隐含于死喻"加油"里的隐喻义被"加水""漏油"激活。死喻的"复活"带来认知上的第二次隐喻，给语义带来特殊的效果。

隐喻和科技语言

美国哲学家、逻辑学家蒯因说，虽然隐喻是在娱情悦性的散文和高度诗意化的艺术中发展起来的，但它在科学和哲学正在扩大的边缘地带也显得生机勃勃。

一般认为，科学研究依赖逻辑思维，排斥主观判断；而隐喻是一种修辞手段，通常不会直接地表述思想，与现实有着某种程度上的偏离。如此说来，似乎科技文章中应该少有隐喻。可是，我们在科技语言中却发现了大量的隐喻性表达：

> mother cell（母细胞）
> parent rock（母岩）
> arterial wall（动脉壁）
> fire wall（防火墙）
> finger post（路牌）
> tree system（分支配电系统）
> sandwich concrete（夹层混凝土）
> light wave（光波）
> banana pin（香蕉型插头）
> transport arm（运送臂）
> memory（内存）

grasshopper conveyor（跳跃式运输机）

　　认知语言学认为，隐喻是人们了解客观世界的基本认知机制，我们会利用熟悉的事物去探索性地认识相对陌生的事物。而科学家们要了解不为人知的客观现象，必然借助于普通的、已知的概念。因此，科技语言离不开隐喻，隐喻也绝非文学语言的专利。

　　现代核子物理奠基人之一玻尔（Bohr）曾经对他的学生海森堡（Heisenberg）说：When it comes to atoms, language can be used only as in poetry. 可见，科学研究也离不开科学家们丰富的想象力。德国科学家凯库勒（Kekwle）就是梦到一条咬住自己尾巴的蛇，从而悟到苯的环状结构的。科学家们的抽象思维往往以形象思维为基础，从一个认知域类推到另一个认知域，通过简单的概念认识复杂的现象，这正体现了隐喻的思维方式。

科学中的隐喻思维

　　粒子是能够以自由状态存在的最小的物质组成部分。最早发现的粒子是原子、电子和质子，1932 年又发现了中子。之后发现的粒子越来越多，累计已超过几百种，且还有不断增多的趋势，物理学家戏谑地称之为"粒子动物园"。"粒子动物园"对物理学家来说不是个让人愉快的比喻，因为这里缺少秩序，没法归类，严重挑战了科学家的审美。

　　爱因斯坦曾说，一项理论所作的物理学描述如果无法做到连小孩都能弄懂，那它可能就是个无用的理论。所幸弦理论背后就是个简单的物理学描述，以音乐为解释基础。

　　根据弦理论，如果你有一架超级显微镜，可以窥探到电子的中心去，那你看到的可能不是一个点状的粒子，而是一根振动的弦。这根弦非常微小，所以所有的亚原子粒子看起来都像个点。如果我们弹拨这根弦，它的振动就会发生变化，其中的电子说不定会变成一个中微子；再弹拨一下，它说不定会变成一个夸克。事实上，如果你用合适的力度来弹拨它，它会变成任何一种已知的亚原子粒子。就是以这种方式，弦理论可以毫不费力地解释为什么有如此多的亚原子粒子。在超弦上没有别的，只有可以弹拨出来的各种"音符"。做一个类比来说，在小提琴上，A 调、B 调或升 C 调都不是本质所在。只要简单地用不同的方式弹拨这根弦，就可以发出音阶中所有的音。降 B 调并不比 G 调更具有本质性，它们只不过是小提琴弦发出的音符而已。同样，电子和夸克都不是具有本质性的东西，弦才是本质性的东西（加来道雄 2008：145）。

事实上，宇宙中所有的亚粒子都可以被视为弦的各种不同振动，弦上的"和弦"和"旋律"相当于各种物理学定律和化学定律。由此，整个宇宙可以被看成一首气势恢宏的弦乐交响曲。

弦理论的美在于它提供了一种比喻，而这一比喻具有高度普遍性的解释力。通过音乐，我们既可以从微观的亚原子层面，也可以从宏观的宇宙层面来理解宇宙的性质。

这个理论达到了爱因斯坦的要求，即便对我这个完全无知的门外汉而言，一个恰当的隐喻也会让一个无比艰深的问题充满吸引力。

哲学家眼中的科学

哲学与科学相互影响，彼此依赖。尤其十六七世纪蓬勃兴起的新科学令人类的宇宙观发生了有史以来最为巨大的变革后，哲学与科学更无法分开。有趣的是，和科学家一样，哲学家也喜欢借用隐喻来探讨科学。

语言学家 Olaf Jäkel 全面分析多位哲学家的语言后，发现他们对科学的认识不仅是隐喻式的，而且具有系统性，可以通过若干概念隐喻加以概括（Kertész 2004）。

在亚里士多德看来，科学是图像。

> Physics is a *contemplating/observing* science.
> 物理学是注视 / 观察的科学。
> But what is true must be *observed/watched* in general at all there

is as it is.

但是真理总体上应为它被观察和注视到的样子。

在笛卡尔看来，科学是旅程。

We *steer* our thoughts on different *paths*, and those who *walk* only very slowly can *advance* much more when they always *follow* the straight *path*, than those who *run and stray* from it.

我们在不同的路径上引导着思想，那些坚持笔直路线的人，虽然走得很慢，却比跑步前行但步入歧途的人进展得快得多。

I have developed a method, a means to extend my knowledge by degrees, and to raise it *step by step to the highest point.*

我发展出一种方法，一种逐步扩展知识的方式，一步步将知识推向高峰。

在培根看来，科学是对自然的挤压。

Nature *bound and tormented*; which by human art and activity is *urged* from its state, and is *oppressed and manipulated*.

自然由于人类行为而偏离轨道，受到压制和操纵，备受束缚和折磨。

How much more do we have to *toil* with that which is to *be drawn from the innards of nature*?

我们如何努力才能从自然的内里掏出更多？

在康德看来，科学是建筑一座大厦。

Now that which we call science ... is not formed in technical fashion ... but in *architectionic fashion* ...

所谓科学……不是以技术的方式成形……而是以建筑的方法成形……

Critical epistemology occupies itself with a less resplendent, but still meritorious job, namely, to *level the ground*, and to render it ready for *building ...edifices* of these majestic dimensions.

批判认识论虽然不够华美，但是值得赞赏。它奠定了基础，为建造一座庞大的建筑做好准备。

隐喻对于抽象概念的形成起着至关重要的作用（Lakoff & Johnson 1999：497）。科学的规律隐含不明，涵盖范围庞杂多样。因此，描述科学必然借助隐喻，哲学家和科学家这种同一的趋向性，也正体现了思维的隐喻性以及隐喻的普遍性。

亲爱的朋友，你是怎样看待语言学的呢？如果可以隐喻式地表达，你会把它比作什么呢？

作为基本认知机制的隐喻

龙应台描写过她儿子安安生活中的三个片段：

片段一

妈妈带着安安来到台北的龙山寺前，庙廊柱子上盘着一条张牙舞爪的龙，长长的身躯绕着柱子转。安安指着龙突出的彩眼，惊喜地扯扯妈妈的裙角，"妈妈，什么？"

妈妈蹲下来，牵起安安的手，伸出去，让他触摸龙的身体，然后一个字一个字地说："这是龙，宝宝，这是龙。说，龙——"

安安很清晰地重复："龙。"

片段二

回到欧洲，当然就看不到龙了。可是有一天，在电车里的安安突然对着窗外大声喊："龙，龙，妈妈你看——"

电车恰好停下来，妈妈赶快望出窗外，窗外是深秋萧瑟的街道、灰沉沉的屋宇、灰沉沉的天空、灰沉沉的行人大衣。唯一的色彩，是一条近一百米长的彩带，结在枝骨峥嵘的行道树上，大概是准备迎接圣诞节的彩饰。妈妈突然明白了：小安安以为任何长条的东西都叫做"龙"。

"不是的，安安，"妈妈说，"那是一条彩带，不是——"

话没说完，刮起一阵秋风，鲜红的彩带在风里波浪似的翻滚起来，此起彼落，妈妈一时呆住了，她以为自己在看一条春节鞭炮声中的五彩金龙——谁说这不是一条龙呢？

片段三

地毯上是华安的车队：卡车、吉普车、巴士、摩托车、旅行车、拖车……一辆接着一辆，紧密地排列成歪歪斜斜的长条，从墙角延伸到床头。

"妈妈，"安安指着车队，郑重地说，"龙！"

妈妈弯下身来轻吻安安冒着汗的脸颊，笑得很开心："对，宝宝，龙：车水马龙。"

（2014：15-18）

"龙""彩带"和"车队"分属三个不同的领域，安安的妈妈没有特意指导孩子建立"龙"与"彩带"以及"龙"与"车队"之间的联系，这些对安安来说都是自然而然的。原因就在于，隐喻是我们基本的认知机制，使我们能够轻易地在相似又不同的事物之间建立联系。

隐喻的变迁

随着时间的推移，隐喻的使用常有变化，即便概念隐喻得以延续，具体的隐喻表达也未必相同。

我们以爱情隐喻为例，"爱情是成对事物"是从古到今广泛出现的概念隐喻。

古人认为男女的结合意味着阴阳的调和，那些偶居不离、交颈而眠的动植物正好体现爱情的亲密和谐，符合中国人极其崇尚的和谐世界观。如孟郊的《列女操》中有这样的句子：

> 梧桐相待老，
> 鸳鸯会双死。

无论"梧桐"还是"鸳鸯"都有雌雄之分，而雌雄的身份不同。古代妇女完全依赖夫家，无法独立，所以很多爱情隐喻都表现女子依附丈夫。如杜甫的《新婚别》中有这样两句：

> 兔丝附蓬麻，
> 引蔓故不长。

在现当代爱情诗中，许多诗人在使用概念隐喻"爱情是成对事物"时，对很多成对事物并不作阴阳或地位的区分，如新月派诗人刘梦苇的《铁路行》：

> 我们是铁路上面的行人，
> 　爱情正如两条铁平行。
> 许多的枕木将它们牵连，
> 　却又好象在将它们离间。
>
> 我们的前方象很有希望，
> 　平行的爱轨可继续添长；
> 远远的看见前面已经交抱，
> 　我们便努力向那儿奔跑。
>
> 我们奔跑到交抱的地方，
> 　那铁轨还不是同前一样？
> 遥望前面又是相合未分，
> 　便又勇猛的向那儿前进。
> 　　……

两条平行的铁轨没有阴阳对立，也没有雌雄之分，彼此具有相同的地位。这种毫无区别对待的平等态度恰恰是对传统的依附观的反向，反映了社会语境的变迁对隐喻使用的影响。

隐喻的准确性

柏拉图在《理想国》中说道：

> 假如有一位聪明人有本领摹仿任何的事物，乔扮成任何的形状，假如他来到了我们的城邦，并提议向我们展现他的身子与他的诗，我们就要把他当作一位神奇且愉快的人物来看待，向他鞠躬敬礼；可是我们也要告诉他，我们的城邦之中没有像他这样一个人，同时法律不允许像他这样子一个人，之后把他涂上香水，再戴上毛冠，请他到旁边的城邦去。

柏拉图从一个哲学家和教育家的角度，建议将诗人逐出理想国，认为诗歌远离真理，隐喻有悖事实，编织谎言，摆脱理性的控制，不利于青少年的健康成长。

无独有偶，诸葛亮教导阿斗时，也表达了类似的意见，著名的《出师表》中的"引喻失义"说的正是譬喻掩盖了真实的情况，蒙蔽我们的判断：

> 诚宜开张圣听，以光先帝遗德，恢弘志士之气，不宜妄自菲薄，引喻失义，以塞忠谏之路也。

两位先贤所说的确有几分道理。隐喻没有陈述事实，当我们说"她的脸是红苹果"时，绝不会有一只红苹果长在头上。隐喻意义与客观现实不符，或者从纯逻辑的角度看，任何隐喻表达均应为假。

然而，隐喻没有忠实地表现事物是否说明它必将造成错误的理解或判断呢？表面上看，隐喻似乎偏离现实，实际上隐喻却常常不偏不倚，直抵人心。就像农民诗人王老九说的：多打比喻，比喻一比，话就有力量，有时十句话都说不清的，一个比喻就说清了，还有劲（1959：52）。

貌似虚假的隐喻实则可以更为准确地把握真实，有首诗写得好：

> 这些隐喻如果用得恰当，
> 则像透明的帐幔，掩盖，而不隐藏；
> 只要我们透过语词能明知其意，

只要意义明确，真实就会施与。

（梅尔·艾布拉姆斯 2004：354）

如此说来，隐喻绝不仅是装缀的修辞手法，如苏格兰诗人和哲学家詹姆斯·比蒂（James Beattie）所说：隐喻可以更为切近地表达意思，在语言中不可或缺。

具身隐喻

隐喻和文化的关系是隐喻认知研究中的重要内容。人类的认知活动根植于日常的身体经验，而身体经验不能脱离特定的文化和社会，所以我们有理由认为，不同文化对概念隐喻系统的使用应该存在差异。

空间中，移动是个常见的体验。"上"或"下"的概念与价值判断密切相关。在人类的概念系统中，美德是向上的，而邪恶是向下的。

研究显示，商场里扶着自动扶梯上来的人，比起扶着扶梯下来的人，更愿意去慈善捐款箱捐款。同样的，体验从高视角俯瞰，比如从飞机舷窗向外看到飞机穿越层层云海向上攀升的研究对象，相比其他研究对象更愿意与人合作。因此，保持这种"上升"状态会让人们具有"更高"的道德价值观（约翰·布罗克曼 2017：226）。

"上"这一概念根植于人类的生物特征、人体的生理构造以及人与世界互动所形成的实际经验，具有跨文化的普遍性，在不同文化中呈现出较为一致的价值判断。

但是，不同的文化仍然展示出不同的特性。比如中国文化中，过去在上，体现出中国文化对过去的尊崇，这与西方文化对过去的理解很不相同。我们来看看汉字"孝"：

　　孝是中华文化的核心价值之一，在"孝"字中，一个小孩背负着一位头发牙齿都已稀疏的老人。老人在上，小孩在下；过去在上，未来在下。这种对时间的理解有着鲜明的汉文化特征。

隐喻的否定

　　陆文夫的小说《美食家》中有这样一句话：工人阶级不是人家的牛马！如果这句话变成"工人阶级是牛马"，我们就能够很容易地运用概念隐喻理论对其进行解释了。"工人阶级"和"牛马"分属不同的域，由始源域"牛马"向目标域"工人阶级"发生映射，形成隐喻。

　　可是，逻辑上讲，"不是牛马"等于否定了始源域的存在。如果始源域不存在，何以形成隐喻映射呢？

　　波兰女诗人辛波斯卡有一首很有趣的诗：

三个最奇怪的词

当我说"未来"这个词，

第一音才出即成过去。

当我说"寂静"这个词，

我打破了它。

当我说"无"这个词，

我在无中生有。

否定某一对象虽然在逻辑上否定其存在，但在心理上反而激活了该对象的心理指称。

心理学上有个说法：Don't think of a pink elephant. 实际上，越是要你不要想一头粉色的大象，脑子里就越要冒出一个粉色大象的形象。

在"工人阶级（不）是牛马"这个句子中，不管是肯定还是否定，"工人阶级"和"牛马"都已经激活，因此可以在二者之间实现映射，从而形成隐喻。

多模态

《爱丽丝梦游仙境》的开头是这样的：

> Alice was beginning to get very tired of sitting by her sister on the bank, and of having nothing to do; once or twice she had peeped into the book her sister was reading, but it had no pictures or conversations in it, "and what is the use of a book," thought Alice, "without pictures or conversations?"

在爱丽丝看来，一本书没有插图根本没什么意思。对于小孩子来说，读物插图是必需的。因为文字是线性的、抽象的，图片是整体的、具象的，二者形成互补，能够促进小孩子的理解，否则单一的文字很容易造成枯燥乏味的阅读体验，甚至让小孩子失去阅读的兴趣。

实际上，文字与图片的合理结合不仅有利于理解，也有利于记忆。我教的学生中，很多人为记单词而苦恼。记得一个学生对我说："既然背单词总会忘掉，我索性不要背单词好了。"想来这是多次记单词失败后负气的说法。我经常会鼓励学生把单词和图片绑定记忆。单一信息输入所形成的零散记忆的确容易被遗忘，但当多种信息同时输入时，不同信息相互交叉，形成记忆的网络，使得某一记忆点得到多次加强，也就更加不容易被忘掉。

文字和图片同属于视觉信息。那么，从不同感官渠道获取信息时能否取得同样的效果呢？研究表明，如果我们同时从不同感官渠道获取有关同一知识点的相关信息，也将有利于信息的记忆。

佩维沃（Paivio）提出双重编码理论（dual-coding theory），认为视觉和听觉双重编码系统同时处理信息的方式，缓解了单一言语编码连续出现对单一通道所造成的认知负荷过载。多个通道分担认知负担，消耗的认知资源更少，解码也就更容易。而且，多个通道分担了听觉模态的记忆负荷，在记忆空间中留下的痕迹更加清晰，记忆也就更为持久（1986）。

以后我们再觉得单词太难记忆的时候，不妨试试这些方法：给一个生涩的单词配上一幅图画、一段音乐、一种味道，或是其他的什么。总之，帮助这个单词在你的记忆中找到一个交叉点，在你的脑海里生根发芽。

运动与认知

客观唯物主义认为：物质的根本属性是运动。

伟大的物理学家牛顿提出三大运动定律，一举奠定了经典力学的基础。

德国诗人荷尔德林（Holderlin）有诗云：

> 一个流浪的人迈着大步，
> 　　在夜里趱程；
> 跨过长的峡，羊肠的谷
> 翻山又越岭。
> 　　良夜悠悠，
> 他尽管走，永不停留。

诗中刻画了一个踽踽而行的孤独形象。其实，世间的每个人都是名副其实的行者，游走在天地之间，运动是我们的存在方式。

运动对人类的认知有着决定性影响。心理学家对大脑的生理、病理研究表明，知觉是不能孤立存在的，知觉依赖于人的运动系统。人类的运动系统构成了知觉的参考系，没有这个运动系统，知觉就不能存在。

也就是说，知觉不是由单纯的客观刺激引起的，而是来源于运动系统与外部刺激之间的一种交互关系。

借助现代心理学成果，我们得以深入了解人类的认知方式，以下的心理学实验能够充分说明运动与认知的关系：脱离运动而单纯谈论知觉是有问题的。

理查德·赫尔德（Richard Held）和艾伦·海因（Alan Hein）在1963年做了一个深度知觉的实验。两只初生的猫，一只拉着另一只绕圈行走。一只猫可以主动行走，另一只猫只能被动地被拉着运动。两只猫都能看到周围的视觉环境。虽然两只猫接收到的视觉信息完全相同，但训练后的测试结果显示，只有主动行走的猫获得了正常的深度感觉，而被动行走的猫对深度没有感觉（王志敏 2007：63）。

马丁·康威（Martin Conway）在1967年的实验亦表明，在猴子主管视觉的大脑皮层纹状质受到破坏以后，视觉的辨别只有通过积极的运动训练才有可能得到恢复，只让猴子被动地接受光的刺激是无效的。

虚构运动

顾名思义，虚构运动（fictive motion）并非真正意义上的运动，它是指：一方面，现实中的某一个体保持静止；另一方面，主观想象中该个体却发生了运动。比如在句子"This fence goes from the plateau to the valley."中，This fence 的位置根本没有变化，可是按照句子的字面意思来看，This fence 仿佛是发生了位移。

文学作品中，虚构运动是一种比较常见的修辞手段，像下面张不依的诗《梦中的宝与十个太阳》：

七月

十个太阳一齐迸放

愤怒地挥动鞭子

阳光打在后羿

早已死去的大地上

打在黑色的山岗
在绝望的山岗
有个叫宝的女人
和野玫瑰一起恣意开放
她的手像流水一样围浸我
阳光打在燃烧的石头上
而我住在她的黑发里
幸福安详

诗人笔下，照亮世界的阳光成为快速运动的物体，而阳光运动的强度恰好契合诗人强烈的感情色彩，令整首诗歌充满力度。诗中的虚构运动不是对现实的再现，而是极度的夸张。

虚构运动现象说明，语言不会原原本本地呈现客观世界；相反，语言表达的是认知主体对于客观世界的主观认识。虚构运动现象很好地诠释了体验主义哲学观，因为正是认知主体的主观参与，使得虚构运动的语言描述与其对应的客观现实之间差别显著。可以说，虚构运动现象是认知语言学哲学观的一个恰当注解。

容器图式

《红楼梦》中曹雪芹嘲贾宝玉有这样几句：

无故寻愁觅恨，
有时似傻如狂，
纵然生得好皮囊，
腹内原来草莽。

曹雪芹把人的身体看作"皮囊"，看作容器。

其实，把身体看成容器不是咱们中国人的专利，各民族都在运用这样的比喻。

俄国的小说大师陀思妥耶夫斯基（Dostoevsky）说：

> 你是贵族也好，平民也好，流浪汉也好，还是贵妇人也好，反正都是一样的。不管你是谁，说到底只是一个"器皿"；不管你是怎样一个"器皿"，里面装着都是同一种混混沌沌、躁动不安、却又弥足珍贵的东西……人的灵魂。
>
> （见弗吉尼亚·伍尔夫 2006：144）

日本作家村上春树在小说《海边的卡夫卡》里写道：

> 老老实实说来，我一点儿不中意自己这个现实容器，出生以来一次也没中意过，莫如说一直憎恨。……可能的话，恨不得从这些物件中利利索索地抽身而去，像离家出走那样。

可见，由于人体的结构特点，身体是容器这个概念图式具有普遍性。而且，不仅人体被看作容器，人体的部件也被当成容器。
张爱玲的小说《红玫瑰与白玫瑰》里男主角把"心"比作容器：

> 振宝笑道："你心里还有电梯，可见你的心还是所公寓房子。"娇蕊淡淡一笑，背着手走到窗前，往外看着，隔了一会，方道："你要的那所房子，已经造好了。"

英国剧作家、诗人本·琼森（Ben Jonson）在诗歌"Song to Celia"中把眼睛比作容器：

> Drink to me only with thine eyes,
> And I will pledge with mine;
> Or leave a kiss but in the cup,
> And I'll not look for wine.

我们把身体看作容器，时间久了，这种身体经验就固化下来，被应用于生活的各个方面。

转喻看"中国"

在新闻标题中，我们经常见到这样的说法：

华盛顿决定对伊朗实施制裁

北京建议重启六方会谈

这里的"华盛顿"和"北京"运用了转喻的表现手法，因为它们没有指称两个首都本身，而是代表着各自的国家——"美国"和"中国"。

有趣的是，我们国家的名字"中国"本身即为转喻。

传世古书中的"国"，有两个可能：一个可能是本来就写成"国"，另一个可能是从"邦"字的避讳改字（李零 2006：122）。汉高祖叫刘邦，汉代古书避他的名讳，很多"邦"字都改成了"国"字。如"国家"本来是"邦家"，"相国"本来是"相邦"，先秦的铭刻材料都这么写，现在的叫法，是汉以来才有的。但是古书中的"国"字，也不见得都是避讳改字，比如"中国"本来就叫"中国"，并不叫"中邦"。

"邦"和"国"有什么不同呢？"邦"是国土的封域；"国"是这个封域的中心，即国家的首都。换句话说，国是城市，但不是一般的城市，而是中心的城市（李零 2006：122）。

可见，以首都代指整个国家并不是现代才有的事情，我国古代就有了。而转喻也不是什么特别的表现手法，在平常如"中国"二字中便有转喻。

认知语言学家莱考夫写了一本书叫《我们赖以生存的隐喻》，指出隐喻并不是特殊的修辞手段，而是基本的认知方式，无处不在。实际上，转喻同样是人类基本的认知机制，甚至更加无处不在。

也许，由语言与世界的关系可以更加清晰地认识转喻。语言与世界之间无法形成完全的匹配关系，因为世界丰富繁杂，而语言必须考虑经济性和人类认知的有限性。语言不能完完整整地再现世界，只能 underspecify 世界，或者说，以部分代替整体。

可见，从语言与世界的内在关系来看，转喻是不可避免的。

原型颜色

　　虽然我们只粗略地把颜色划分为大概的几种：赤、橙、黄、绿、青、蓝、紫，但是不同颜色之间并没有非此即彼的界限。就像"红"在《红楼梦》中包括银红、水红、嫣红、大红、粉红、朱红、桃红、猩红、石榴红、杏子红、胭脂红、海棠红，等等；而在画家眼中，"红"又有了洋红、玫瑰茜红、茜素深红、原红、品红、朱砂红、深红、镉红，等等。

　　文学家善于捕捉和表现颜色的浓淡深浅。如朱自清的散文《绿》中这样写道：

　　　　我曾见过北京什刹海拂地的绿杨，脱不了鹅黄的底子，似乎太淡了。我又曾见过杭州虎跑寺近旁高峻而深密的"绿壁"，丛叠着无穷的碧草和绿叶的，那又似乎太浓了。其余呢，西湖的波太明了，秦淮河的水又太暗了。可爱的，我将什么来比拟你呢？我怎么比拟得出呢？大约潭是很深的、故能蕴蓄着这样奇异的绿；仿佛蔚蓝的天融了一块在里面似的，这才这般的鲜润呀。

　　又比如宗璞的散文《西湖的绿》：

　　　　西湖的胜景很多，各处有不同的好处，即使一个绿色，也各有不同。黄龙洞绿得幽，屏风山绿得野，九溪十八涧绿得闲。不能一一去说。……走着走着，忽见路旁的树十分古怪，一棵棵树身虽然离得较远，却给人一种莽莽苍苍的感觉，似乎从树梢一直绿到了地下。走近看时，原来是树身上布满了绿茸茸的青苔，那样鲜嫩，那样可爱，使得绿阴阴的苏堤，更加绿了几分。

　　然而，虽然同一颜色包含很多种类，不同民族往往有着自己的原型颜色。同样是黄色，意大利画家达·芬奇笔下的黄与荷兰画家梵高笔下的黄是截然不同的，前者深沉朦胧，后者明亮鲜活。不同民族对同一颜色的原型色偏好不同，因此欣赏国外艺术品的时候，颜色也是造成外国味儿的原因之一。

　　当然，画家对颜色的差别是异乎敏感的，不过大多数人并不一定了解他们头脑中的原型颜色，尽管原型颜色的确存在。就像下面对话中

greeny green 的说法：

> Augusta: What color did you say the Martians are?
> Friend: Green.
> Augusta: What sort of green? I mean are they an emerald green or a pea green or an apple green or a sage green or a sea green or what?
> Friend: Well, I think they're a sort of greeny green.

视角

法国画家塞尚（Cézanne）有一幅著名的静物画《帘子、罐子、盘子》：

这幅画看似简单，却暗藏玄机。塞尚故意将水平的桌面处理得仿佛前倾，令桌上的物品得到充分的展示。画家有意歪曲画中的透视关系，使得原本明明是水平的观察视角仿佛被提高到腾空的状态。观察者在不同位置视角的变换中很容易产生某种错乱感，由此破坏了画作的稳定性，增强了欣赏的不确定性。

同画家一样，作者也可能故意运用视角的转换，以使读者产生特别的阅读体验。比如歌词中"穿过你的黑发的我的手"，杨小滨的《离题的情歌》更是极端的例子：

我睁开你的眼睛。我无法凝视的
眼睛，让我失明。
让我瞥见的花朵
在你的春意中阑珊，你一回眸
我的美人就苍老无比。
你一转眼，风景把我席卷而去。
我看见的，就是你
眼底的海，是你的目光
淹没了我。
是我清晨醒来的时分
一只瞳人般的鸟飞去
带走了你，和你镜中的睡姿。

我张开你的嘴唇。我无法亲吻的
嘴唇，你饮的酒
灌醉了我。我歌唱
你的声音刺痛我。我忍受
你的饥渴，我吞食
你嘴里的花园纷纷飘落
我吐出你的早餐
你的絮语，你的尖叫。
静下来，让我用你的舌头
说话，那一句
你的梦呓，我遗忘已久。

我伸出你的手。我无法握住的手
穿过黑夜，拥抱我的阴影。
我捏成你的拳头
你用手背上的月色
掀倒了我。是我握住的指甲
刻出你的掌纹，是我
用窗外的风抚摸你的伤口

> 我疼痛。我的手指战栗
> 插入你的呼救，用你
> 在我胸前的双手
> 剪断我的祷词，扼住我的呼吸。

诗人用"我睁开你的眼睛""我张开你的嘴唇""我伸出你的手"等表达不断转换读者的视角，从而取得全新的阅读效果。读者在"我"和"你"之间反复跳跃，这实际上是阿根廷作家博尔赫斯喜欢的"绕到桌子对面"审视自己的一种手法（蔡天新 2007：248），"我"和"你"在对立中获得统一。这种超现实主义写法创造出某种神奇的效果，通过将"我"和"你"弄混，诗人制造出一种情爱的胶合和亲密状态。

移情

《庄子·秋水》中有一段有名的对话：

> 庄子与惠子游于濠梁之上。庄子曰："儵鱼出游从容，是鱼之乐也。"
> 惠子曰："子非鱼，安知鱼之乐？"
> 庄子曰："子非我，安知我不知鱼之乐？"
> 惠子曰："我非子，固不知子矣；子固非鱼也，子之不知鱼之乐，全矣。"
> 庄子曰："请循其本。子曰'汝安知鱼乐'云者，既已知吾知之而问我，我知之濠上也。"

庄子和惠子讨论的是价值判断的无穷相对性，或者说，我们同外物的关系如何，人究竟应该怎样去认识外物。在认识外物的过程中，我们常常和他者发生移情，暂时地抛开自我，与他者合一，领会另一种感受，从他处的视角窥探世界。或许，这就是庄子所说的"无我"吧。

诗人王家新看到画中之鱼，竟如庄子那样化身为鱼：

鱼在纸上
一条鱼，从画师的笔下
给我们带来了河流
就是这条鱼
从深深的静默中升起
它穿过宋元、龙门
和墨绿的荷叶
向我摇曳而来
淙淙地，鱼儿来了
而在它突然的凝望下
干枯的我
被渐渐带进了河流

　　诗人同画中之鱼发生移情，欣赏者和被欣赏者融为一体，我成了鱼，鱼成了我。

空间

　　刚从家乡到北京念书的时候，经常被问路一事困扰。北京的大爷大妈们总是特别热心，可问题是他们习惯于用"东南西北"来标定方向，比如"往北走然后往东接着再往北"，对于方向感一塌糊涂的我来说，简直不亚于双重打击：本来着急找不到地方，问完路又着急找不着北了。

　　下图是美国加州大学伯克利分校一景，画面中有三个建筑并排而立，一个是著名的萨瑟塔（Sather Tower），一个是位于中间的班克罗夫特图书馆（Bancroft Library），一个是学校的主图多伊图书馆（Doe Library）。假使照片中面对你的方向为北的话，你将如何描述班克罗夫特图书馆的位置呢？

语言学家斯蒂芬·莱文逊（Stephen Levinson）给出四种说明方式：

The Bancroft Library is next to the Doe Library.

The Bancroft Library is on the tower side of the Doe Library.

The Bancroft Library is to the left of the Doe Library.

The Bancroft Library is to the west of the Doe Library.

仔细想一下，这四种表达有什么区别呢？

第一句话中只涉及两个图书馆之间的关系，不牵扯第三方，而其他三句都牵涉第三方：第二句的第三方是 tower；第三句的第三方是"你"自己，即观察者；第四句的第三方有点特别，由于我们谈论"东南西北"的时候是以地球为背景的，所以第四句的第三方实为地球。看来，北京人偏爱以地球为参照物讨论方位。

空间的相对性

找不着北的问题直到我接触认知语言学后才终于释然。原来，不同地域的人群对空间的认知方式有可能存在差别，北京城正南正北的方形建制无疑影响着其间居者对空间的判断。

一直很喜欢鲜卑民歌《敕勒歌》：

> 敕勒川，
> 阴山下。

> 天似穹庐，
> 笼盖四野。
> 天苍苍，
> 野茫茫，
> 风吹草低见牛羊。

居住在塞外草原上的牧民，极目四望，天好像圆顶帐篷盖在地上。古代中国的学者把这种天笼罩着地的感觉，概括成"天圆地方"的理念。

中国传统的建筑讲究天圆地方。北京的天坛和地坛，一为圆形，一为方形；一为阳，一为阴。再如"四合院"中，方形小院里圆形的水池或月亮门，都是天圆地方的体现。

世界上其他地方的人们是如何看待天地这个空间的呢？

记得王小波的《沉默的大多数》中有这样一段有趣的文字：

> 埃及人住在空旷的地方，满眼都是沙漠，举目四望，周围是一圈地平线，和蚂蚁爬上篮球时的感觉一模一样，所以说地是个球，浮在虚空之中；希腊人住在多山的群岛上，向四周一看，支离破碎，这边山那边海。他们那里还老闹地震，所以就想出了沙盘鲸鱼之说，认为世界是个大沙盘，搁在一条大鲸鱼的背上，鲸鱼又漂在一望无际的海上，成年扛着这个东西，鲸鱼背上难受，偶尔蹭个痒痒，就闹地震。

可见，地理特征决定了世界各地人们对空间认知的巨大差别。

空间与时间

对物理学家来说，"完美"意味着对称和简单。如果一个理论是完美的，这意味着它有强大的对称性，能够以最紧凑和经济的方式解释大量的数据。更精确地说，当我们在一个方程中交换它的成分时，如果该方程保持相同，这个方程就被认为是完美的。找出自然界隐藏的对称性的一个最大益处是：我们可以指出表面上看似完全不同的现象实际上是同一件事物的不同表现，它们通过对称性连接在一起。例如，电与磁实际上是同一物体的两个方面，因为有对称性，所以它们可以在麦克斯韦方程中相互交换。同样地，爱因斯坦指出相对论可以将空间变成时间，也可以将时间变成空间，说明它们是空间–时间结构这同一事物的两个部分（加来道雄 2008：72）。

在各个语言中，空间转化为时间的情形并不常见，而 TIME IS SPACE 却是一个在各种语言之中都存在的基本概念隐喻。

比如在夏威夷语中，时态基于空间概念：

aku: away from the speaker	aku nei: distant past
a'e: up, sideway, obliquely, to and forth	a'e nei: recent past
iho: down	iho nei: recent past
mai: toward the speaker	

在波兰语中，体态基于空间概念：

Chlopiec	przebiegt	ulice.		Przespali	caly	film.
boy	across-run	street		Across-they slept	whole	film.
The boy ran across the street.				They slept all through the film.		

而中国人把世界称为"宇宙"，据说是出自战国时鲁国人尸佼的《尸子》："上下四方曰宇，往古来今曰宙。"在这里，"宇"是空间，由东南西北和上下构成；"宙"是时间，指过去到现在的延续。时间和空间构成了中国人"宇宙"的观念。可见，中国人的宇宙观同样体现出明显的时空合一的意识（高原 2013：37）。

时间的相对性

地球的南北极轴线有将近 23.5° 的倾斜，当地球绕太阳公转时，它保持着这一恒定的倾斜，这是季节变化的基础。一年四季是我们习以为常的概念，春夏秋冬似乎在时时展现自然的绝对力量。实际上，一个文明有可能认可的季节数目，极大地依赖于它的气候以及这个文明对气候的认识。

多数赤道地区会体验旱季和雨季，有些地区还会体验飓风、台风或龙卷风季。尼罗河上游的努尔人将一年一分为二：雨季和旱季。在3月到9月的雨季，部族退到固定的村庄，举行民事典礼。在10月到2月的旱季，部族移居临时营地，年轻人将积极地参加渔猎和战斗。

澳洲卡卡杜地区的土著有6个季节，它们被称为 yegge（偏凉但仍湿润的季节）、wurrgeng（寒冷季节）、gurrung（炎热干燥的季节）、gunumeleng（前季风风暴季节）、gudjewg（季风季节）和 banggereng（强劲风暴季节）。

在外人看来，北极一带因纽特人经历的气候似乎无非是冬季，只不过是冬季和一闪而过的、稍微暖和点儿的冬季。然而，因纽特人自己区分出九个不同季节（克里斯滕·利平科特等 2010：124-137），见下表：

月份	季节
Siqinnaarut 太阳可见	Ukiuq 冬
Qangattaasan 太阳升高	Ukiuq 冬
Avunniit 早产幼海豹	Upirngaksajaaq 近春
Naittian 幼海豹	Upirngaksaaq 初春
Tirigluit 有须幼海豹	Upirngaaq 春
Nurrait 幼驯鹿	Upirngaaq 春
Manniit 蛋	Upirngaaq 春
Saggaruut 驯鹿落毛	Aujaq 夏
Akullirut 驯鹿增毛	Aujaq 夏
Amiraijaut 鹿角脱茸	Ukiaksajaaq 近秋
Ukiulirut 冬季开始	Ukiaksaaq 秋
Tusartuut 邻里聊天	Ukiaq 初冬
Tauvigjuaq 极夜	Ukiuq 冬

过去、现在、未来

TODAY **TOMORROW TOYOTA**

　　这是一则丰田汽车的广告，别具新意地刻画出丰田汽车的品牌形象，即丰田汽车代表未来，甚至代表的是未来的未来，因为 TOYOTA 一词排在了 TOMORROW 的后面。

　　如果把时间看成一支利箭，它的轨迹是由左向右的。过去在左，未来在右，这是我们对时间的认识。

　　文艺复兴时期的画家提香（Titian）有一幅著名的寓意画《审慎的寓言》。画作中心部分绘有三人，似乎分别对应老年、中年和青年。他们头上隐隐写着一条拉丁题词，分成三部分，每部分对应一个头像。老年人头上是 EX PRAETERRITO，中年人头上是 PRAESENS PRUDENTER AGIT，青年人头上是 NI FUTURU[M] ACTIONE[M] DETRUPET。整句可以译为：鉴于过去的经验，现在举止审慎，以免败坏将来的行为（克里斯滕·利平科特等 2010：278）。

　　提香选择呈现三种不同的年龄：老年人代表过去，中年人代表现在，青年人代表未来。过去、现在、未来由左至右涉及了人生的复杂隐喻。

时间的上下

　　我非常喜欢科幻小说大师阿西莫夫，他早在 1955 年就完成了一部现在看来仍会让人惊叹的时间旅行题材的长篇小说《永恒的终结》，小说是这样开头的：

　　　安德鲁·哈伦迈步走进时空壶。时空壶壶身呈现出完美的圆
　　形，严丝合缝地嵌在一道垂直竖井里。竖井由一圈排列稀疏的竖

杆围拢而成，这些杆子微光闪烁，一直向上方延伸，在哈伦头顶之上 6 英尺的高度，没入一片雾气之中消失不见。哈伦设定好控制仪，推动手感光滑的操纵杆。

壶没有动。

哈伦也没指望它会动。他知道不会有任何位移，不上不下，不左不右，不会前进也不会后退。不过竖杆围拢的空间却开始融合成一片灰色空虚体，仿佛整片空间凝结成有形的固体，尽管实际上这里的一切并不会有实体的形态。他的确感到胃里有点轻微的搅动，还有一点微微的头晕（难道是心理作用？）。这种感觉提醒他，时空壶里的一切，包括他自己，都正在做急速的时间上移⋯⋯

小说中的安德鲁·哈伦是一名时间技师，他有权利乘坐时间壶，而时间壶可以在时间的维度上垂直上下移动，从而去往不同的世纪。

亲爱的读者，请注意，"都正在做急速的时间上移⋯⋯"这里的省略号其实是我加上去的。我想要问的是：哈伦现在要去往过去的世纪还是未来的世纪？

当我本人开始读这本小说的时候，我的判断是哈伦将要去往过去，然而小说下面的文字让我不得不作出调整：

　　⋯⋯时空壶里的一切，包括他自己，都正在做急速的时间上移，穿越永恒时空，前往未来。

　　他在 575 世纪登上时空壶，那里是两年前上级指派给他的操作基地。此前，575 世纪已经是他个人时空上移最远的记录。而现在，他的上移目的地远在 2456 世纪。

　　通常而言，在目前情境下他应该会感到有点失落。他自己的故乡世纪还在遥远的下时，确切地说是 95 世纪。

中国人的时间观念里，"上"为过去，"下"为未来，比如"上周"和"下周"。阿西莫夫是俄裔美国作家，应该不了解中国人有关时间的认知方式。汉语思维与英语思维不同，有着垂直方向的时间维度；英文中的 last week 和 next week 实际上是位于水平维度上的，即是从左至右的。

时间与过程

钱钟书先生的《写在人生边上》中有一篇文章叫《论快乐》，里面有这样一段文字：

> 在旧书铺里买回来维尼（Vigny）的《诗人日记》，信手翻开，就看见有趣的一条。他说，在法语里，喜乐（bonheur）这个名词是"好"和"钟点"两字拼成，可见好事多磨，只是个把钟头的玩意儿。我们联想到我们本国话的说法，也同样的意味深永，譬如快活或快乐的快字，就把人生一切乐事的飘瞥难留，极清楚地指示出来。所以我们又慨叹说："欢娱嫌夜短！"因为人在高兴的时候，活得太快，一到困苦无聊，愈觉得日脚像跛了似的，走得特别慢。德语的沉闷（Langeweile）一字，据字面上直译，就是"长时间"的意思。

钱先生说："永远快乐"这句话，不但渺茫得不能实现，并且荒谬得不能成立。的确，"永远"是无限长的时间，而"快"又是极短的时间，两个词并列地放在一起确实在逻辑上说不通。

任何动作过程都伴随着时间。动作行为令人愉快，时间就显得短；动作行为让人难捱，时间就显得长。时间与动作是同一事件的两个方面，动作过程需要花费时间，两者密不可分（Langacker 1999：249）。

动作与时间在语言上可以相互转化。比如：

> 你的表妹要再了解了解，我看也挺好。
> If your cousin needs more time, that's all right.

> 相信那样的日子会回头，尽管时间长了一点。
> The good time will come back, though the waiting is long.

在第一对中英文句子中，"了解了解"是动作行为，而 more time 是时间；在第二对中英文句子中，"时间"是时间，而 waiting 是动作行为。

　　另外一个典型的例子是 be going to，原本这个用法指代一个行为过程，但现在却更多地用来指代时间。在 be going to 中，go 的原型已经差不多丧失了空间意义，不再表示位移。空间中具象的动作过程已经转化为抽象的时间概念，即"时间是空间"。

概念整合

　　曾经看过一个有关交集和并集的笑话。

　　老师讲完交集、并集的概念后，向学生提问：

　　　　1）假设 A={x ｜ x 是参加百米赛跑的同学 }，B={x ｜ x 是参加跳高比赛的同学 }，求 A∩B。

　　　　2）假设 A={x ｜ x 是某农场的汽车 }，B={x ｜ x 是某农场的拖拉机 }，求 A∪B。

　　　　一个学生答道：

　　　　1）A∩B={x ｜ x 是参加百米障碍赛跑的同学 }；

　　　　2）A∪B={x ｜ x 是某农场的联合收割机 }。

　　第一题中 A 与 B 的交集本应是 { 既参加百米赛跑又参加跳高比赛的同学 }；而第二题中 A 与 B 的并集本应是 { 某农场的汽车和某农场的拖拉机 }。学生给出的答案初看令人啼笑皆非，但若细想一下，却也非常符合人类的认知特点，那就是概念整合。

　　语言学家福科尼耶（Fauconnier）与特纳（Turner）提出了概念整合理论（Conceptual Blending Theory），认为一个完整的概念整合网络包括四个概念空间：输入空间Ⅰ（Input Space Ⅰ）、输入空间Ⅱ（Input Space Ⅱ）、类属空间（Generic Space）和合成空间（Blending Space）。输入空间涵盖旧有概念，不同输入空间的共有特点体现在类属空间中，而认知主体对各个输入空间进行整合，产生合成空间。

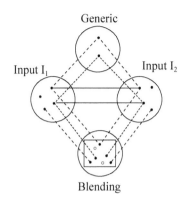

概念整合理论为人类的创新思维提供了有力的解释。合成空间中经常会浮现出与输入空间相关但却不同的概念，而不是对原有概念的简单拼合。正如"参加百米赛跑的同学"和"参加跳高比赛的同学"两个概念经过整合，形成了"参加百米障碍赛跑的同学"，这虽然不符合数学的逻辑思维，却正反映了人类普遍的概念整合思维。

这不是牛津大学

哲学家吉尔伯特·赖尔（Gilbert Ryle）在《心的概念》一书中，提出了这样一个思想实验：

芭芭拉和沃利在牛津车站跳上一辆出租车。"我们赶时间。"芭芭拉说，"我们刚刚参观过伦敦，下午要去埃文河畔的斯特拉特福。麻烦你载我们去看牛津大学，再送我们回车站吧。"

出租车司机窃喜，他按下计价器，想着将会赚到一大笔车费。

司机载着他们绕城，向他们展示阿什莫林博物馆、皮特河博物馆、植物园以及自然史与科学史博物馆。除了著名的牛津大学图书馆外，司机也带他们看了不太出名的拉德克里夫、萨克勒和泰勒等图书馆。他不仅带着两个人看了牛津大学全部 39 所学院，还看了 7 所常设私人学院。当司机最后把车停在车站时，计价器上显示的车费是 64.3 英镑。

　　"先生，你是个骗子！"沃利抗议说，"你带我们看了学院、图书馆和博物馆，但是，该死的，我们只是想看牛津大学！"

　　"可是，牛津大学就是这些学院、图书馆与博物馆！"司机愤愤不平地回答道。

　　"你以为我们会上这个当吗？"芭芭拉说，"我们是美国游客，但我们不是笨蛋！"

（朱利安·巴吉尼 2016：154）

　　这个思想实验常用来说明物质与心灵这对让人争论不休的哲学问题，即牛津大学究竟是物质的存在还是精神性的存在。中国人也有大学是"大楼"还是"大师"之谓的说法。

　　不过我们也可以从另一个角度理解这个思想实验，即 1+1 ≠ 2。或许，把大学单单理解成"大楼"或是"大师"都未免有失偏颇，学生徜徉徘徊其间的大楼和奉为楷模的大师都是大学生活不可分割的部分，但这些似乎又不是大学生活的全部。

　　一个概念不是它涉及的各个成分的意义总和，新的意义在各个成分的整合过程中浮现出来。

　　朋友，对于你来说，你的大学意味着什么？它浮现出了哪些新的意义？也许，那是你大学生涯的真正意义。

概念整合与创新

　　关于阿基米德有这样一个传说。

　　相传国王让工匠打造一顶纯金的王冠，尽管金冠确实与当初交给金匠的纯金一样重，可是国王还是疑心工匠掺了银。工匠到底有没有捣鬼呢？这个问题难倒了国王，于是请来阿基米德做出判断。一开始，阿基米德冥思苦想不得要领。一天，他在家洗澡，看到水往外溢，同时感到身体被轻轻托起，突然悟到可以用测定固体在水中排水量的办法，来确定金冠的比重。他兴奋地跳出澡盆，连衣服都顾不得穿上就跑了出去，大声喊着："Eureka! Eureka!"意思是"我知道了！我知道了！"

这个发现的意义远远大过查出金匠是否欺骗国王，因为阿基米德从中发现了浮力定律即阿基米德原理：物体在液体中所获得的浮力，等于其所排出液体的重量。

我们完全可以想象到日常生活中类似的场景：一个大脑里满是想法的人，尽管研究了很长一段时间，还是在为一个无法解决的想法或问题而大伤脑筋。经历了一段时间的焦躁不安之后，却突然在无意之间，大脑的精神一下子集中起来，一时间豁然开朗。这种经历往往被描述成激动人心的时刻，也就是我们常说的"啊哈时刻"（贝蒂·艾德华 2008：3），或者"尤里卡时刻"。

啊哈时刻往往来自概念的整合，即原本不相干的两个概念，突然碰撞到一起，合成了新的想法。

如果脑子只执着一念，就会常常陷入其中，纠缠辗转，无法自拔。这时候，一个看似毫无关联的外物却可能提供顿悟的契机，或者说，这个无关的外物恰恰使概念合成成为可能。或许这就是为什么读书的时候，老师会时不时提醒我们出去换换脑子的原因吧。

所谓换脑子并不是要忘掉脑子里面的想法，正相反，出去换换脑子其实是要进一步加工脑子里现有的概念。因为将脑子里现有的想法与接触到的新事物进行整合，有利于产生新的思想。

所以，新思想诞生的地方未必是正襟危坐的书桌旁，而常常在人们意想不到的场合。对于阿基米德来说，那就是在澡盆里。朋友，当你为某个语言学问题百思不得其解的时候，不妨带着你的问题去洗澡吧，尤里卡时刻或许会再次光顾人类的澡盆呢。

数量象似性

上中学时，语文课本中有一首纪念周总理的诗歌《周总理，你在哪里》，作者是柯岩先生。还记得里面有这样的段落：

总理呵，我们的好总理！

你就在这里呵，就在这里。
——在这里，在这里，
在这里……
你永远和我们在一起，
——在一起，在一起，
在一起……
你永远居住在太阳升起的地方，
你永远居住在人民心里。
你的人民世世代代想念你！
想念你呵，想念你，
想念你，想念你……

诗歌中那份深深的思念，令我至今记忆犹新。不过对于当时的我们，诗歌的朗诵却成了大难题。诗中大量使用词语的反复，原本充沛的情感往往随着不断地重复而很难维持饱满，于是便偷偷地认为要是去掉些反复也许会更完美。这个幼稚的想法停留在脑海中挥之不去，直到我了解了语言的数量象似性。

数量象似形可定义为：语言单位的数量与所表示概念的量和复杂程度成正比。概念量越大、越复杂，所用语言的单位数量也就越多（王寅 2001：352）。比如，a looooong story 肯定比 a long story 长。柯岩先生正是通过词语的反复突出了人民对总理丰富深厚又难以忘怀的情感。"你的人民世世代代想念你！"要比"你的人民世代想念你！"更能刻画总理的伟大，因为语符增多了，概念内容也就增大了。

故意增多语言表达可以传达额外的意思。鲁迅先生的《秋夜》是这样开头的：

在我的后园，可以看见墙外有两株树，一株是枣树，还有一株也是枣树。

当然，从信息上讲，"有两株枣树"就已足够了，但是"一株是枣树，还有一株也是枣树"却能够体现作者苦闷的心境。

顺序象似性

清末湘军攻打太平军之初，连败于湖南岳州、靖港。湘军首领曾国藩痛不欲生，投身入江，欲以死洗辱。左右救起后，曾国藩上书朝廷称湘军屡战屡败，请求严议。后经属下劝说将"屡战屡败"改为"屡败屡战"。朝廷看过奏章，念曾国藩虽连遭失败，仍坚持战斗，忠心可嘉，未有严议，反予重用。

仅仅是语言顺序的改变，顿时将原本败军之将的狼狈变为英雄的百折不挠，语言顺序的重要性可见一斑。

时间是人类认识世界的一个基本方式，因此语言顺序常参照时间顺序。比如德国哲学家海德格尔为亚里士多德所写的传记：他被生下来，劳作了，又死了；又如凯撒大帝的豪言：veni, vidi, vici（I came, I saw, I conquered）；或是如今的促销广告：Eye it, try it, buy it；等等。它们无不体现着时间的象似性。

汉语尤其偏爱按时间顺序排列语序，造句也习惯采用"流水记事法"（连淑能 1993：67），如鲁迅《药》中一系列动作的铺排全都根据时间顺序：

> 老栓还踌躇着，黑的人便抢过灯笼，一把扯下纸罩，裹了馒头，塞与老栓，一手抓过洋钱，捏一捏，转身去了。嘴里哼着说："这老东西……"

我有个外国朋友搞不清时间顺序在汉语中的重要性，总是把"我去超市买东西"说成"我买东西到超市"（I bought something in the supermarket），直到提醒她"注意时间"才恍然大悟。

当然，同样的问题我们自己也得注意。比如，下面的句子如果按照汉语的顺序直接译成英语就很不自然：

> 我们采取了强硬政策，控制了通货膨胀，确保了经济的稳定增长。

> We embarked on a "get tough" policy, curbed inflation, and ensured steady economic growth.

原因在于，英语倾向于用逻辑顺序组织语言。在例句当中，"采取强硬政策"是方式，"控制通货膨胀"是结果，"确保经济稳定增长"又是"控制通货膨胀"的结果。由此看来，几个动宾结构在语义逻辑上并不处于一个层次（蔡基刚 2001：170），所以要把翻译改进成：

> By embarking on a "get tough" policy, we have successfully curbed inflation so as to ensure steady economic growth.

距离象似性

参加英语考试的人大概总碰到过这样的考题：

On the river there is a/an_____ bridge.

A. old wooden fine   B. wooden old fine

C. old fine wooden   D. fine old wooden

若英文语感不好，这类问题可不好对付，因为语法中对前置定语语序的要求十分复杂，一般来说，不同类型的形容词有个大体的排列顺序（袁懋梓 1994：305）：

1）描绘性形容词，包括：

（1）表主观感觉的形容词（a *handsome* man）；

（2）表大小的形容词（beautiful *little* roses）；

（3）表形态的形容词（a delightful small *round* table）；

2）表年龄、新旧的形容词，如 a funny *young* man；

3）表颜色的形容词，如 a dirty old *brown* coat；

4）表国籍的形容词，如 large green *Chinese* carpets；

5）表材料的形容词，如 a small black *plastic* box；

6）表类别或用途的形容词，如 a famous American *medical* school；

记住这些规则真让人头疼，不过了解语言的距离象似性就不必再死记硬背。

距离象似性认为：语符间的距离象似于两概念的距离。拿上述多选题为例，wooden 对于 bridge 是最本质的，因此最靠近 bridge；fine 是主观感觉，因此置于前端；而 old 既非本质（桥不总是旧的），也非主观（新旧有时间标准），因此居中。这样一来，我们会非常容易地选择 D。

如此说来，真正决定形容词排列顺序的，是形容词作为修饰语与所修饰的中心名词之间的关系，而并不是形容词本身的类型。比如我们既可以说 a small precious stone，也可以说 a precious small stone，small 和 precious 之间没有必然的排列顺序。当然，两个短语的语义由于形式的改变而发生了变化：a small precious stone，说明这块石头与其他珍贵的石头相比个头不大；而 a precious small stone 表示石头本身是小石头，但它是块珍贵的石头，也就是说，在珍贵的石头当中，它不一定很小（Posner 1986：319）。

山外青山

语言符号的远近反映概念距离的远近。诗人林亨泰的《风景（其二）》是距离象似性的一个典型例子：

> 防风林　的
> 外边　还有
> 防风林　的
> 外边　还有
> 防风林　的
> 外边　还有
> 然而海　以及波的罗列
> 然而海　以及波的罗列

这首诗写得相当"帅气"（余光中 2003：90），颇见作者心机的玲珑。我们不难欣赏诗中富于几何趣味的复影叠形，当然也看得出作者笔下防风林生长的样貌：它们不是作为一个整体连成一片，而是彼此之间保持着距离。

这首诗若是改成下面的样子，定会趣味全消：

　　　　　　　防风林的

　　　　　　　外边还有

　　　　　　　防风林的

　　　　　　　外边还有

　　　　　　　防风林的

　　　　　　　外边还有

　　　　　　　……

　　巧合的是，另一位林姓诗人的名作与林先生的《风景（其二）》有着异曲同工的味道，那就是南宋诗人林升的《题临安邸》：

　　　　　　　山外青山楼外楼，

　　　　　　　西湖歌舞几时休？

　　　　　　　暖风熏得游人醉，

　　　　　　　直把杭州作汴州！

　　虽说一首是现代诗，一首是古典诗，但排列手法却似曾相识。我们不妨用林亨泰先生的手法来改写林升的名句"山外青山楼外楼"：

　　　　　　　山外　青山

　　　　　　　楼外　楼

参考文献

Aitchison, J. 2003. *Words in the Mind: An Introduction to the Mental Lexicon.* Oxford: Basil Blackwell.

Carroll, L. 1993. *Alice's Adventures in Wonderland.* Mineola, New York: Dover Publications.

Carroll, L. 2017. *Through the Looking Glass and What Alice Found There.* New York: Dover Publications.

de Saussure, F. 2001. *Course in General Linguistics.* Beijing: Foreign Language Teaching and Research Press.

Eco, U. 1986. *Semiotics and the Philosophy of Language.* Bloomington: Indiana University Press.

Grainger, K. & S. Mills. 2016. *Directness and Indirectness Across Cultures.* Hampshire: Palgrave Macmillan.

Halliday, M. A. K. 1978. *Language as Social Semiotic: The Social Interpretation of Language and Meaning.* London: Edward Arnold.

Kertész, A. 2004. *Cognitive Semantics and Scientific Knowledge: Case Studies in the Cognitive Science of Science.* Amsterdam: John Benjamins.

Lakoff, G. 1987. *Women, Fire and Dangerous Things: What Categories Reveal about the Mind.* Chicago: The University of Chicago Press.

Lakoff, G. & M. Johnson. 1999. *Philosophy in the Flesh—The Embodied Mind and its Challenge to Western Thought.* New York: Basic Books.

Langacker, R. W. 1999. *Grammar and Conceptualization.* Berlin: Mouton de Gruyter.

Leech, G. 1983. *Principles of Pragmatics.* London: Longman.

Lycan, W. 2002. *Philosophy of Language: A Contemporary Introduction.* London: Routledge.

Lyons, J. 2000. *Linguistic Semantics: An Introduction.* Beijing: Foreign Language Teaching and Research Press.

Martinez, I. & P. Pertejo. 2012. He's absolutely massive. It's a super day. Madonna, she is a wicked singer. Youth language and intensification: A corpus-based study. *Text & Talk* 32 (6): 773-796.

Paivio, A. 1986. *Mental Representations*. New York: Oxford University Press.

Posner, R. 1986. Iconicity in syntax: The natural order of attributes. In P. Bouissac, M. Herzfeld & R. Posner (eds.). *Iconicity: Essays on the Nature of Culture.* Amsterdam: John Benjamins.

Richards, J., Platt, J. & H. Platt. 2000. *Longman Dictionary of Language Teaching and Applied Linguistics.* Beijing: Foreign Language Teaching and Research Press.

Russel, B. 1905. On Denoting. *Mind* 14 (56): 479-493.

Sampson, G. 1980. *Schools of Linguistics*. Stanford: Stanford University Press.

Sapir, E. 1921. *Language: An Introduction to the Study of Speech.* New York: Harcourt, Brace & Co.

Searle, J. 1969. *Speech Acts: An Essay in the Philosophy of Language.* Cambridge: Cambridge University Press.

van Dijk, T. 1997. *Discourse as Social Interaction*. London: Sage.

Wittgenstein, L. 2001. *Philosophical Investigations* (Translated by Anscombe, G.). Oxford: Blackwell Publishers.

Yau, S. T. 1998. *S. S. Chern: A Great Geometer of the Twentieth Century.* Singapore: International Press.

阿黛尔·法伯、伊莱恩·玛兹丽施，2012，《如何说孩子才会听怎么听孩子才肯说（修订版）》。北京：中央编译出版社。

阿尔维托·曼古埃尔，2007，《恋爱中的博尔赫斯》（王海萌译）。上海：华东师范大学出版社。

埃德温·威尔森、阿尔文·戈德法布，2013，《戏剧的故事》（孙菲译）。北京：世界图书出版公司。

埃里克·塞利（主编），2017，《30秒探索神奇的化学元素》（郑晨、窦茂卫、薛志娟译）。北京：机械工业出版社。

贝蒂·艾德华，2006，《像艺术家一样思考》（张索娃译）。哈尔滨：北方文艺出版社。

贝蒂·艾德华，2008，《像艺术家一样思考 II：画出你心中的艺术家》（张索娃译）。哈尔滨：北方文艺出版社。

毕恒达，2007，《教授为什么没告诉我》。北京：法律出版社。

伯纳特·罗素，2000，《宗教与科学》（徐奕春、林国夫译）。北京：商务印书馆。

布莱恩·麦基，2009，《哲学的故事》（季桂保译）。北京：三联书店。

蔡基刚，2001，《英汉写作对比研究》。上海：复旦大学出版社。

蔡康永，2014，《蔡康永的说话之道》。长沙：湖南文艺出版社。

蔡天新（主编），2007，《现代汉诗100首》。北京：三联书店。

查尔斯·布鲁克斯、迈克尔·丘奇，2011，《心理学无处不在》（李展译）。北京：新华出版社。

常建国，2010，《常言道》。长沙：湖南人民出版社。

陈波，2002，《逻辑学是什么》。北京：北京大学出版社。

陈世宁，2007，《中西绘画形神观比较研究》。北京：东方出版社。

陈殊原，2006，《中国古典诗词精品赏读·王维》。北京：五洲传播出版社。

陈原，2002，《重返语词的密林》。沈阳：辽宁教育出版社。

陈原，2005，《在语词的密林里》。北京：三联书店。

董为光，2004，《汉语词义发展基本类型》。武昌：华中科技大学出版社。

冯广艺，1999，《语境适应论》。武汉：湖北教育出版社。

冯骥才，2007，《文人画宣言》。北京：文化艺术出版社。

弗吉尼亚·伍尔夫，2006，《伍尔夫读书笔记》。上海：文汇出版社。

弗朗西斯·培根，1984，《新工具》（许宝骙译）。北京：商务印书馆。

高森显彻、明桥大二、伊藤健太郎，2011，《人，为什么活着》。北京：中国社会出版社。

高原，2013，《古典诗歌中隐喻与转喻的互动》。天津：南开大学出版社。

耿占春，2007，《隐喻》。郑州：河南大学出版社。

桂诗春、宁春岩，1997，《语言学方法论》。北京：外语教学与研究出版社。

郭灿金、张召鹏，2007，《中国人最易误解的文史常识》。北京：中国书籍出版社。

郭建，2007，《非常说法》。北京：中华书局。

海利·伯奇，2017，《你不可不知的50个化学知识》（卜建华译）。北京：人民邮电出版社。

何宝民（主编），2006，《中国绘画名作欣赏（上）》。郑州：海燕出版社。

胡建斌（主编），2002，《世界名画之谜（第2卷）》。北京：红旗出版社。

季羡林，2006，《季羡林谈读书治学》。北京：当代中国出版社。

季羡林，2008，《读书·治学·写作》。北京：华艺出版社。

加来道雄，2008，《平行宇宙》（伍义生、包新周译）。重庆：重庆出版社。

贾可·辛提卡，2002，《维特根斯坦》（方旭东译）。北京：中华书局。

贾玉新，1997，《跨文化交际学》。上海：上海外语教育出版社。

杰克·理查兹等，2000，《朗文语言教学及应用语言学辞典》。北京：外
语教学与研究出版社。

卡尔·萨根，1982，《伊甸园里的飞龙》（吕柱、王志勇译）。武汉：湖北
人民出版社。

克里斯滕·利平科特、翁贝托·艾柯、贡布里希等，2010，《时间的故事》
（刘研、袁野译）。北京：中央编译出版社。

孔新苗、张萍，2002，《中西美术比较》。济南：山东画报出版社。

蒯因，2012，《语词和对象》（陈启伟、朱锐、张广学译）。北京：中国人
民大学出版社。

蓝纯（编），2007，《语言导论》。北京：外语教学与研究出版社。

劳伦·斯莱特，2017，《20世纪最伟大的心理学实验》（郑雅方译）。北京：
北京联合出版公司。

理查德·费曼，2018，《发现的乐趣》（朱宁雁译）。北京：北京联合出版
公司。

李长声，2007，《日边瞻日本》。北京：中央编译出版社。

李长之，2008，《道教徒的诗人：李白及其痛苦》。天津：天津人民出版社。

李娟娟，2016，《让你爱不释手的超有趣心理学实验》。北京：中国法制
出版社。

李零，2006，《兵以诈立》。北京：中华书局。

连淑能，1993，《英汉对比研究》。北京：高等教育出版社。

梁实秋，2007，《读书札记》。北京：当代世界出版社。

列维·布留尔，1981，《原始思维》（丁由译）。北京：商务印书馆。

林少华，2007，《挪威的森林（序）》。上海：上海译文出版社。

林骧华，1987，《西方现代派文学评述》。上海：上海人民出版社。

林欣浩，2011，《哲学家们都干了些什么》。沈阳：辽宁教育出版社。

林语堂，2004，《幽默人生》。西安：陕西师范大学出版社。

林语堂，2008，《苏东坡传》。西安：陕西师范大学出版社。

刘慧儒，2004，俄狄浦斯的眼睛。载《读书》第8期。

刘润清，1995，《西方语言学流派》，北京：外语教学与研究出版社。

刘润清，1999，《刘润清论大学英语教学》。北京：外语教学与研究出版社。

刘夙，2013，《植物名字的故事》。北京：人民邮电出版社。

刘文杰，2009，《德国浪漫主义时期童话研究》。北京：北京理工大学出版社。

刘易斯·卡罗尔，2010，《爱丽丝梦游仙境》。北京：中央编译出版社。

龙应台，2014，《孩子，你慢慢来》。桂林：广西师范大学出版社。

卢克·拉斯特，2008，《人类学的邀请》（王媛、徐默译）。北京：北京大学出版社。

陆广地，2011，《数学乐读》。镇江：江苏大学出版社。

陆扬，2008，《德里达的幽灵》。武昌：武汉大学出版社。

罗伯特·路威，2005，《文明与野蛮》（吕叔湘译）。北京：三联书店。

罗建平，2008，《汉字原型中的政治哲学》。广州：广东教育出版社。

罗莎莉·马吉欧，2014，《说话的艺术》（正林、王权译）。长沙：湖南人民出版社。

罗志田（编），2001，《二十世纪的中国：学术与社会（史学卷）》。济南：山东人民出版社。

吕叔湘，2006，《语文常谈》。北京：三联书店。

马薇薇等，2017，《好好说话》。北京：中信出版集团。

迈克尔·桑德尔，2011，《公正》（朱慧玲译）。北京：中信出版社。

茅于轼（主编），2005，《大家的经济学》。广州：南方日报出版社。

梅尔·艾布拉姆斯，2004，《镜与灯：浪漫主义文论及批评传统》。北京：北京大学出版社。

米兰·昆德拉，2003，《不能承受的生命之轻》（许钧译）。上海：上海译文出版社。

莫绍揆，1981，《数理逻辑初步》。上海：上海人民出版社。

南怀瑾，2007，《庄子諵譁》。上海：上海人民出版社。

帕斯卡尔，1985，《思想录》（何兆武译）。北京：商务印书馆。

潘鸿生（编著），2017a，《让你终身受益的说话之道》。北京：北京工业大学出版社。

潘鸿生，2017b，《一开口就让人喜欢你》。北京：北京工业大学出版社。

裴文，2003，《索绪尔：本真状态及其张力》。北京：商务印书馆。

乔丹·艾伦伯格，2015，《魔鬼数学》（胡小锐译）。北京：中信出版社。

山姆·基恩，2013，《元素的盛宴》（杨蓓、阳曦译）。南宁：接力出版社。

森本真由美，2006，《3 天了解古典音乐》（银色快手译）。海口：南海出版公司。

深掘元文，2007，《图解心理学》（侯铎译）。天津：天津教育出版社。

深圳一石，2007，《美人如诗 草木如织》。天津：天津教育出版社。

束定芳，2000，《隐喻学研究》。上海：上海外语教育出版社。

苏珊·布莱克莫尔，2013，《破解意识之谜》（薛贵译）。北京：外语教学与研究出版社。

孙机，2014，《中国古代物质文化》。北京：中华书局。

谭大容，2007，《演讲、论辩与逻辑》。北京：北京大学出版社。

唐汉，2007，《汉字发现》。西安：陕西师范大学出版社。

涂纪亮，2007，《涂纪亮哲学论著选（第三卷）》。武昌：武汉大学出版社。

托马斯·福斯特，2015，《如何阅读一本小说》（梁笑译）。海口：南海出版公司。

万中航等（编），2003，《哲学小辞典》。上海：上海辞书出版社。

王安忆，2007，《王安忆读书笔记》。北京：新星出版社。

王福祯，2006，《中国人最易误解的英语词语》。北京：中国书籍出版社。

王建平，2003，《语言哲学》。北京：中共中央党校出版社。

王老九，1959，谈谈我的创作和生活。载赵树理、刘白羽等（著），《作家谈创作经验》。北京：中国青年出版社。

王力（主编），2012，《中国古代文化常识》。北京：中国人民大学出版社。

王铭铭，2007，《西方作为他者》。北京：世界图书出版社。

王绍光，2007，从税收国家到预算国家，《读书》（10）。

王文斌，2001，《英语词汇语义学》。杭州：浙江教育出版社。

王寅，2001，《语义理论与语言教学》。上海：上海外语教育出版社。

王寅，2007，《认知语言学》。上海：上海外语教育出版社。

王寅，2014，指称之争新解读：转喻论，《外语教学与研究》（5）：711-722+800。

王晓升，1999，《走出语言的迷宫：后期维特根斯坦哲学概述》。北京：社会科学文献出版社。

王志敏，2007，《电影语言学》。北京：北京大学出版社。

吴晗，1960，《灯下集》。北京：三联书店。

吴越，2007，《品水浒》。北京：东方出版社。

肖祥银，2013，《说话的艺术》。北京：中国华侨出版社。

邢群麟（编著），2006，《99种最讨人喜欢的说话方式》。北京：中国言实出版社。

熊召政，2008，《去大明朝看风景》。北京：中华书局。

许国璋，1997，《许国璋文集（第一卷）》。北京：商务印书馆。

许嘉璐，2013，《古语趣谈》。北京：中华书局。

徐默凡，2004，《现代汉语工具范畴的认知研究》。上海：复旦大学出版社。

徐品方，2013，《数学趣史》。北京：科学出版社。

徐友渔、周国平、陈嘉映、尚杰，1996，《语言与哲学：当代英美与德法哲学传统比较研究》。北京：三联书店。

杨锐，2007，《弗洛伊德论艺术》。长春：吉林美术出版社。

杨锡彭，2007，《汉语外来词研究》。上海：上海人民出版社。

姚小平，1995，《洪堡特：人文研究和语言研究》。北京：外语教学与研究出版社。

叶闯，2010，《语言·意义·指称》。北京：北京大学出版社。

余光中，2003，《余光中谈诗歌》。南昌：江西高校出版社。

俞国良，1996，《创造力心理学》。杭州：浙江人民出版社。

余华，2004，《音乐影响了我的写作》。上海：上海文艺出版社。

余秋雨，2006，《中国戏剧史》。上海：上海教育出版社。

袁懋梓（编著），1994，《大学英语语法》。北京：北京航空航天大学出版社。

约翰·布朗，2016，《改变世界的7种元素》（薛露然译）。北京：中信出版社。

约翰·布罗克曼，2017，《世界因何美妙而优雅地运行》（庞雁译）。杭州：浙江人民出版社。

约翰·吉本斯，2007，《法律语言学导论》（程朝阳、毛凤凡、秦明译）。北京：法律出版社。

约翰·康利、威廉·奥巴尔，2007，《法律、语言与权力》（程朝阳译）。北京：法律出版社。

约翰·斯特罗克（编），1998，《结构主义以来：从列维-斯特劳斯到德里达》（渠东、李康、李猛译）。沈阳：辽宁大学出版社。

翟鸿起（主编），2007，《中国名谜掌故趣读》。北京：中国文史出版社。

张敏，2004，《思维与智慧》。北京：机械工业出版社。

张有根、翟大炳，2008，《中国诗歌艺术》。桂林：广西师范大学出版社。

赵敦华，2001，《现代西方哲学新编》。北京：北京大学出版社。

赵世开，1989，《美国语言学简史》。上海：上海外语教育出版社。

郑奇夫（编著），2007，《汉语前缀后缀编撰》。杭州：浙江大学出版社。

周国平（主编），2005，《诗人哲学家》。上海：上海人民出版社。

周宪，2002，《美学是什么》。北京：北京大学出版社。

朱利安·巴吉尼，2016，《一头想要被吃掉的猪》（吴奕俊译）。北京：中信出版社。

朱凌、常清，2016，《情商高，就是说话让人舒服》。延吉：延边大学出版社。

宗豪，2013，《说话的艺术》。北京：中国友谊出版公司。